JN061484

闘う読書日記 Part II

САМИЗДАТ サミズダット

ЮСУКЕ МИКИОВИЧ САТО
佐藤祐介

Art Days

著者　佐藤祐介

姉円（まどか）と。

前列左　母親桂子、本人
後列左　義兄根本真史、姉円

東慶寺門前。「鉢の木会」のメンバーと。

左から高、野尻、藤田各氏と本人

姪の果林が誕生日に
アップルパイを焼き
紅茶を淹れる。

チエブラーシカも
心づくしの供養。

闘う読書日記　Part II

目次

しはすに記す（一九九八年十二月）

むつきに記す（一九九九年一月）

あとがき　佐藤君の居た空間——「鉢の木会」録　野尻英一

『鉢の木会』と佐藤祐介くんの思い出

藤田　伸一

昔、『鉢の木会』という研究会があった。

全員が早稲田大学出身のメンバーで、この『闘う読書日記ＰＡＲＴⅡ』（サミズダット２）の著者の佐藤祐介くんと、現在は大学の准教授である野尻英一、そして僕、藤田伸一の三人で始まった研究会で、二三ヶ月に一度、高田馬場の喫茶室ルノアールで課題図書について議論をしていた。後に「賛助会員」として高淳一が加わった。この本の前編の『闘う読書日記』のまえがきを書いている演出家・劇作家の大岡淳をゲストで呼んだこともある。二十世紀末の頃のことだ。

研究会の名付けの親は佐藤祐介くんであるが、もともとの由来について、インターネット上のウィキペディアでは下記のように書かれている。

≪鉢の木会（はちのきかい）は、１９４８年（昭和23年）に当時鎌倉に住んでいた中村光夫、吉田健一、吉川逸治の３人から始まった文学以外の話をする私的サークル。のちに大岡昇平、三島由紀夫、福田恆存、神西清が加わり７人となる。≫

『鉢の木会』というのは、そもそもは謡曲の一節から取られたものだ。

≪謡曲「鉢木」は、北条時頼の廻国伝説に基づくもので、旅の僧が上野国佐野で大雪のために一夜泊めてくれと頼むと、佐野源左衛門常世は承諾し、貧しいながらも粟の飯を出し、鉢の木を火にくべてもてなした。その時に何かことある時は、鎌倉へ馳せ参じるつもりであると話す。後日、鎌倉より招集があり常世が駆けつけると、時頼はあの時の僧は自分だったと明かし、鉢の木のもてなしに報いる。その話のように、その月の当番は常世のようにもてなすというところから来ている。

　ともすれば、寝食を忘れてでも仕事に明け暮れてしまう当時の風潮（戦後復興の最中）へのささやかな反抗でもあったという。なお、中村光夫の句に「鉢の木の燃え残りたる夜寒かな」がある。≫

実に佐藤祐介くんらしい命名だった。

佐藤祐介くんは当時早稲田の下宿の二階に住んでいた。四畳半一室の共同トイレ、風呂なしで、入り口は他の部屋と共通だった。生活は実に質素で、この『闘う読書日記』の中でも記載されているとおり、普段は乾パンやチーズなどを食事にしていたはずだ。一度、佐藤祐介君が飯盒で作った麦飯を口にしたことがあるが、日頃白米しか食べない僕は、麦の弾力性がある食感を持て余し、とても食べきれなかったことを覚えている。

佐藤祐介くんは定職に一切就かず、四畳半の畳に鎮座して膨大な書籍を読み続けていた。

この『闘う読書日記』で言及され、引用・検討されているのは、その中の本当にごく一部である。

万が一、今、この本を書店や図書館で手に取っている人がいれば、レジか貸出受付にまっすぐに向かうべきだ。この本で言及されている書籍のリストと解説だけでも何十冊の本を読むぐらいの価値がある。もし、この本の前篇の『闘う読書日記』をまだ読んでいないのであれば、すぐに注文した方がいい。

☆

今でも忘れられない光景がある。

僕が初めて勤め人になって、最初の給料日のことだったと思う。僕は１９９５年に大学を卒業して就職しているから、１９９５年の4月下旬だったはずだ。この『闘う読書日記』で記録されている日々の数年ほど前のことになる。

当時、飯田橋の会社に勤めていた僕は、仕事帰りに給与口座から大枚を引き出し、おそらく神田の古本屋に向かったのだと思う。そこでヴァレリー全集を買って、佐藤祐介くんの下宿に行った。今考えても理由はよく分からない。「僕は就職をしたけれども、哲学や文学から離れるわけではない」というエクスキューズをしたかったのか。それとも経済的に安定すれば、そうした教養が「金で買える」ということを平凡な勤め人になった自分に納得させたかったのか。ヴァレリーは佐藤祐介くんに紹介されて好きになった吉田健一の影響で読むようになったと記憶している。

佐藤祐介くんの下宿に着くと、珍しく彼は不在で、慣れない仕事で疲れ切っていた僕は、彼の四畳半の畳に横たわり、スーツ姿のまま、眠ってしまったのだった。

どれくらいの時間が経ったのだろう。あたりはすっかり暗くなっていた。目を覚ますと、佐藤祐介くんは少し離れたところで電気スタンドを点けていつものように何かの本を読んでいた。

佐藤祐介くんはいつの間にか帰ってきていたのだが、ごろんと横になり寝てしまっている僕を気遣って、起こさないで待っていてくれたのだ。

その後、どのような会話をしたのかは覚えていない。僕はきっとその日が給料日だったことや、初任給でヴァレリー全集を買ってきたこと、そして佐藤くんと話したかったことなんかを伝えたのではないか。

今考えても、定職に就いていない知人の家に急に行って、購入した高額の書籍を見せびらかすなんてことは、趣味が悪いのを通り越して単に失礼な話だ。でも、佐藤祐介くんはそれについては何も言わず、ただ僕に言ってくれたのだった。

「紅茶でも飲みますか?」

それが今でも忘れられない。

☆

別の思い出がある。

『鉢の木会』は喫茶室ルノアールでの何時間にも及ぶ議論の後、高田馬場の居酒屋に行くことが恒例だった。

宴は夜半にまで及び、幸福について議論が及んだ時、いつものようにしこたま酔っ払った僕が急に宣言をした。

「僕は幸せだ。今、この瞬間、完全無欠に幸福だ。このことはどんな議論も理論も否定することは出来ない。」

単なる酔っぱらいの戯言にすぎないのだが、佐藤祐介くんは真剣な表情で抗弁してきたのだった。

「藤田さん、藤田さんが今幸福だと感じているのは認めます。それは否定出来ないでしょう。ただ、宮沢賢治はこう言っています。『世界がぜんたい幸福にならないうちは個人の幸福はあり得ない』と」

☆

『闘う読書日記』で言及されている書籍は二十世紀に書かれたものがほとんどだ。この選別はおそらく意図的なものだと僕は思う。何故なら、佐藤祐介くんは十九世紀に書かれたロシア文学もこよなく愛していたし、会いに行った時には「ついつい怠けて、チェーホフを読んでしまいました」などとよく言っていたからである。本好きの佐藤祐介くんは実際には古今東西の書籍を読みながら、『闘う読書日記』では「二十世紀の批判的総括」を行うために、あえて二十世紀に書かれた書籍以外にはあまり言及していないのだと思う。

また、佐藤祐介くんが意識的に書いていないのは、このように書き継がれた膨大な批評・論考を支える彼自身の情熱についてだ。僕はその情熱的な表白、感情の吐露を何度も対面で目にしている。さきほど書いた宮沢賢治を引用した宴会でのエピソードがそうだ。

僕たちがまだ若かった頃、いつものように落ち着いて、しかし迸る情熱を隠さずに、佐藤祐介くんは僕にレフ・トロツキーの遺書を読んでくれたことがある。

その最後の一節はこうだ。

<<私は、自分の意識的生涯の43年間というもの革命家でありつづけたし、そのうちの42年間はマルクス主義の旗のもとで闘った。たとえはじめからやり直すことになったとしても、もちろん、私はあれこれの過ちを避けるように努めるだろうが、私の生涯の全般的な方向性は変

わらないだろう。私は、プロレタリア革命家、マルクス主義者、弁証法論的唯物論者、したがってまた非和解的な無神論者として死ぬだろう。人類の共産主義的未来に対する私の信念は現在、青年のころに劣らず熱烈であり、その時よりも強固でさえある。

ちょうど今、ナターシャが中庭から窓のところにやって来て、私の部屋に風がもっと自由に入るよう窓を開けてくれた。塀の下には、輝くばかりの青々とした芝生が細長く伸びているのが見える。塀の上には澄みわたった青空が広がり、太陽の光があたり一面にふりそそいでいる。人生は美しい。未来の世代をして、人生からすべての悪と抑圧と暴力を一掃させ、心ゆくまで人生を享受せしめよ。≫

佐藤祐介くん、君は最後まで人類の叡智を信じ、人類の明るい未来を信じていた。この『闘う読書日記』でひさしぶりに君の文章に触れて、僕はその思いを新たにした。時代は二十一世紀になり、僕は未だにそんなユートピアを幻視することすら出来ないのに。

でも、佐藤祐介くん、僕は若い頃に君に会えて良かった。そして、この『闘う読書日記』で二十年ぶりに君に再会出来て本当に良かった。

2023年10月31日

「永遠に届くことのない手紙」

我が友、佐藤祐介君へ。

小吹　亮一（ミュージシャン・翻訳家）

革命による人間の解放と君はいうが、
マルクス主義哲学はまるでマクロ経済学の様だ、といつだか君に言ったことがある。まだ大学1年か2年の頃だったと思う。社会全体の中の幾多の人間の小集合の数々・・・まぁ国家だとか、階級だとか、大衆だとか、プロレタリアートだとかブルジョアジーだとか、軍隊だとか、そういう「大きな包括体としての人間集団」の問題は扱っても、その中の人間個々人の実存的不安や好悪の感情や幸福の問題についてはマルクス主義哲学は一切といってよいほど、本当に面白いほど触れていない。
まるで世界全体が「共産主義社会という良い社会」になれば、全人類も自動的に幸福になると言わんばかりだ。冗談じゃない。人間個人個人の内面的不安感や不幸や苦悩の問題を一切勘案しない粗雑な思想で、万人の人間的解放なんてできる訳がないじゃん、と。

大学1、2年の頃は、僕は酒に酔うとよく君にそう食ってかかったものだった。

しかし君は決して怒りはしなかった。

じっくりと考え込み、そして・・・いつまでも考え続けた。バンドなんぞというふざけた道楽にうつつを抜かしてあまり読書の時間が取れなかった僕の数倍から十数倍のスピードで本を読み、

「考えることを諦めなければ、いつか答えは見つかると思いたい」と僕に言い放った。

そして僕は思った。「この男は信用できる」。

もちろん僕は君に食ってかかってばかりいたわけではない。いかにも学生めいた冗談を言い合って共に笑い転げたり、君は文学より哲学を好むと言っていたが、僕が好きだったボードレールやランボーやロートレアモンやマラルメといった19世紀フランス象徴派の詩人たちについて論じ合ったり、ジャン・クリストフを嚆矢とする20世紀初頭理想派の作家、ロマン・ロランの一連の作品群について意見を交わしあったり、ヴィクトル・ユーゴーといった19世紀のロマン派の作家たちについて論じあったりと、まぁ今振り返ればめちゃくちゃだった。でも僕の君への信頼の根底にずっとあったのは、いつか君が僕に言った、「考えることを諦めなければ、い

つか答えは見つかると思いたい」という、あの一言に尽きた様に思う。

そして野尻英一さんのいう様に、君はある時僕たち全員の前から姿を消した。

「理由はわからない」というのも、これまた野尻さんと同じだ。

君は一浪していて、元哲学専修の仲間内で僕はひとつ年下だったから、僕が確か33歳、野尻さんや大岡君や藤田さんといった僕の知己が34歳の時だったと思う。

そして17年間、君の思索の成果を拝聴できる日を僕はずっと待ち続けたが、その僕にもたらされた物は青天の霹靂の如き君の訃報だった。ちょっと待て。享年49歳だと?

いくらなんでも早すぎる・・・。

今でこそ君に訊いてみたい。

「それでさ、佐藤。答えは見つかったの?」

でもその問いに君はもう永遠に答えることができない。

残念です。とても。

「永遠に届くことのない手紙」

闘う読書日記　Part II

しはすに記す（一九九八年十二月）

オブロゥモフ

朔日　火曜

曇天。日中は横になっていた。昨日と今日の二日間、大分長いこと横になっていたために具合は好転してきたようである。夕方に起きあがってみるが、それほどつらくはない。好機逃さじとばかりに、ひといきに顔をあたりキチンとした格好をする。相変わらずダルではあるが、まともな格好をすると気分に張りが出てくるから妙なものだ。勢いにまかせて乾パン、ピクルス、チィズ、蜂蜜を喰ってみる。今一つ食欲がでてこないけれども、喰うには喰った。腹もできたことだし、風邪克服に入り用の品々を購入するために外出する。

少し足元が怪しいことをのぞけば、まともに歩いていたはずだ。もっとも自分自身を客観視することはできないから、願望に過ぎないかも知れぬ。願望というのは、無闇に咳き込んだり、休み休み歩いたりすれば、他人に風邪を移す確率が高くなるから、それを避けたいという願望である。さっさと歩き、咳はぎりぎりまで我慢して、イザという際に横町に入る。こうしておれば、感染源であるといった心労は軽減される。

もちろん、何も善人たろうとして振舞っているわけではない。ただ単に、自分が他人から移されたからといって、さらに別の者に移すのは馬鹿げているからだ。風邪は人間を媒介とする。如何にも風邪を引いてござるといった間抜けが表をふらふら歩いているのを見ると、自分は腹が立つ。同じように、自分が如何にも風邪を引いてございといった態で歩いておれば、誰かが腹を立てるだろう。腹が立つのは、己れは感染したくないというエゴイズムにその原因を持っている。自分は自分のエゴイズムを尊重するから、仕方なく他人のエゴイズムをも尊重する羽目になる。エゴイズムとは、自分の欲望を基準に他人を測るものである。それ故、自己の欲望を尊重するならば他人にもそれを認め、尊重せねばならぬのだ。こうしたわけで、なるたけ感染源とならないよう振舞わざるを得ないのである。面倒だけれども、自分の欲望を大切にしている以上は仕方がない。

とりあえず入り用の品々を購入し、下宿へ向かう。さすがにくたびれた。エラくダルな心持ちになり､下宿に着いたときにはくず折れそうになる。だらしがねぇ、しっかりしやがれと言ってみるが、効果がない。このまま横になったら、明日まで起きあがれないことは必至である。昨日はノルマを一つもこなしておらぬ。今日少しくらいはやらないと、固よりオブロゥモフ的な自分は次々と先送りを重ね、結果的にエラいことになってしまうのが目に見えている。そこで、オブロゥモフは駄目だ、と言ってみる。効果があったようで、購入した品々をキチンとしまい出した。

レニンはオブロゥモフ主義を危険視していた。善良なロシア人にどうしても付きまとうオブロゥモフ主義は、自己も他人も傷つけないために何もしないことを要請する。これでは現実を変えることなんどできはしない、とレニンが危惧したのも宜なるかな。もっとも、この種の善良なオブロゥモフ主義は特殊ロシア的なものであった。現代のオブロゥモフ主義は性質がいささか異なっており、より危惧すべきものとなっている。

現代のオブロゥモフは言うだろう、どうせ素人が何やっても無駄なんだから、と。現代の社会は、専門分化がおそろしく徹底しているため、専門家でもない者が何事か為そうとするのは困難になっている。そして専門家も、専門として成立していない事柄はよろしく避ける。効率的で生産的な社会の証拠ではある。しかし、専門家社会にいる者は、あるべき社会とヨリ効率的な社会との分離に気付くことがない。そして、この分離に気付かなければ、あらゆる困難は技術的問題と見なされ、ひたすら効率を向上することに終始する。そこで、どうなるか。各人が、それぞれの専門に閉じこもり、効率的に自分の畑を耕すことにのみ専念するだろう。効率は、諸専門内部の競争を主な動因とするから、自分の畑以外に目を向けることは競争に負けることである。そして負ける者の語ることは、効率的ではないために無関心のただ中に置かれるだろう。ひたすら効率的、ひたすら生産的な社会であり、それ以外の社会なんど考える余裕もないだろう。

しかし比喩ではあるが、こう考えられはしないだろうか。いくら効率的で生産的な畑であっても、堤防が切れかかっていたり、嵐がやってきたりすることには対応できまい。どうしても畑以上の視野が、畑を耕す者に必要なのだ。そして堤防の決壊や嵐は、各人それぞれの努力で防げるものではない。どうしても各人が寄り集まって行動することが必要なのだ。こうした必要から、次の問が為されていくだろう。では視野は、どのくらいの広さであるべきなのか。どのようにして各人が寄り集まるのか。寄り集まって、ではどのように決壊や嵐に対応すべきなのか。これ等の問いは「あるべき社会」についての問いである。つまり、専門という畑から出て、全体としての社会を論ずることなのだ。もちろん、決壊や嵐に対応する際にも効率は不可欠である。しかし、「ヨリ効率的な社会」に泥んでいる限り、対応そのものが出来ない可能性が出てくる。というのも、ありそうもない事態のためにわざわざ畑から出ていって、先のような問いかけをすることは効率的ではないからだ。ただ、そうまでして効率を求めながら、決壊や嵐に対応できぬ畑であるならば、何のための効率かと問わねばならぬ。

ひっきょう「あるべき社会」と「より効率的な社会」の区別は、全体像としての社会観の有無に帰するだろう。専門から離れ、全体を論ずることは効率的ではない。しかし、分化した部分は、他と比較されてはじめて意味を持つ。そして比較のためには、全体と部分といった前提が不可欠である。部分の集合として全体を捉えるのであるならば、比較をしても仕方がないからだ。部分の持つ意味は、全体を維持するための如何なる機能を果たすかで理解される。昨日の総和が全体であることは幾何学ですらあり得ない。三角形は直線の定義から理解できるものではないだろう。まして人間の行動という複雑で不明瞭なものにおいてをや。

かてて加えて、複雑で不明瞭な人間の社会では、部分と部分とが猛烈な摩擦を引き起こしもする。この摩擦がなければ、少なくともオッペンハイマァは出現しなかっただろう。原爆を作り出しておきながら、そして数十万人を無差別に殺戮しておきながら、「自分の手は血にまみれている」と後悔するオッペンハイマァは、現代社会では他人事ではない。森林保護を訴える雑誌を作るために南の森林を切りたおしてしまったり、うだつのあがらぬ奴が「仕事だけが人生ではない」と考えた挙げ句、仕事の出来る奴が作ったものを消費するだけの人生に終わってしまったりもする。現代は小オッペンハイマァを次々と世に送り出しているのだ。こうした社会においてこそ、全体像としての社会、「あるべき社会」を語る必要があると自分は考える。「どうせ素人が何をやっても無駄なんだから」と言って無為に泥むオブロゥモフは、何が何でも避けねばならぬと考えるのだ。

専門家社会に対抗してやろうと考える者は、ひたすら専門を深めている専門家と対抗することになる。怠けてはおれんのだ。こう思って、ダルではあったが、とりあえずノルマの半分をこなすことができた。しかし、くたびれた。栄養をつけるため、出来合いの牡蠣フライを一ダァス、乾パン、林檎を喰う。さすがに一ダァスはきつかったけれども、はやいとこ体調を直すにはこれ位は喰うべきだろう。くたびれて、無闇に腹がふくれて、しかもダルであるから、本日はこれまで。

ダニエル・ベル『イデオロギーの終焉』

二日　水曜

曇天。夜に降雨。日中は横になっていた。別に養生を意識して横になっていたわけではなく、目が覚めたら夕方だっただけである。何だか怠惰の極みといった感があり、情けない思いをする。もっとも、だいぶん具合が良くなったとはいえ、矢張り無理は禁物らしい。目が覚めてから今現在まで、鼻を拭くためだけにチリ紙を四箱も消費した。拭いても拭いても切りがなく、まるで滝のようである。この調子だと、就寝までにあと三箱は使いかねない。昨日のうちに十箱も買いだめておいたのは正解だったようだ。

しかし、鼻を拭くのに忙しいとはいえ、一昨日ほどダルでもない。したがって怠惰である理由がないから、さっそく食事を支度する。てきとうに野菜を入れた即席のシナそばを喰う。腹を作り、ベルの『終焉』を開く。今日は脳の具合がいいのか、鼻を拭く手間を除けば、『終焉』に集中できた。丁度昨日に書いたことがらに対応する内容でもあり、いろいろと考える。

『終焉』の第五章「アメリカ社会主義の蹉跌」において、ベルは次の問いかけから始める。倫理は政治の目的か、それとも政治を規制する枠組みであるか、という問いである。ウエェバァに従えば、前者は「心情倫理」、後者は「責任倫理」ということになるだろう。心情倫理に基づいた政治は妥協を許さない。そこで市民的平和のうちに政治を行おうとすれば責任倫理に基づくことが要請される。

「多元的社会の基礎はこの倫理と政治との分離に依存し、倫理を政治ゲームの形式的諸規則に限定することにある。実践上、社会主義者はこの事実を受けいれたが、理論上は、社会を根底から拒否したがゆえに、社会主義運動はこの基本的アプローチを心から受けいれることができず、決定的な原則上の諸争点をめぐって、動きがとれなかったのだ」（九九頁）

鋭い判断である。この判断はアメリカ社会主義運動ばかりか、他の国々の社会主義運動にも妥当する。こうした鋭い判断の下に、ベルは如何なる結論を用意したか。「社会に生存するかぎり、社会の諸決定に参加する責任を拒否することはできない。現実世界において、人びとは極限状態で（ソレルの神話であった「全体性」において）生きるのではなく、「部分において」

生きている。すなわち、仕事・家族・近隣・友愛クラブなどに、生活を区分けしているのだ。また、アクトンの述べたように、歴史は「ビン詰された本質によって動く」ものでもない。妥協は「政治のすべてではないにしても、政治の魂であり……進歩は対角線上にある」。社会のなかに生きながら、社会にぞくさぬ社会主義運動にとって、それは受けいれることのできなかった知恵であった。それゆえに、教養は生き残ったが、運動は破綻してしまったのである」（一一九頁）

結論は大間違いである。人が現実世界に生きているのは当たり前のことだ。つまり人は皆、社会の部分的な領域で仕事をし、生活を送る。しかし、その仕事や生活の具合がおかしいのではないかと考えるとき、全体に思いをいたすことが必要になる。部分は全体を維持するための機能をになっている。この機能がおかしいと感ずるならば、社会の維持に支障をきたしていると考えるのが筋というものだろう。問題はこの維持すべき社会のことなのだ。機能がおかしくなった（と感ぜられる）社会を、あるべき社会像で直してゆくか、技術的改良で直してゆくかの選択が、ここで問題となるのである。そして、あるべき社会像にせよ、ヨリ効率的な社会像にせよ、社会像には一定の広さが必要となる。つまり、維持されるべき社会とは、どこからどこまでのことなのか考えることが必要となるのだ。その点で認識論的には、技術的改良の前に、あるべき社会が前提されていると言える。ヨリ効率的な社会を望む者も、意識することはなくとも改良する対象として何かしらの範囲付けを社会に対しておこなっているのだ。この前提としてのあるべき社会は、全体概念である。そして、この全体の範囲が技術的有効性を決定すると言っても過言ではない。

サミュエル＝ゴンパァスにとっての社会は組合とワシントンの域を出ず、ユゥジン＝デプスにとっては合州国の労働者一般の域を出なかった。ベルはそれ等の事実をキチンと例証しておきながら、結論として全体概念を駁論する。これはおかしいだろう。アメリカ社会主義の全体概念は、アメリカ社会の一部しか覆うことができなかった。それだけの問題ではないか。いってみれば、不作の原因を統治者の不品行のせいにするようなもので、不作に到った要素を囲む全体概念が貧弱ならば、技術的改良を容れる余地がないのだ。そして社会主義全般に、この全体概念の貧弱さがあるから、心情倫理と責任倫理の板挟みになってしまうのだ。

ベルの論述の過程に従えば、右に述べた自分の結論に到るのが筋だと考える。剃刀のように鋭いベルの諸考察は、結論でいきなり全体概念駁論なる大蛇に変じているのだ。この切れ味の鈍る原因を自分なりに述べればこうなる。おそらくベルにとっては「あるべき社会」イクォル「ヨリ効率的な社会」であるのだ。このことが、切れ味の鈍った原因ではなかろうか。全体概念として「全体概念のいらぬ社会」を全体にしているとしか、自分には考えられぬ。こうした前提は、既存をそのままに改良することであるから、全体概念の広さなんど考えずにすむかも知れぬ。しかし、改良すれば既存は既存ではなくなり、広さが異なってくるのは当然である。ベルもソビエト論の末尾で自らそう言及している。鋭いオッサンだ。にもかかわらず大蛇に変ずることの多いのは、どこか狂信的な改良主義者である点に理由があると自分は思う。

鼻を拭き拭き、こうしたことを考えた。考えると腹が減るから、林檎、乾パン、チィズ、蜂蜜を喰う。栄養もつけたから、他のノルマに取りかかる。いちおう全部すませた。無理やりませたからか咳が止まらなくなり、鼻の方も大変になってしまう。こんなことではイザというとき役には立たぬ。もう若くはないとはいえ、体力的には未だ衰えてはいないはずだ。それでこの態たらくでは先々どうするつもりなのか、イザというときどうするのか。しかし、まぁ今はとりあえず栄養だ。そう鼻を拭き拭き考えて、缶詰を暖め、豆腐と卵を落として喰う。とてつもなく腹が苦しいけれども、早いこと体調を戻したいのだから仕方がない。仕方がないので本日はこれまで。

三日　木曜

雨天。昼に起床。いくら具合が悪いとはいえ、もういいかげんキチンとした生活を送る必要があるだろう。昨夜はこう考えて就寝した。結果として昼に目覚めたわけであるから、そう悪くはない。いつまでも身体の暴政に堪え忍んでいられるものか。身体の職分は脳に従うことであるはずだ。脳が体に振り回されるようでは、末世もいいところなのである。

もっとも、相変わらず無闇に鼻を拭かねばならない。いつになったら具合が良くなるのか。ここは一つ身体の機嫌を取ってやろうと、食事の支度をし、乾パン、チィズ、蜂蜜、林檎を喰う。食後に、今日は所用があったことを思い出した。体調の点で無理だと判断し、断りの電話を入れる。具合が悪いためとはいえ、何だか怠けているような気がしてならぬ。そこでノルマにとりかかり、一通りこなすことになる。一息ついて時刻を見れば、既に夜もふけている。栄養をつける時間である。缶詰を暖め、卵を落として喰う。ついでに乾パン、チィズ、蜂蜜を喰う。腹もできたのでベルの『終焉』を続きから読み出した。

その『終焉』であるが、初期マルクスの疎外論に関連して、ワツラフ＝マチェヨフスキィの反知識人論が出てきたのには驚いた。成程、こういった見方もありか、と驚きかつ感心する。疎外論を労働の自主管理の側面から見直すことで、マチェヨフスキィから労働者反対派までを一括した流れとして把握するわけだ。ベルも冴えたオッサンだ。ただ、マチェヨフスキィの反知識人論に関しては、桜井哲夫の扱い方の方が興味が引かれる。桜井は産業社会における知識人のゆくえを追うことで、マチェヨフスキィに出会うのだ。

成熟した産業社会では、いわゆるインテリゲンツィアの存在意義は失われる。インテリゲンツィアと呼ばれる知識人は、旧来の坊主主義と昨今の技術的専門家との混合物であったからである。中欧やロシアが産業社会に到達した時期において、高等教育は坊主主義と専門家教育との過渡期にあった。そうした時期に高等教育を受けた者は、自らを真理の伝達者として、かつ技術的専門家として規定する。その良い例をチェルヌイシェフスキィの『何をなすべきか』の登場人物に見ることができるだろう。革命家兼技師、革命家兼数学研究者、革命家兼商店経営者といった人物がぞろぞろ出てくるのである。天下国家を語りつつ、実学を実践しようとするのである。何やらアジアの小帝国でも聞いたような現象が、インテリゲンツィアであったのだ。しかし、チェルヌイシェフスキィの例に見られるように、どうしたわけか知識人は反体制であることが多い。いわゆるインテリゲンツィアとはそうしたものだ。その理由を桜井は問題にするのである。

産業社会に到達したばかりの後進国では、先進国の学問に従って技術的専門家を養成するにはするけれども、受け入れ先を用意することは困難である。産業基盤は未だ整っておらず、整えるために必要な資本も大して蓄積されておらない。そして当時の後進国の大抵は前産業的利害を代表する者によって実権が握られていたため、ドラスティックな産業化を望むことは無理であった。このような条件のうちに高等教育を受けた者は、実学の使い道がないことに困惑するのが当然である。そこで、自らの技術的専門を活かしてくれる社会を彼らが要求することになってもおかしくあるまい。まして、高等教育の過渡期において坊主主義をも教育された者においてをや。桜井はここで問うのだ。インテリゲンツィアの反体制は、人間解放の真理によるのか、それとも後進国の産業化に固有の現象に過ぎないのか、と。こうした問いのうちに、先のマチェヨフスキィの反知識論が紹介される。そして先進国のフランスでの知識人、ドレフュス事件以後の知識人の振舞いを考察し、ジュリアン＝バンダの『知識人の裏切り（原題・聖職者の裏切り）』に到る流れを桜井は示す。こうした流れから、インテリゲンツィアは産業化固有の現象であるという方向で、問いに対して桜井が答えようとしていることを理解できる。

この問いと桜井自身の答えは、天下に思いをいたす者にとって避けられない重みを持ち、いささか暗澹たる心持ちになる。しかし、そればかりではない。桜井の問いと答えは、天下に思いをいたす者が陥りやすいワナを警告する貴重な考察でもあるのだ。成熟した産業社会における反体制運動が、安易に先人の（つまりインテリゲンツィアの）方法を採用している事態に警告を発しているのだ。

おそらく桜井はベルの『終焉』に多大な影響を受けているだろう。産業社会論、知識人論、そしてマチェヨフスキィ事跡すらもベルから学んだ可能性がある。そもそも桜井のインテリゲンツィア論は『知識人の終焉』と題されているぐらいなのだから、推して知るべしである。しかし、ベルが提示しておきながら連結することのなかった諸考察を、自らの問題意識から連結せしめた桜井は、矢張り独創的であり優れた社会学者であるだろう。こうした専門家をどう使い、そしてどう専門家社会と対決するかが、自分にとっての問題だ。

問題だ問題だ、とぶつぶつ言っておるうちに日付も変わってしまった。本日はこれまで。

四日　金曜

曇天。昼過ぎに起床。目覚めてすぐと体調を確かめる。頭痛なし。胸痛なし。咳少しあるけれども大したことなし。鼻は相変わらずだが我慢できる。どうやら回復したようである。ぶり返しがあるから油断は禁物だ、と考えはするものの、何だか浮かれだして収まることがない。浮かれた調子のまま、乾パン、チィズを喰う。腹ができたので、浮かれた足どりで掃除にとりかかった。咳を悪化させるのがイヤでしばらくホコリをはらっていなかったことが、気になって仕方がなかったからである。一時間以上をかけて、浮かれた調子でホコリを払い掃除機をかける。それなりに下宿もキレイになったので、浮かれた心持ちで表に出た。

所用をはたして、新刊書店による。浮ついた態度で新刊書店に入るのは剣呑である。こう自分の経験則は教える。古本屋と違って詰まらぬ本でも値がはる新刊書店で、警戒心をなくすのは大変危険なのだ。ただし、今日のところは経験則が通用しなかった。金がなければ危険もないためである。風邪に対抗するために、ある限りの資本を身体に投資したのだ。これで金を持っていたら、その方がおかしい。懐中の金は、煙草と茶、および風呂代にぎりぎりなのである。こうしたわけで安んじて冷やかしに専念することができた。しかし、経験則もあながち間違えているわけではなく、文庫とはいえ奥村宏の『法人資本主義』を購入してしまう。引用度のたかい奥村の日本資本主義論が、どの程度のものか知っておくのもいいだろう。金を使ってしまったけれども、まぁ仕方のないことだ。仕方がないことは仕方がないとぶつぶつ言いながら、浮かれた足どりで下宿へ向かう。

下宿に着き、奥村の本を「そのうち読むつもり」書籍の仲間入りをさせて風呂屋へ向かった。ふたたび下宿に帰り、乾パン、チィズを喰う。ついでに缶詰を暖め卵を落として喰う。

食後にベルの『終焉』を続きから読んでおるうちに、何やらエラく寒いことに気が付いた。コタツの具合がどうも変である。点いていることは点いているのだけれども、今にも消えそうな弱弱しい赤色光を放っている。解体して、修理できそうなものか確認したいのだが、いかんせん真夜中である。下手にいじくって全く点かなくなってしまったら目もあてられぬ。冬の夜は寒く、そして長いのだ。ここは一つ我慢して、明日に期す方が利口だろう。こう考えて我慢しながらベルを読み続けたが、どうにも寒い。これでは風邪を引いてしまうではないか、もとい、風邪がぶり返してしまうではないか。そこで、手あぶり用の小型電気ストォブを引っ張り出して電源をいれる。もっとも手あぶり用であるから、ほとんど意味がない。寒い。今これを書いている時点では物凄く寒い。

ゆくりなくもスコット隊のことを思い出す。吹雪に閉ざされた上に燃料もなくなったために遭難したスコット隊のことである。しかし、妙なものだ。アムンゼン隊も吹雪に閉ざされる危険性はあったろう。調べてみないと分からないのだが、アムンゼン隊だっても立ち往生した事態が何遍かありそうだ。しかし、両隊の落差は甚だしい。何も目的達成の落差ばかりでなく、その目的のための往還の様子の落差について言っているのだ。

スコット隊の帰路は悲壮感に満ちている。極点到達では先を越され、隊員は凍傷にかかり、狂気におちいる者までいた。ようようキャンプ地にたどり着いても、燃料があまり残されていないという打撃を受ける。しかし、この悲壮感を作り上げる諸状況が妙なのだ。どれも往路において対策を採っておれば、起こることのなかった状況ではないか。しかもスコット隊は、往路すらまともに進めたわけではない。シベリア馬だの雪上車だのと装備してはいたものの、往路でほとんどの装備が使いものにならなくなり、けっきょく人力でソリを引くことになっている。

たしかアムンゼン隊は徹頭徹尾犬ゾリだけを用いたはずである。そして往還の計画は堅実であり、各キャンプ地に食料や燃料を置いて荷が軽くなると、いらなくなった犬は食料にするといった徹底ぶりであったらしい。両隊の落差は、起こるべくして起こったと言ってもいいだろう。しかし、アムンゼン隊について語られることはあまりに少なく、スコット隊の悲劇は人口に膾炙している。妙なものだ。

両隊の落差は、たんに往還における落差ばかりではなく、受け取られ方においても甚だしい落差がある。この受け取られ方の落差が、自分には興味深い。受け取られ方の落差を、人間は悲劇を好むと言った間抜けな生ざとりで説明するのは馬鹿げているだろう。悲劇ならば、山ほどこの世に満ちている。まして、起こるべくして起こった悲劇をわざわざ好むこともあるまい。自分はそこでこう思うのだ。スコット隊の悲劇が人口に膾炙するのは、素人の悲劇であるからだ、と。アムンゼン隊は合理的である。スコット隊にいくら科学者がおっても、極点到達に関しては合理性に欠け、素人じみていた。この素人じみていたスコット隊であるからこそ、人口に膾炙し続けているのではないだろうか。大西洋横断飛行に成功した青年があれほどの注目を集めたのも、彼が素人じみていた点に理由の一半があると自分は考える。

今世紀に入ってから、とりわけて産業社会に突入した先進資本主義諸国においては、あらゆる成功者は専門家であるといった暗黙の前提がある。こうした前提に対してこころよからぬ思いがあれば、素人の成功者や成功直前で挫折した者への共感が生まれるだろう。こうした共感こそ、スコット隊やリンドバァグが注目されることの根底にあるのだと自分は考えるのだ。そして、こうした共感がある限り、専門家によって出口なしの社会となった現在の状況は、いくらか変革できる可能性を持つとも考える。専門家にまかせきりでいるならば、すべての社会的問題は技術的問題とされ、技術的専門家の必要が再生産されるだけである。こういった出口のない社会を変革する糸口は、専門家に頼らぬ態度、素人による物怖じしない試行錯誤に存する。素人への共感がある限り、出口の可能性もあり続けるのだ。

うむ。何だか燃えてきた。ただし脳が燃えているだけであって、コタツは相変わらずである。故に身体は寒くて仕方がない。あんまり寒いから、本日はこれまで。

ジノビエフ『カタストロイカ』

五日　土曜

雨天。昼過ぎに起床。寒い。貧しき独身者の冬の友、コタツは相変わらず具合が悪い。せっかく自分が風邪から回復し、具合が良くなったというのに、冬の友コタツの具合が悪いのでは手放しで喜べない。とりあえず食事をして身体を温めてから解体してみようと決める。乾パン、ピクルス、チィズ、蜂蜜を喰う。しばらくすると、燃費のよい自分の身体は寒気に対抗できるぐらい暖まってきた。ここを先途と、ドライバ片手にコタツを解体する。断線は見あたらず、耐熱ヒュウズも見た目に異常はない。すると放熱管が問題ということになる。放熱管は分解できないから、買い替えるしか手はない。ついでに言えば、自分は金がまったくない。ドライバを持つ手が震えだしたけれども、その理由は寒さばかりではなかったようだ。

まぁできる限りのことはしようと。ハンダの部分を点検し、耐熱ヒュウズを新品と取り替える。ふたたび組み立て直し、電源をいれた。すると、どうしたわけか冬の友コタツが回復しているではないか。取り替えた旧耐熱ヒュウズをしげしげと見やるが、矢張り以上は見当たらない。しかし見た目はともかく、この旧耐熱ヒュウズが原因であることには間違いないだろう。分からないものである。ともあれ、できる限りのことをしようと振舞ったのは正解だったらしい。教訓としておこう。

回復した冬の友と旧交を暖めながら、ベルの『終焉』を開く。読了。そこでノルマにとりかかり、通り一遍こなす。そうこうしているうちに、夜もふけてきた。缶詰を暖め卵を落とし、乾パン、チィズを喰う。近頃はゼイタクな食事が続く。とりわけ量の点でそうである。風邪も治ったことではあるし、倹約の必要があるだろう、と頬張りながら考える。考えはするけれども頬張るのを止めるわけではない。相変わらず思考と行動が一致しないまま、アレクサンドル＝ジノビエフ『カタストロイカ』（青山太郎訳　晶文社）を開き、読み始めた。

ジノビエフ本人が言っているサトゥルイコフ＝シチェドリンとの類似は、それほどでもない。自分の印象では、シチェドリンよりも面白く読める。おそらくジノビエフが風刺する対象をそれなりに知っているためもあろう。けれども帝政ロシアを風刺した『死せる魂』第一部を大変面白く読んだ覚えもあるのだ。風刺の対象を知っているか否かが、風刺の面白さに影響することは勿論だ。しかし、古代悲劇作家の文体が分からなくてもアリストファネスの『蛙』は面白いのである。

おそらく、風刺の面白さは書き手の態度にもよるのだろう。風刺する対象を心底憎んでいる書き手の作品は、今一つ面白く感ぜられぬ。シチェドリンの『国外より』なんどはその良い例である。対象への一種の共感が出ている風刺作品は、それに対して大抵面白いのである。書き手の態度と先に述べたのは、この共感を指す。

効果的に風刺するには対象を良く理解しなければならない。そして対象を理解することは、ある意味で共感することでもある。こうした共感が現れている風刺作品は、読み手の知らぬ風刺の対象を、風刺することを通じて読み手に教えるのだ。『蛙』における「油壺をばなくしたとさ」は、アリストファネスが古代悲劇作家の文体を自家薬籠中にしていなければあり得ないせりふである。そして、この「油壺をばなくしたとさ」によって、ソフォクレスとエウリピデスの文体の違いを読み手に伝えることができるのだ。

もちろん、繰り返しになるけれども、読み手が風刺の対象を知っているに越したことはない。『蛙』における古代悲劇作家の風刺も、その韻律の長短音にすら風刺が及んでいるのだから、読み手の知識が足りなければ面白さの幾分かは失われる。実際、少しばかりの現代仮名遣いと、さらに少しばかりの英単語しか知らぬ自分は、確実に『蛙』の面白さをとらえ損ねているはずだ。にもかかわらず、『蛙』を面白く読むことができるのは、矢張り書き手の態度がものを言っていると自分は考える。そして亦、風刺が時代や場所をこえて通用するためには、何よりも先ずこの態度が要請されるとも考えている。

もっとも、この書き手の態度、風刺の対象への共感は、いささかマズい側面も持つ。ゴォゴリが『死せる魂』の第二部でどのようなことになってしまったかを想起すれば、マズい側面とは何であるかを理解できよう。共感が風刺を上まわってしまうこともあるのだ。イリフ＝ペトロフの『十二の椅子』『黄金の子牛』は、初期ソビエトの風刺小説であり、ソビエトの風刺小説としては随一の知名度を誇る。オスタップ＝ベンデルという男が両作品に共通した主人公であるのだが、どうしたわけかこの男は、風刺の対象と言うより共感すべき対象となってしまっている。ついでに言えば、この男に惚れ込まない奴は間抜けである。しかし、オスタップ＝ベンデルはネップマンの典型である（べきだった）はずである。風刺の対象に惚れ込んでしまうのは、風刺作品としてはいささか問題があると言わざるを得ない。風刺とは異なった形の傑作と言わざるを得ないのだ。

ひっきょう風刺とは、風刺する対象のもつ何かしらの価値を相対化することに他ならない。この相対化が時代と場所をこえて面白く感ぜられるには、読み手の問題意識が関わってくる。もちろん、時代と場所をこえて風刺が通用するためには、先ず対象への書き手の共感が不可欠だろう。しかし、それだけでは読み手の興味を引くことは難しい。共感を中心に書かれた文学には、おそろしく大量の作品が残されているからである。風刺文学が風刺文学として読み手の興味を引くには、風刺する書き手の問題意識と、風刺を面白く読む読み手の問題意識とが共通していなければならない。価値を相対化する風刺作品は、ある価値への問題意識によって書かれている。そこで風刺を面白く読むことは、風刺で相対化されている価値が読み手の周りにも存し、読み手も亦、この価値への問題意識をもっていることを意味しているだろう。それ故、風刺の扱う対象が大きければ大きいほど、扱う価値が高ければ高いほど、時代と場所をこえて通用する傑出した「風刺」作品となると自分は考えている。だからこそ、共感を持ってソビエトを相対化するジノビエフが面白く感ぜられるのだ。

こうしたことを考えているうちに、とっくに日付が変わってしまった。未だ『カタストロイカ』は途中ではあるけれども、明日は日曜でもあることだし、楽しみに残しておこうと本を閉じる。本日はこれまで。

六日　日曜

晴天。夕方より曇り出す。昼前に起床。陽が窓から差し込んで来、いささかまぶしく感ぜられる。暖かい。日曜としては上出来の天気である。よい心持ちだ。風邪を引いてからというもの、どうしたわけか悪天候続きでエラく寒かった。久々の上天気、しかも体調は回復しているのだから、よい心持ちになるのも当たり前である。まぁいつまでも天気にウットリしているわけにもいかないので、食事の支度をする。乾パン、チィズを喰う。

腹ができたので、いろいろとノルマをこなす。思ったより時間がかかり、あらかた済ませたのは夕方になってからであった。急ぎではないけれども用事があったものだから、夕方までかかるとさすがに困る。そのために、じたばたと身支度をして下宿を飛び出ることになった。

用事をすませ、さっさと下宿へ帰る。ジノビエフの続きを読みたいからである。冷肉、ピクルス、乾パン、チィズ、果物を喰いながら、『カタストロイカ』を開く。何やらゼイタクな時間の過ごし方である。金もないのに我ながらやるものだ。もっとも、昨日に倹約を志したばかりであることを忘れているわけではない。忘れているわけではないが、今日は日曜日だからよいのである、なんどと言い訳をしながら読み始める。読了。

ジノビエフの自伝『余計者の告白』において強烈に現れていた社会学志向、その志向が風刺小説『カタストロイカ』にもハッキリと刻印されていた。どのくらいハッキリであるのか、それは次の文章を読めば分かる。

「パルトグラート（小説の主人公である架空の街、ペレストロイカの模範都市に仕立てようとモスクワが決定したことから物語は進行する）での出来事の記述をつづける前に、ここで八〇年代初頭における国内の全般的状況についてちょっとした社会学的寄り道をしておこう。

ブレジネフ政権の末期に国内で熟した危機は、ゴルバチョフ政権の登場とともに迸出した。ゴルバチョフ派はこの罪をブレジネフ政権に、さらにはスターリン政権になすりつけた。確かにスターリンとブレジネフは多くの誤りと愚行をしでかしたが、しかし彼らが危機を生み出したのではなかった。危機は共産主義的社会体制そのものが有するもろもろの客観的法則によって熟し、迸出したのである」（九八頁）

小説中で著者自らが、これから社会学的な考察をおこなうと宣言しているのだから、これほどハッキリした志向はあるまい。さて、宣言によって始められた「社会学的寄り道」は、いきなり共産主義社会固有の法則から来る危機について語り出す。相変わらずうさんくさいオッサンだと考えはするけれども、先を読んでゆくと唸らせるような論が展開されているのだから、分からないものである。

「共産主義社会は単一の社会的有機体であり、有機的全一体である。ここでは私的企業、私的所有階級、自由市場、複数政党制といった西欧的タイプの社会現象が存在しないことにより、権力と支配が特別の役割を獲得している。

〈中略〉

共産主義社会における権力と支配の機構は複雑な構造と機能を有しており、構造上・機能上の固有にして客観的な法則に従っている。支配される社会体とこれを支配する機構との相関関係をめぐっては一定の規範があり、同様に、支配機構内部における諸部分同士の相関関係をめぐっても一定の規範がある。上述の危機とは、まず第一に、支配機構と支配される社会との正常な相関関係が破られたことであり、第二に、支配機構の制御に服さぬ無数の現象が生じたことである。支配する機構は伸展したものの、支配される社会体はそれを上まわる規模で伸展し、支配されるべき対象は増大し複雑化した。あまりにも多くのものが作られすぎた。業務集団の構造と機能、それら集団間の関係は、あまりにも複雑化しすぎた。支配機構の伸展は混乱を未然に防がなかったばかりか、かえって自らこれを促進した。そのため支配機構諸部分間の調整がみだれ、権力の最高機関は全支配機構を制御しえなくなり、その結果支配機構が社会を制御する可能性は低下した」（一〇〇・一〇一頁）

かつては論理学者であり現在は亡命作家であるジノビエフは、おそらく社会学の訓練なんど受けておらないだろう。翻訳とは言え、使用されていることばが専門用語の持つ精練さをそなえていないことは明らかであり、ジノビエフの社会学はほぼ確実に独学と見ていい。しかし、そのジノビエフ流の社会学は、論理をつき詰めることによって専門家の問題意識と重なり、しかも専門からはみ出た豊穣さを持つのである。自分としては、ジノビエフのようなあやしげなオッサンを褒めあげるつもりはさらさらないが、事実として専門家の問題意識と重なっているのだから仕方がない。ある意味でソビエトの天敵ともいえるダニエル＝ベルが著した論文に『ソ連邦における「イデオロギーの終焉」？』（『イデオロギーの終焉』収録）がある。この論文に見られるベルの問題意識は、ジノビエフの論旨と重なっているのだ。

ベルの問題意識は、社会は産業の進展によって多元的構造にならざるを得ないというものである。そこで、一枚岩的な社会は崩壊するはずであり、その社会の正当化に大衆を動員するイデオロギィも終焉を迎えるはずだとベルは考えた。この考えにもとづいてソビエトを論じたところを引けば、次のようなものがある。

「革命前のロシアは多くの東洋の社会体制とおなじく、国家によって大部分支配され、他方、社会は虚弱であった。ロシアにおいては、あのように重厚な社会組織を西洋社会にもたらした自発的結社・団体・機能集団・市民団体・職能団体・その他の類似集団をとおしてよりも、家族・村落・宗教をとおして、それらのなかに、社会が存在した。ボリシェビキ革命がロシアの社会生活の本質的に環節的な性質を破壊しはじめたとき、共産党は「社会」の主要機関となって、社会生活の異なる部分を連結することによって、社会を改造しようと努めた。奇妙な意味あいにおいて、スターリン主義のロシアはデュルケームの「機械的連帯」の一形態、つまり指導と権威が単一の政治的中枢……このばあい、共産党……に集中化している同質的社会と考えることができる。しかし社会が一層分化され、複合的になるにつれて、あたらしい「有機的連帯」が現出しはじめ、そこでの諸活動……主として思想と芸術における、そしてある程度には経済においてさえも……は単一の政治体制からみずからを引き離し、ある程度の自立性を達成しようと努める。この意味において、社会の「有機的連帯」の成長は党そのものの直接的統制を侵蝕しはじめる基底的過程である」(『イデオロギーの終焉』二四九頁)

社会の成長、もとい、社会の多元化によって党による一元的支配が不可能となる、こうした問題意識がベルとジノビエフに共通しているのは、右の引用からも明らかだろう。もっともベルの問題意識は市民主義的な政治をよしとする結論に到り、現状の国家内の政治で十二分に諸利益の調整ができると見ることになる。それに対し、ジノビエフはベルと異なった方へ論を進める。ジノビエフは国家内の市民政治が有効であるかどうか懐疑するのだ。

「言葉の上ではれほど誘惑的だった企業の自主性、国家の指令からの独立が、実際には全然誘惑的どころではなかったのである。そこでは、相互束縛ないし相互制限の法則が変わることなく自己を主張していた。自由を享受しようとする企業は、自らが関係する他の諸企業もまた、自らの利益の追求のためにこの自由を利用しているという事実にぶつかるのだった。衝突を調整するには国家間の介入が必要だったが、これは事実上以前の状態に復帰することであった。企業の自主性とは、例外的な場合に、すこぶる限られた範囲でのみ有益であるにすぎなかった」（一三五頁）

多元的社会は別にソビエトよりも優れているわけではない、こうジノビエフは論じているのである。そして、ベルが諸利益の調整をよりよくする主体に国家を置き、その国家の運営を知識人に期待したことと対照的に、ジノビエフは人間一人びとりが主権国家であるという、うさんくさいけれども力強い宣言をおこなっている。

もちろん、社会学の枠組みで最大のものは主権国家概念であるから、ベルが国家を主体にものを考えるのは専門家としては当然のことだろう。しかしそうした専門家の態度からはみ出たジノビエフの宣言は、多元的社会の「多元的」な要素に対して、より忠実に論を進めていると言えなくはないだろうか。先に専門からはみ出た豊穣さと言ったのも、ジノビエフにはこうした論理のつき詰め方があるからである。何やら素人の力強さを感ぜしめるオッサンとしてジノビエフはいるのだ。もっとも、うさんくさいところは否定できないけれども。

こう、うさんくさいオッサンについて述べたところで、本日はこれまで。

ベル『脱工業社会の到来』

七日　火曜

雨天。夜までに雨止む。とんでもない時刻に起床。毎度のこととはいえ、さすがに恥ずかしい。比較的に早く寝たにもかかわらず、この態たらく。いったいどうしたわけだろう。昼近くまで起きておる方が、かえってキチンと起床できるのだから、我ながら不可解である。ただし、昼近くまで起きておる生活は疲れがたまる。そのために、たまに日の出頃に就寝すると一気に反動がでるのではなかろうか。

要は普段の生活だ。普段から無茶な生活を送っているから、こうした恥ずかしい目にあってしまうのだ。無茶な生活を送っている理由は、自分の生活が誰にも責任を負っていないからであろう。しかし、誰にも責任を負っていないのが確かであるならば、自分にとって大変マズいのだ。仕事によって生活は決まる。生活が誰にも責任を負っていないのならば、仕事もまた誰にも責任を負っていないことになる。そして、誰にも責任を負っていない仕事は、誰の役にも立っていない仕事に他ならない。

たしかオォギュスト＝コントが健康について次のように定義したはずだ。健康とは他人のために働く能力を指す、と。自分はこの定義を正しいと判断する。そして自分は他人のために働くことを欲する。ならば、健康的な生活を送るのが当然ではないか。

もちろん現在の社会では、健康的な生活を送っている者の方が少数である。規則正しい生活を送っている者も、そのほとんどか外発的な原因、つまり職場の規則に従っているだけであり、この外発性は過重労働や無為にたやすく流される根拠にもなっている。もちろん別に流される者が悪いと言いたいのではない。流される者だっても、己れが規則を破れば周りの同僚に負担をかけてしまうといった、他人をおもいやる考えをしっかり持っている。人々が規則正しく不健康な生活を送っているのは、そうしなければ喰ってゆけぬよう出来ている社会のためなのだ。しかし、社会が不健康を容認しているのだから仕方がないと、自分まで不健康な生活に泥んでしまうのはオブロゥモフもいいところである。そしてまた、不健康な生活を送らざるを得ぬ社会、職場と家のみに関心を集中させる社会を変えようと志しているのならば、自ら健康的な生活を送らぬ限り説得力に欠けるだろう。

こう大袈裟に考えた後、あまりにも日常的な対策をたてる。先ず、無茶はしないこと。そして、眠いときに寝るのではなく、寝るべき時間に寝るように心掛けること。もちろん、ここで無茶をして、眠くもないのに横になってイライラするのは馬鹿げている。また、ノルマをはたさないで寝てしまうのは怠惰の習慣をつけてしまう。なかなか難しいけれども、基本はこうだ。疲れを翌日にもちこさない生活を送ること、これである。まぁ何とかやってゆこう。

起床直後に、こうしたことを決めた。ほかにも考えたかも知れないが、もはや覚えておらぬ。覚えていないのは、おおかた守れもしない決意であったからに違いない。ともかく決めるだけ決めて、食事の支度にかかった。あれこれ野菜を入れた即席のシナそば、果物を喰う。支度に手間をかけた割に、たいしてうまくもないシナそばを喰いながら、ダニエル＝ベルの『脱工業社会の到来』（内田忠夫・嘉治元郎・城塚登・馬場修一・村上泰亮・谷嶋喬四郎訳　ダイヤモンド社一九七五年）を開く。のっけから予想以上に鋭い論考が述べられており、甚だしく興奮する。

気が付いたら夜である。どうも興奮して時間を忘れていたらしい。ベルの問題意識は自分のそれと同じではないけれども、それぞれの問題意識が扱う対象が同じであることは分かる。自分はホワイト＝カラァ社会のメリトクラシィを、つまり専門家社会を対象とし、そこからの出口をさがしている。ベルは脱産業社会のメリトクラシィを、つまり「知識の技術」社会を対象とし、それに期待をしている。問題意識はどうも正反対らしいが、同じ対象を扱っている点ですこぶる勉強になる。技術的発展による資本の拡張とホワイト＝カラァ層の増大は自分も関連づけていた。しかし、『資本論』第三巻ですでに指摘されていたことはベルを読むまで知らなかった。しかも、ベルはこのマルクスの指摘を使って、実に見事にメリトクラシィの成立を述べてゆくのである。何でまた同類でもない奴に、こちらの基本文献の読み方まで教えられねばならないのだ。実に腹立たしい。もちろん腹が立つのは自分に対してだ。ベルにではない。勉強不足を痛感するのは自分のせいであるからだ。

『イデオロギーの終焉』は、関心はしても興奮まではしなかった。なかんずく「あめりかにおける支配階級の存否」、C＝W＝ミルズの『パワーエリート』批判は興ざめもいいところで、修辞の切れ味ばかりが目立つオッサンだとベルを見なしていた。ベルが批判の際に用いる修辞は、要素還元主義によるものが大抵である。要素に還元すれば、現実的妥当性を鋭く論ずることはたやすい。しかし、そのために作業仮説の文献を無視することになり、仮説の中心概念、例えば権力エリトに対してバラバラな現状分析を提示するに止まることになる。こうした傾向が『終焉』には多く見られ、鋭いけれども今一つの感がベルにあった。だが『到来』では、何と中心概念の必要が説かれているのだ。

「Nomen est numen……「名づけることは知ることなり」……とは古くからの格言である。現代の科学哲学では nomen は単に名称ではなく、概念あるいはプリズムである。概念的図式は複雑な現実の中から特定の属性を選び出し、類似点と相違点を見分けるために、これを共通の項目の下に整合する。概念的な体系は、論理的整理の手段としては、真実でもなければ誤りでもなく、役に立つか立たないかのいずれかである。

概念的図式は……私がこの工夫を使う場合……中軸原則を基礎とし、中軸構造をもっている。かっての社会分析定式がもっていた情報提供力を復活させるのが私のねらいである。

問題設定は、デューイ（Dewey）のいうとおり、その後の思考を左右する最も効果的な方法である。マルクス（Marx）は、経済関係を基礎とした下部構造と、それによって決定される上部構造という概念を掲げて、どのように社会を定義するか、という問題を設定した。後代の学者は、イデオロギーまたは文化的政治的要因の重要性を主張し、その関係は逆であると考えたり、あるいは、定説となっているように、あらゆる要因の相互作用を強調して、一つの要因だけが最も重要であるとの説を否定した。かくて、単一因果関係理論への批判は、最後には社会的因果関係の全般的理論、または最重要性を追求する試みさえも否定したのだった。

〈中略〉

中軸原則とか、中軸構造という概念は、因果関係ではなく、中心性を把握しようとする試みである。（前者は経験的関係の理論においてのみ可能である。）それは、社会がどのようにまとまっているかという問題への回答を探すとともに、いかなる概念的図式においても、その周辺に他の諸制度をちりばめた《組織化の（organizing）》枠組、またはほかのあらゆる原則の根源的理論となる《原動的（energizing）》を探り当てようとするものである」（上巻　一八から二〇頁）

ベルは、この中軸に生産と技術を据えることによって、脱工業社会を論じようとするのである。これで興奮しなければ、どうかしている。かなりの労作だから、ここしばらくは興奮し続けの毎日になりそうだ。

興奮したら腹がへったので、乾パン、蜂蜜、チィズ、缶詰を暖め卵を落としたものを喰う。腹をつくってふたたびベルに飛びかかり、うむ、うむ、と変な唸り声をあげながら読み続ける。そして例の如くたいへんな時刻であることに気付いた。起床時の決意はいったいどこにやってしまったのか。とりあえず疲れを明日にもちこさないように休むべし、というわけで本日はこれまで。

八日　火曜

曇天。昼に起床。疲れをもちこすこともないようで、体調はよろしい。くたびれやすい自分の身体を前提にして生活を送ってゆこうという決意を昨日したのだから、当然のことではある。

この決意が何時まで続くか分からぬけれども、くたびれにくい身体によって決意に終止符を打ちたいものだ。そこで、栄養を採る。乾パン、チィズ、蜂蜜を喰う。腹ができたので、ベルの『到来』を続きから読み出す。夢中で読みふけっておるうちに、夕方になっていた。いろいろなノルマを後回しにして『到来』を開いたものだから、夜はノルマに充てることにする。

一通りノルマをこなすと、すでに夜もふけていた。乾パン、チィズ、缶詰を暖め豆腐と卵を落としたものを喰う。そういえば果物も喰った。ふたたび『到来』を開き、読み進む。気が付いたら日付も変わり、大変な時刻である。何だか、物凄い速さで時間が流れている心地がする。まるで忙しい人間のようだ。自分は忙しいことがキライであるから、いささか面白くない。

自分は忙しさに抵抗する習慣を持つ。どれほどノンキに過ごしていても、気に染まぬ頼まれごとであったら、たいていは断っている。気に染まぬことで忙しくなるのは御免であるからだ。気に染まぬ頼まれごととは、忙しい中すまないけれど、と頼まれることである。ノンキにやっている最中にすまないけれど、と頼まれたことは、めったにない。後者の頼み方であるならば、自分は引き受けてもよいのだが、少なくとも後者の場合は、ノンキにやっている時間は貴重なものだという判断が含まれているからである。

それに対し、前者の頼み方には、忙しいのが当たり前といった判断が含まれている。そして忙しいはずの相手を、さらに忙しくさせようと頼み事をするのだから、まったく了見が分からない。ただし、この了見の分からぬ頼み方が圧倒的に多数である以上、こうして頼めば引き受ける奴が多いことを示しているだろう。つまり、兎にも角にも忙しくなろうとする奴が多いということだ。性向は人それぞれであるから、忙しいことを好む者がいてもおかしくはない。しかし、忙しくなろうとする奴が無闇にいるのは、もはや性向の問題ではないと思われる。そこには、画一化の問題が存するのだ。

忙しいとは時間的制限が多いということだ。何事かを為そうとする者が複数の目的を持つとき、時間的制限は要請される。時間に区切りをつけて、その区切り毎にいろいろな振舞いをすることが時間的制限である。忙しくなると、つまり時間的制限が多くなると、区切りの間隔は短くなる。こうした区切りの短縮化は、区切り毎に為す振舞いに影響を及ぼさざるを得ない。短い区切りのなかでも可能な振舞いばかりが為されることになるのだ。

短時間で為し得る振舞いは、合理的に組み立てられたもの、誰にでも為し得るもの、もしくは両者の混合したものであるだろう。画一化の問題とは、忙しくなろうとする奴の振舞いが、本人の目的にかかわりのない振舞いに終始しがちなことを指すのだ。

どれほど資質に恵まれている者も、己れの資質を十二分に開花させるには長い時間が必要だ。何故なら、己れの資質が何であるかを把握するための試行錯誤や、資質をどのように開花させるかの試行錯誤が不可欠だからである。この者の資質はこれであり、資質を開花させる訓練はこれである、と決まっているならば、資質を用いて為す目的がすでに定まっていることになる。つまりは、本人の考えにかかわりなく振舞い方が決定されており、振舞う目的も決定されているのだ。ひっきょう短い区切りで為し得る振舞いは、目的の画一化に他ならない。何事か為そうとする者の目的を、既存の役割を果たすことに向けさせる画一化に他ならないのだ。

短い区切りで為す振舞いの総和は、振舞った者自身を意味しはしない。意味するところは、社会が要求する多様な役割の連接点に過ぎぬ。よろしく家族の一員たれ、よろしく勤め人たれ、よろしく視聴者たれ、よろしく消費者たれ、これらの役割を連接するだけの者が忙しくあろうとする奴なのだ。役割の一つでも、真剣に己れの目的とするならば、とても短い区切りでできるものではない。よき父たらんとするならば、よき視聴者なんどになっている余裕はあるまい。逆もまたしかりである。何事かをよく為そう、己れの生きる目的と為そうとする者は、一つの振舞いに長い時間をかけるだろう。そしてこうした振舞いは、総和するまでもなく、振舞った者自身をよく表しているだろう。

ただ、役割の一つにばかり時間をかけ、自らの生きる目的とすることは、専門家であることになりはしないか、という問いが考えられる。もちろん、専門家ではない。というのも、専門家は自らの専門（目的）への試行錯誤をおこなわないからである。現代の専門家は、教育機関において長い時間の訓練を受けなくてはならない。この訓練は専門についての訓練であるから、教育機関で訓練を受けようとする時点で、専門が決定されてしまっているのだ。はやばやと専門（目的）を決めることが悪いと言いたいのではない。言いたいことは、専門（目的）が既に用意されていること、訓練方法が既に用意されていることについてである。

専門家となるために長い時間をかけるとはいえ、訓練方法が確立している以上、短い区切りの総和としての長い時間となってしまう。つまり、合理的であるか、誰にでもできるか、両者の混合かといった振舞いの総和で、専門家が出来上がるのだ。毎年毎年、教育機関が専門家を大量に生産するためには、こうするより仕方がないのは確かだ。しかし、そのために専門家予備軍は常に忙しく、そして専門家は、予備軍と同僚を相手にする必要から、同じように忙しい。専門家とその予備軍は、その役割に要求されているさまざまな振舞いを為すばかりである。したがって分子生物学の専門家は、儒教史について知らなくても構わないし、知る余裕もない。同じ様に、儒教史の専門家は、分子生物学を知らなくても構わないし、知る余裕もないのである。忙しいのだから仕方がないのだ。それ故、ある意味で専門をこえた興味を専門家がもらすことも少なくない。しかし、愚痴を言うくらいであるから、自らの目的として一つのことにかかわってはいないのだ。用意されたものを受け入れてしまっただけなのだ。

自分にとって、忙しくあろうとする奴は自らの生きる目的を考えておらぬ者である。それ故、忙しい中すまないけれども、と頼まれごとをされると腹が立つ。忙しい人間と思われたことに腹が立つ。とはいえ、もっとも腹立たしいのは、人間をただの連接点としてしまう社会だ。成程、多様な役割が用意されてはいる。選択肢が豊富なのはよいことだ、と自分は判断する。しかし、多様な役割を構成員に選ばせるのでなく、構成員を連接点と化す社会はよいとは言えぬ。自分は、この社会をどうにかできないものかとノンキに考えているから、忙しくなるのは御免被りたく思う。

というところで、本日はこれまで。

九日　水曜

気が付いたら夕方である。昨日にも述べたことではあるけれども、何だか時間がエラく早く流れているようだ。その割には、読み進んだ量は大したことがないのだから、我ながら不思議である。『到来』には刺激的な考察があまりに多いため、思わず知らずボンヤリ考え事をしてしまう時間もまた多いのは、確かであるけれども、ともかく、夕方である。ここはノルマをこなさねばならぬ、と意志を振り絞って『到来』を閉じる。やっさもっさした挙げ句、夜もふけてしまった。乾パン、チィズ、果物、缶詰を暖め卵を落としたものを喰う。

食後、労働者である友人と電話で話す機会があった。そこで頭を抱える羽目になる。

友人が言うには、こうである。半熟練労働者である友人の使っている大型機械の使用法が、あまりにも不合理であるため、管理側に意見せざるを得なかった。しかし管理側は、使用法は専門家が指示したものであるから不合理であるわけがない、と友人の意見を突っぱねた。さすがに面白くなく感じた友人は、何とか実地検証にこぎつけ、管理側を納得させることができたらしい。

そこで自分は聞いてみた。その合理的使用法は、管理側によって労働強化の道具となりはしないか、と。友人は答えて言う。労働強化の同具になるだろう、そして合理的使用法を述べた友人自身にはこれといって見返りもないだろう、しいて見返りがあるとすれば管理側への移行の可能性だろう、と。

詳しくは知らないけれども、友人の職場には不合理が満ちているらしい。その不合理に対抗しようとする友人の意志は、口先だけではなく実践に移されている。その実践の一つが先の会話に出てきたわけだが、ここで頭を抱える問題が発生したのだ。問題とは、専門家をめぐる問題のことである。

労働現場における専門家は、一般労働者に対して指導的地位にいる。専門家は専門家であるから、諸設備について一般労働者が知らないことを知っているはずである。こうした知識のため、専門家は生産性向上のための合理的労働に欠かせない存在として現在の社会に受け入れられている。それ故、専門家は指導的地位におり、中間管理層とは言え管理側と見なし得るだろう。その専門家が間違えていた場合はどうなるのか、ここから、友人の実践から出てきた専門家をめぐる問題、その問題の二つの側面を見ることができる。

管理側は、生産性向上を最優先する。だからこそ専門家が必要とされているわけであるから、そこで一般労働者が専門家の過ちを指摘することは管理側に警戒されることを意味する。一般労働者は専門的訓練を受けておらない。素人たる一般労働者が専門家を論難することは、したがってあり得ない。ならば、何かしらの意図をもって専門家に「反抗」しているのではないか、というのも、専門家は労働の徹底的な合理化を目指しているのだから、ある意味で労働者の自主性を侵食しているからである。おそらく管理側は、こう考えるだろう。たまたま根気のある友人であったために専門家の間違いを管理側も認めるに到ったが、根気のない者であったなら論難は黙殺され、そして生産性は低下するだろう（もしくは意図していたほど生産性が上がらないだろう）。生産性の低下は、管理側の死活問題である。専門家も含まれる管理側が自らの管理の過ちを認めればよいのだが、過ちを認めることは地位に伴う諸権利（とりわけ高い賃金）を失う事態になりかねぬ。そこで、論難したけれども根気がなくて続けなかった者が、危うい立場に立たされる羽目になる。大企業ならば、管理側も複数の部局を持ち、相互に責任追及が可能である。しかし、友人の働いているような小企業では、管理側は数も少なく、そのために管理側内部の責任追及は起りにくい。いくら大企業といっても、労働人口の一部を雇用しているに過ぎない。中小企業で働く圧倒的多数の一般労働者にとって、専門家に意見することは剣呑であるのだ。これが問題の一側面である。

友人は根気があるから、剣呑なことにはならなかった。問題のもう一つの側面はこの成功から起こる。繰り返しになるけれども、管理側は、生産性向上を最優先する。専門家が指導する生産性向上のための合理的労働とは、ひっきょう労働の徹底的管理に他ならない。専門家の間違いを指摘した友人は、労働者が専門家と対等であることを意図したのだろうが、専門家の目的と同じことを結果してしまった。つまり、労働の自主性（たとえばアセンブリ＝ラインにおけるコンベヤ速度の自主的決定など。もちろん現実には管理側がコンベヤ速度を生産性の観点から決定している）を自主的に奪ってしまったのだ。

専門家の労働者に対する不合理な優越が、問題の一側面であった。そして、不合理な優越を正そうとすることで労働者自らの立場を切り崩してしまうことが、問題のもう一つの側面である。この二つの側面は矛盾している。頭を抱えざるを得ないというのも、この矛盾のためである。

友人も自分も、ことばに詰まってしまった。友人が立身出世を生きる目的としていれば、自分もことばに詰まることはなかったのだが。もっとも、そうであれば問題そのものが起こり得なかった可能性がある。友人には悪いと思っているけれども、友人が抱えた問題のお陰で、専門家社会の出口のない状況を考える実例を与えられたような気がする。もっとも、自分の脳では矛盾を解くことはできないが、しかし解こうと志すことはできよう。

志したところで、本日はこれまで。

十日　木曜

曇天。昼過ぎに起床。エラく寒い。思えば昨晩、もとい今朝、床についたときからエラく寒かった。就寝前であるから体温が低下しているのであろう、とその時は考えたけれども、どうやら違ったようだ。本格的な冬になったというところらしい。ゆくりなくも光太郎の『道程』にあった詩を思い出す。

「しみ透れ、つきぬけ
火事を出せ、雪で埋めろ
刃物のやうな冬が来た
(「冬が来た」より)」

火事を出すのはいささかまずい。けれども、確かに刃物のような冬である。壁をしみ透り、コタツをつきぬけ、刺すような寒さが襲いかかってくる。ついでに言えば「僕は冬の力、冬はぼくの餌食だ」と光太郎は書いているが、これはおかしく思う。自分は冬の餌食の心持ちがして仕方がないのだ。目が覚めてしまったから起きなくてはならないけれど、寒さに怯えてコタツから出る勇気が湧かぬ。イタチの匂いをかぎつけたウサギの心持ちである。動けない。しかし、このまま冬中ずっとコタツで丸まっているわけにもいかないだろう。こう健全に判断した自分は、窮鼠猫を噛む勢いで起きあがった。すさまじく寒いではないか。判断を撤回してコタツに飛び込みたくなったが、ふとオブロゥモフを連想して思い止まる。

あたふたと厚着をして、乾パン、チィズ、傷んでしまった果物を喰う。食いながら、オブロゥモフはロシアの寒冷な気候ゆえに典型として成功したのではないか、と間抜けなことを考えた。オブロゥモフカ村のモデルであろう、ゴンチャロフの郷里シンビリスクは寒かったに決まっている。寒ければ、人間何もしたくないものだ。オブロゥモフの無為は寒さの産物に違いない。おそらく、寒いシンビリスクでゴンチャロフの経験した、何もしたくない心持ちが、オブロゥモフと結晶したのだ。ここまで考えたとき、推論に過ちを発見する。シンビリスクは、後にウリヤノフスクと改称されている。シンビリスクで生まれたのはゴンチャロフだけではない。ウラジミル＝イリイチ＝ウリヤノフも亦、シンビリスクで生まれたのだ。ウラジミル＝イリイチ、つまりレニンのどこを探しても、オブロゥモフ性なんど出てこないのは確実である。そう言えば、クルプスカヤの述べるところによると、シベリアに流刑中のレニンは、冬のスケィトがエラく好きで、始めたら止められぬ程であったらしい。寒いシベリアの冬の最中、吹きさらしの凍った河面でスケィトをするなんど、自分は考えただけでも薄ら寒くなってくる。にもかかわらず、レニンは平気どころか、好んでやっておったというのだから、寒いときに何もしたくないという感情が普遍的でない証拠であろう。何だか間抜けな推論をした自分が、恥ずかしくなってきた。恥ずかしくなってきたので、とるもとりあえず『到来』を開き、読み進む。

しかし寒い。『到来』の頁を繰る手すら、かじかんできた。読書に身が入らない。けれども、こんなことで読書に身が入らないならば、何一つ出来はしないだろう。流刑先でスケィトを楽しむくらいに、冬に慣れねばならぬ。そこで寒さに対抗するために栄養を採ることにした。ふたたび、乾パン、チィズ、蜂蜜を喰う。なかなか利口な判断であったらしく、すぐにも身体が暖まってきた。勝利感を覚えながら『到来』を読み進める。ある程度読んだところで時刻を見れば、もう夜もだいぶん過ぎていた。あわてて本を閉じ、今日のノルマにとりかかる。調子を取り戻したので、能率は悪くない。思ったよりも早くノルマを終わらせて、缶詰を暖め卵と豆腐を落としたもの、傷んでしまった果物を喰う。何だか喰ってばかりいるような気もするが、お陰で暖かい。暖かさにウットリして、ボンヤリと考え事をする。

ボンヤリと考えたのは、何故自分はものを書こうとしているのかということだ。自分は専門家社会を批判している。しかし、この批判を書こうとこころざし、あわよくばそれを上木せしめようと目論んでいることは、専門家社会を批判する専門家を意味しはしないか。批判されるべき専門家社会で抑圧されている人々、自分がその一員であると考えている「人民」は、ものを書こうとも上木しようとも考えはしないだろう。もしくは「人民」から離れようとしているのではないか。こうしたことを考えた。

「人民」とは、意志的決定の権力を持っておらぬ者を指す。意志ならば誰でも持っているのに、意志的決定を現実に為し得る者は権力を持つ者だけだ。そして圧倒的多数が、自らの意志を現実化できないまま、生涯を終える。この、自らの意志を現実化できない圧倒的多数の人々が「人民」である。そこで、ものを書いて上木しようと目論むことは、意志を現実化しようと目論むことであり、ひっきょう何かしらの権力を確立せんとする意識を表していると言えなくもない。

そこで、間違えても「人民」を代表して何か書いて上木するつもりと考えるわけにはゆかぬ。これはワナだ。「人民」の名を借りて、「人民」から離れようとする者の陥るワナなのだ。「人民」を代表する、「人民」を指導する、こうした物言いは「人民」に対する権力を確立すること、「人民」に権力を持たせないことを意味する。講壇から、「人民」に自発性をもてと説教するようなものなのだ。ならば、自分は何なのか。「人民」の一員と考えておりながら、意志を現実化しようと目論む自分は何であるのか。

もう少し「人民」について考えてみよう。「人民」は否定的な存在である。権力をもっていない。意志を現実化できない。ものを書かないから上木もしない。こうした否定的な存在に怒りを感ずるから、自分はものを書こうとするのだ。「人民」を否定的存在にあらしめる社会と、否定的な「人民」性に泥んでいる「人民」に怒りを感ずるから、社会と「人民」が変わる必要を述べようとするのだ。こうして述べることによって、自らも亦、否定的存在から変わろうと欲しているのだ。ある意味では、かつての前衛理論に近い立場に自分はいる。「人民」が変わることを求めて自らを変える前衛理論のことである。しかし、『何を為すべきか』にあった前衛理論は、前衛が圧倒的多数の後衛を代表するというものであった。「人民」に対して、現在で自分としては、こう考えたい。たいていの振舞いに関して人並み以下である自分が、否定的存在から変われるならば、「人民」だっても変われるはずである。指導も代表もする気はないし、第一できもしないけれども、生きた見本となることはできようと自分は思う。そして、社会を変えようとする肯定的な「人民」の、生きた見本ですら可能ではないかとも思う。権力でもって他の者を抑圧しないという否定的側面を維持しつつ、意志を現実化する肯定的側面を持った「人民」の、生きた見本になりたいと思うのだ。もちろん、修身斉家治国平天下を考えているわけではない。ミクロコズムとマクロコズムの対応関係は、崩壊して久しいからである。生きた見本というのは、自分の望んでいる新しい「人民」が抽象的存在ではないこと、現実に生きており、しかも「人民」性をもっている存在であることを示すものである。それ故、生きた見本はパンダではない。活字パンダに到るまでのパンダの群は、「人民」から遠く離れた存在であり、しかもパンダによって「人民」は自らの意志を現実化するかわりに、パンダに意志を仮託して現実化の代償とする。矮小化され多様化されたフォイエルバッハのいう宗教がパンダであり、パンダがいる限り「人民」は自らの意志を現実化することは難しい。生きた見本となるつもりならば、パンダにはならない。そして、パンダのいらぬ「人民」として、生きた見本とならねばならぬ。

右に述べたことは、矛盾した存在になろうとするようなものだから、おそろしく困難だろう。つまり、専門家社会を批判しながら、専門家批判の専門家と見なされないように批判するのは難しいだろう。だが、何もしないままだと「人民」の否定性はそのままであり、「人民」の一員たる自分も否定的存在のままとなる。仮説は実験によって試される。目論見は実行せねばならぬ。ワナには注意の上にも注意して、兎にも角にも、とりかかろうではないか。

こうボンヤリと考えた。考えたのはいいのだが、またぞろエラい時刻である。というわけで、本日はこれまで。

十一日　金曜

曇天。午後より雲が切れ、陽光が覗く。昼に起床。相変わらず寒い。身体を暖めるため、さっそく乾パン、チィズ、蜂蜜を、それぞれかなり喰う。喰いながら『到来』を開き、読み進む。しばらく読んでおるうちに、案の定、身体が暖まってきた。我ながら利口なものだ。そういえば、貝原益軒の『養生訓』に、シナと朝鮮の人間は無闇にものを喰うけれども、この国の人間が真似をするのはよくない、と書かれていたことを思い出す。どうして益軒がよくないと考えたのかは忘れてしまったけれども、実際シナや朝鮮の人々はよく喰うらしい。おそらく、ここいら辺のよりも寒冷であるために、身体を暖める必要からよく喰うのだろう。彼らも利口なものだ。しかし、ここいら辺の人間が喰うことで寒をしのぐことはよくない、と益軒は言う。つまり空調を入れろと益軒先生は主張したいのだろうか。

アナクロニズムに耽っておるうちに、陽光が差し込んできた。室温の上昇するのがハッキリと感ぜられる。暖かい。よい心持ちで暖かさを堪能していると、窓から差し込む陽光の中にホコリが待っているのを見出した。そういえば、ここしばらく下宿の掃除をしておらぬ。そこで『到来』を閉じ、掃除にとりかかる。あらかたホコリを拭い掃除機をかけ終わったら、すでに夕方となっていた。夕方には所用があったので、いそいで身支度をして表に出る。

さっさと所用を済ませて下宿に帰った。今日はまだノルマに手を着けてないのだから早いところ始めなくてはならぬ、と考えたためである。自分は固より怠惰の性であるから、放っておくとオブロゥモフ主義の生きた見本となりかねない。生きた見本でも、オブロゥモフ主義のそれは御免である。御免であるから、とりあえずノルマを一通り終わらせる。さすがに少々くたびれた。ついでに、下宿を掃除したために身体がホコリにまみれている。そこでゼイタクにも風呂屋へ向かった。ゼイタクというのも、月初めの風邪のせいで懐中が空同然であるからだ。しかしゼイタクはいいものである。エラくよい心持ちとなり、何やら鼻歌を歌いながら下宿へ帰る。巻パン、缶詰を暖め卵を落としたもの、とてつもなく痛んだ果物を喰う。食後、ふたたび『到来』を開く。『到来』において、「組織のなかの人間」が個性を失っているという批判に、ベルが反批判を加えたものを読み、興奮する。

企業という「組織」が出現する以前、たいていの者が地域共同体の強力な規制の下にいたではないか。それに対して企業という「組織」は、成程個性を失わせる側面もあるが、この側面は地域共同体が失われた代償としての意味もある。つまり、企業は現代の共同体なのだ。もっとも、かつての地域共同体と異なり、この共同体は競争によって個性を拡充する側面もまた持つのである。ベルはこのように述べることで「組織のなかの人間」批判に反批判をおこなう。鋭い反批判である。しかし、どうにも賛成できぬ。ベルの論法は、帝国期日本の軍隊にもまた、通用する。そして、実際に帝国の軍隊が、近代的人間を作り出すイデオロギィ装置として機能していたことも確かだ。だが、だからといって帝国の軍隊を肯定的に考えるわけにはいかないだろう。軍隊は軍隊である。目的は一つしかない。それを肯定的にとらえることは人間の可能性への諦念を意味するのだ。同じように、企業は企業である。確かにベルの言うとおり「社会学的な組織」（共同体）としての側面を企業はもっているけれども、企業は企業である。ともかく資本を拡充することを目的とする機能集団として、激烈な競争にさらされている。やはり、この機能集団を肯定的にとらえるわけにはゆかぬ。しかし、ベルの言う「社会学的な組織」を、かつての地域共同体の代わりとして、人々が必要としているのは否定が出来ない。いったい、どうしたものかと興奮するが、興奮したからといって、よい知恵が出るはずもない。冷静になろう。ベルだっても、企業という組織が、いささか具合の悪いことになっていると冷静に指摘しているではないか。

「私的企業制度はその強制力の故ではなく、その価値……物質的財貨の算出を経済化し、増大させる……が社会の消費者の主要な価値と合致したがゆえに、西側社会の支配的組織であり続けた。そのすべての明白な不完全さにもかかわらず、その制度は「機能した。」しかし今日、これらの価値はそれ自体、疑問の対象となった。一世代前に社会主義者や急進主義者が、それは労働者を搾取し、その犠牲の上に成就されたのではないかというふうに問うたのとは違って、全く核心に迫る問い方で、他の社会的価値の犠牲の上により多くの私的財貨が創造されているのではないか、ということが問題にされているのである。わたしはさきに述べた点に戻る。すなわち政治の場合と違って、だれも集団的に会合し、市場経済の可否に対して「投票」したことはなかった。しかし、今やこの投票が行われようとしている。

〈中略〉

そのような変化が「進歩」を意味するのかどうか、これは私にはどう答えるべきかわからない一つのすばらしい形而上的な質問である。今日の社会は、個人主義と市場合理性という約束の上に立ってきた社会であり、そこでは、個人が求めるいろいろな目標が自由な交換によって最大限まで達せられるとされてきた。われわれは今や、それなくしては共同体がまだ全的には定義されないというような一つの共同体倫理に向かって動いている。政治経済学による支配から離れ、政治哲学の支配へ動くこと……これが移行の意味である……は、ある意味では、社会思想の非資本主義の様式への回帰である。そしてこれは西ヨーロッパ社会における長い歴史的傾向なのである」（下巻　三九一・三九二頁）

成程、企業がもつ社会学的組織の面では、やはりその構成員に対する倫理的拘束力に欠けてしまう。そこで、現在「一つの共同体的倫理」を求められているとベルは述べる。ベルも亦、共同体としての企業を認めているわけではないのだ。しかし、矢張り自分は賛成できぬ。共同体的倫理は確かに必要だ。だが、ここでいう「共同体」とは何であるのか。文脈から察するに、この「共同体」は国家以外に考えられぬ。企業を抑制し、社会的価値を財貨生産の犠牲にさせない「政治」的基盤は、国家しかあり得ないだろう。つまり、ベルは国家倫理の必要を説いているのだ。

「ならず者の最後に使う手段は、愛国心である」とサミュエル＝ジョンソンは言った。国家は常に言い訳に使われる。理由は簡単である。国益とは何であるのかを明確に知っている者がいないのだ。ひっきょう国家を基盤にした政治というものは、諸利益集団間の利益調整以外の何ものでもない。明確な国益、明確な国の一般意志なんど、この世にはないのだ。ここで共同体倫理を国家に欲求するのは現実性に欠けている。いや、欠けているばかりか、一つの言い訳になっている。確かに企業は共同体としては今一つだ、だから国家に期待しようと述べることは、企業も国家もそのままにしておく言い訳に過ぎない。問題は、個人から企業、企業から国家へと考察を進める従来の方法なのだと自分は考える。ベルも亦この方法に泥んでおるから、その鋭い分析にもかかわらず言い訳を述べる羽目になったとも考える。「西ヨーロッパ社会における長い歴史的傾向」として、この方法があるのだ。個人と市場合理性を前提とする企業、一般意志にもとづく共同体を前提とする主権国家、こうした「歴史的傾向」をもつ考え方は、現在においては既存をそのままにする言い訳となる。個人も企業も、そして国家も、あまりにも強力な既存となってしまった。何故ならこれら三者を必要とするものは資本であり、資本は現存のところ誰も意義を唱えない存在にまでなっているからである。ベルがどれほど同族資本主義の崩壊を述べようとも、資本は存続し、資本の最大の特徴である拡大再生産は止まることを知らぬ。これら三者の関係は、それ故いつまでも続くだろう。そして、共同体倫理がいつまでも叫ばれるだろう。しかし、いいわけでは無駄なのだ。既存をそのままに、資本をそのままに共同体倫理を叫ぶのは駄目なのだ。そこで、資本に挑戦する論のみが、言い訳にならぬ共同体を語る資格を持つと考えられはしないか。資本に挑戦することで、先の三者を変えることができはしないか。自分は知恵がない。けれども、資本に挑戦することが、出口なし社会を変える糸口になることくらい、知恵がなくとも分かる。既存のすべてがそこにかかる。そうした資本というものを相手にする必要くらいは分かるのだ。

しかし、知恵がないことを力説するのも知恵がない話だ。というわけで、本日はこれまで。

十二日　土曜

曇天。曇天にもかかわらず、いくぶん暖かい。昼に起床。乾パン、チィズ、蜂蜜を喰う。腹を作り、身支度をすませて表に出る。金策のためである。

夜もふけてから下宿に帰る。時間が時間なので、ノルマを無茶な勢いでこなす羽目になった。

何とか一通りこなした後、缶詰を暖め卵を落としたもの、巻パン、傷んでおらぬ果物を喰う。一息ついたら、時刻はもう日付が変わる頃合いであった。何だか時間が足りぬ気がしてならない。勤め人が如何に大変か分かろうというものだ。とはいえ、その大変さを肯定するつもりはないけれども、単に、大変なことを毎日やりとげる勤め人の能力に、感心しているだけである。その能力をうらやみ、その能力が詰まらぬことに使われているのを嘆ずるだけである。

しかし、つまらぬこととは何事であるか。生きていくには稼がねばならない。それを詰まらぬことと言うならば、生きること自体を詰まらぬことと見なすことだ。このように考える自分もいる。だが、どうしても詰まらぬことは詰まらぬことだ、と考える自分の方に分があるようだ。

生きること自体に意味はない。何のために生きるかを考えてはじめて、生の意味を試すことができる。試すというのも、生きる目的、つまり生の意味は主観的なものであり、目的を客観化するという点で試さなくてはならないからである。生きる目的を定めるのも、そして目的を試すのも時間がかかる。そこで勤め人が感じているであろう時間の不足は、勤め人自身の生の目的を失わせるものだ。もっとも、代わりに予定表が用意されてはいるけれども。

予定表とは、こういうものだ。これこれの年齢になったらば、これこれの振舞いをせねばならぬ。これこれの振舞いを為し遂げ得たら、これこれの地位を手に入れることが出来よう。これこれの地位には、これこれの振舞いが不可欠であるから、よろしく為すべし。以下、勤めるのを止めるまで続く。こうした予定表さえあれば、何のために生きるのかを考えることはない。目的は小出しに与えられ、その目的に近づく方法も与えられている。そもそも何のために生きるのかを考える必要がないのだ。予定表は生きる目的を考える手間をはぶく。お陰で、時間の不足にも勤める人は耐えることが可能となる。また企業社会も、予定表を作ることで、勤め人の不経済な試行錯誤を省略することができる。そして、生きる意味を試すような先行きの分からぬ状態を予定表は解消するため、勤め人は企業社会に安んじ、そこから出ていくことをしない。ダニエル＝ベルが指摘したように、企業社会はある意味での共同体である。この共同性は、予定表を持つことで固められ、維持される。そこで、問題が起こるのだ。企業社会は予定表によって共同体性を維持しているのであるから、予定表どうりにことが運ばなかったらどうなるのか、という問題である。

　先ず、企業社会における一個人が予定表から外れた場合を考えてみる。例えば、ある程度の年齢になっても、予定されていた地位が得られなかった場合などが挙げられよう。そうした場合、予定表から外れた個人は、何のために生きるのか考える契機を持つことになるだろう。しかし、企業社会という共同体は、既に予定表という形で生きる意味を小出しに与えている。そこで、自発的に生きる意味を考えることは、うだつのあがらぬ者の烙印と見なされるおそれがある。まして現在の企業社会は、予定表を能力主義なることばで飾っているのだ（飾っているというのも、能力を比較するためには同一の労働をおこなう必要があるけれども、分業を前提とする企業社会では、その比較が困難であるからだ。企業社会における能力とは、ひっきょう地位に他ならない。能力があるから地位に就くのではなく、地位に就いているから能力が開発されるのである)。こうした企業社会で生きる意味を考えることは、剣呑もいいところである。誰しも予定表どうりに地位につけるはずもないから、その地位の絶対数による予定表の効力低下について、勤め人は一様に文句があるだろう。そして文句を口に出し、生きる意味について言挙げしたりもするだろう。しかし、真剣に生きる意味を自発的に考え、それを試すことはない。先にも述べたように、企業社会は予定表によって維持される共同体である。予定表から外れることは、うだつのあがらぬ者と烙印が押されてしまうのだ。しかも現在の企業社会では、能力のない駄目な奴という烙印までも押されてしまう。こうした共同体においては、うだつがあがらないから、能力がないから、生きる意味を云々するのだと見なされることになる。では、本当に生きる意味を自発的に考える者はどうなるのか。答えは自ずと自明であるが、問題の個人的側面はここにある。

次に企業自体が、予定表から外れた場合を考えてみよう。企業社会が持つ予定表は、現在の経営方針がこの先も続くことを前提に立てられている。しかし、企業社会が経営をおこなっている市場には、好況から恐慌にいたるさまざまな変化要因がある。好況のさいは、予定表の拡大（地位および業務の増大と多様化）で切り抜けることができよう。しかし恐慌のさいは、企業の存続自体が危うくなってくる。もはや予定表は意味を失い、そこで共同体性も失われる。そうした状況においては、企業に居残る者も、追い出された者も共に自らの生きる意味を考える契機を持つだろう。だが、予定表に泥みきってしまい企業社会のうちで安心立命して生きてきた者が、とつぜんに訪れたこの契機をつかむことは難しい。まして、生活の維持そのものが危ういのだ。ここで考えられることは、生きる意味を自発的に考える代わりに、安んじて生きてゆける予定表を自発的に欲求する可能性である。そして、その予定表を提示する者に対して、諸手を挙げて歓迎しかねない可能性である。共同体と予定表のつながりを企業社会で見てきた者が欲求する予定表は、ものすごく剣呑な性質のものであろう。問題の社会的側面は、このものすごく剣呑な予定表にある。

個人的側面であれ、社会的側面であれ、予定表には問題がある。こうした問題を持つ予定表に己れの生をゆだねるのは、やはり詰まらぬことだ。こう自分は考える。考えたところで、本日はこれまで。

十三日　日曜

晴天。たいへん暖かい一日であった。昼過ぎに起床。巻パン、乾パン、チィズ、傷みだした果物を喰う。書いてみると何やら豪勢な食事のようである。エラくなった心持ちになるではないか。とはいえ、実際のところは買い置きが切れかかっているため、あるものを適当に喰っただけである。買い置きが切れかかっているのは、懐具合がよろしくないからである。豪勢に見えるのは字面だけなのである。いささか情けないのである。

「人間の罪は、腹が減ることである」と魯迅は言った。正しいことばだ。ただし、補注が必要だろう。それは、人間は罪を避けるために別の罪を犯してしまう（こともある）、ということだ。我ながら情けない話だが、今の自分は金策のことばかりが脳に満ちている。方々に不義理を重ねておきながら、やるべきことをやらずに、さらに金策に精を出すのはいかがなものか。こうした振舞いは、不義理に対しても、自分自身に対しても問題がある。まして自分は、不義理を重ね得る点で恵まれた状況にいる。そうした状況にいる自分が何もせず、はるかに悲惨な状況にいる者がやるべきことをやっているのだ。自分自身に対する問題どころではない。ただひたすら情けないだけである。

成程、自分は情けない。しかし、情けなさをとりつくろうだけの振舞いをするのは、さらに情けないだろう。自分自身を誤魔化すのではなく、自分の情けなさを直視するしかない。とりつくろうのではなく、情けない内にもしっかりしたところを作り上げる他はない。他はないから、ここは一つ情けなく努めようと考える。

腹を作った後、所用のために外出する。割と早く済んだので、さっさと下宿に帰ることにした。ノルマのためである。着いてさっそく取りかかり、大体やりおおせる。一息ついた頃には、例によって夜もふけていた。そこで、缶詰を暖め卵を落としたもの、巻パン、チィズ、傷んだ果物を喰う。喰いながら『到来』を開き、続きから読み出した。

読み進めるうちに、昨日に述べた予定表について、ベルが述べている下りを目にすることになった。ただし、ベルの述べるところは企業社会の予定表ではなく、国家の予定表である。現代国家において、意思決定と莫大な資源が国家行政機構に集中していることに注目したベルは、かつての代議制による利益の調整は現実的ではないと見る。現代国家の政策は、合理的に考えられた予定表をもとに遂行されていくと考えたのだ。ここは引用しよう。

「経済成長の方針をとり、社会変化のもたらす新局面……すなわちその社会変化が社会のいよいよ大きな部分に与えるより急速なショック効果、さらに、したがって社会変化を予想し、そしてかなりの程度までそれを方向づける必要が生じること……に直面するようになると、計画があらためて強調されることになった。すなわち国家目標をより強く意識し絶えず生産性を向上させていく社会（恒常的に三%ずつ生産性が向上すれば二四年間に国民生産は《倍増する》）が提供しうる「さまざまの可能な未来」をより強く意識する必要性があらためて強調されることになった。
〈中略〉
意識的な政策の決定は、それが対外政策であれ、国防政策であれ、あるいは経済政策であれ、待ち受ける制約の輪郭をとらえ、管理と政策手続の詳細を定め、かつ選択の結果を評価するために必要な熟練をそなえた人々を欲求する」（下巻　四〇八・四〇九頁）
成程、そういえばそうである。予定表は専門家を前提にしなければ、あり得ない。そして予定表と専門家との関係は、国家政策ばかりか、企業においても見ることができる。つまりは、生きる目的を考えさせぬ仕組みと専門家とは結びつきがあるというわけだ。専門家社会批判の射程を伸ばす上で、欠かせない結びつきがベルによって指摘されているのだ。有り難いことである。しかし、言われてみればその通りというものは、何だか悔しいものである。当たり前に見えることを、指摘されるまで気付かないのは悔しいに決まっている。とりあえず有り難く思うけれども、今に見ておれとも考える。考えたところで、本日はこれまで。

十四日　月曜

晴天。昼過ぎに起床。昼夜逆転は続く。どうしたわけか、起き抜けに昼夜逆転への嫌悪がやってきた。もちろん悪化しないように心掛けてはいるが、どうにも根本的な改善には到らない。やはり静かな環境でないと、ものが考えられぬ習慣がついてしまったようである。ブルジョアのお嬢さんみたようで、何だか腹が立ってきた。昼夜逆転してまで考えることといっても、これまたブルジョアのお嬢さんが考えることと大して変わり映えしない。もっぱら正直なところを、腹の足しになるところを、胸先に突き上げてくるぎりぎりのところを考えなければならぬ。そうでなくては、自分の昼夜逆転は間の抜けたゼイタクとなってしまう。

ゼイタクそのものは人間に欠かせないものである。必要以上の欲求を意識的に満足させることがゼイタクであり、こうして人間の五官は発達する。しかし間の抜けたゼイタクは、意識的に為されるものではない。それは、ゼイタク（必要以上）にゼイタク（必要以上の欲求）を為すことであるからだ。意識的な過剰欲求から享受的な過剰欲求へとゼイタクが移行することで、ゼイタクの楽しみは失われる。己れの必要がどのくらいであるのかを考え、あえてその必要以上を求めることで己れの五官に新局面を切り開く楽しみが、ゼイタクの楽しみである。享受的なゼイタクは習慣にすぎぬ。習慣は己が必要への感受性を鈍らせ、ゼイタクを楽しむことを難しくするのだ。こうした楽しくもないゼイタクは、間が抜けているとしか言いようがないだろう。

自分の昼夜逆転は、どう考えてもゼイタクである。さっかくゼイタクな振舞いをしているのに、間の抜けたゼイタクしかできぬのであれば止めた方がよい。もちろん自分は、今のところ生活を根本的に改めるつもりはない。つまり昼夜逆転を急に正すつもりがない。昼夜逆転する理由の方が、昼夜逆転を正す理由よりも優先順位が高いからである。そこで要請される態度は、意識的に優先順位を維持することだ。どうしてもやるべきことがあるから、どうしても昼近くまで続けたいから、といったところまで意識しない限り、自分の生活はブルジョアのお嬢さんから一歩も出るものではない。よしんば、そのやるべきことが客観的には詰まらぬことであっても、自分にとって必要であり、しかも必要以上にやるべきことであるならば、自分の生活は自分にとって意味のあるものになるだろう。そして、生活のなかでゼイタクを楽しむことができるだろう。ついでに言えば、自分はエピキュリアンであるから、楽しいことはよいことだと考えている。それ故、意識的にゼイタクを生活にとりこむのが当然ではなかろうか。

こうしたことを起き抜けに考えた。考えたのはよいのだが、変なことにも気が付いた。自分は最悪の悪口として、「ブルジョアのお嬢さん」なることばを使う癖に気が付いたのである。しかし、いったいブルジョアのお嬢さんとは何だろうと疑問に思う。そもそも会ったことがない。第一、典型的なブルジョアが現実にいるのかどうかすら怪しいものである。同族資本主義は崩壊して久しいのだから、ブルジョア家族のブルジョア＝エトスなんど、もはや失われているはずだ。憶測でものを言えば、金利生活者のオブロゥモフ性ぐらいが現在の所有階級の典型であろう。あれもしたい、これもしたいと考えはするが、実践に踏み込む必要が生活からは出てこないため、体裁のいいことばを並べるだけが関の山といった連中が、その典型である。受動的で、そのくせ他人に認められたがっている連中、自分はこうした連中を評価しない。かつてのブルジョアに対しては、自分もそれなりに評価している。おそろしく利己的であり、しかも利己的であることを社会的に肯定させようと無理押しする古典的ブルジョアは、ある意味で個人主義を確立する精力的な存在であったと考えている。したがって、自分がブルジョアのお嬢さんと言う際は、金利生活者のオブロゥモフ性を目して言っているようである。文学青年たちを批判するのに多用した覚えがあるから、そのことは確かといってよい。「人間それだけではない」もしくは「そう簡単に割り切れるものか」なんどと口走る文学青年を見れば必ず、ブルジョアのお嬢さんだ、と自分は叫びたくなるのである。

豊富な選択肢を残そうとして断片的によいことを口走って入るのだが、全体的な文脈で何一つ意味のあることを述べぬ。こうした文学青年たちはブルジョアのお嬢さんである、と自分は思いこんでいるらしい。どうしたわけで、そう思いこんだものか全く分からない。分からないけれども、文学青年たちにブルジョアのお嬢さんみたようだと言った際の効果は、実に素晴らしいものがある。それ故、本物（現実にいるのかどうか定かではないけれど）には悪いと思うが、矢張りこのことばを批判のことばとして、自分は使い続けようと考えた。

昼夜逆転からゼイタク、ゼイタクからブルジョアのお嬢さんまで、自分の脳が訳の分からぬ暴走にいそしんでいたところ、表に出る時刻が迫ってきた。巻パン、チィズを慌ただしく喰い、どたばたと身支度して、金策に向かった。不義理を重ねることでそれなりの金を手にし、何故かそのまま大型新刊書店に入ってしまう。鞄は重くなったが、さっそく懐が軽くなっている。釣り合いがとれて大いに宜しい、と正当化しながら下宿へ帰る。

下宿ではノルマが待っていた。ひととおり済ませ、野菜の缶詰、乾肉、乾パンを喰う。腹もできたので『到来』を開く。しばらく読み進めておるうちに、エラく寒いことに気付いた。この寒さは覚えがある。すぐとコタツを覗いてみれば、案の定であった。放熱管の出力が上がらなくなっているのだ。先だって起きた同種の故障は、耐熱ヒュウズの交換でしか直せなかった。寒い。すでに夜中である。耐熱ヒュウズの購入はできない。とりあえず手あぶり用の小型電気ストゥブを引っぱり出して電源を入れることにしたが、例によって、あんまり効果がない。相変わらず寒いので、本日はこれまで。

十五日　火曜

晴天。昼過ぎに起床。昨晩は、もとい今朝は早めに床に就いたのだけれども、寒さのためにどうにも眠れず、仕方なくあれこれやっておるうちに昼になってしまった。そのぐらいになれば、天気も良いのでさすがに暖かい。そこで、ようやく就寝することになったけれども、我ながら物凄い時刻に寝るものだと感心する。しばらくして目が覚めた際、さっそくコタツの様子を見る。変化なし。出力が、おそろしく低いままであった。コタツは貧しき独身者の冬の友である。そのコタツの具合が悪ければ困るであろう、ここは一つ自分が何とかせねばならぬ、とブツブツいいながら食事の支度をする。乾パン、チィズ、傷んだ果物を喰う。少しばかり『到来』を読んだ後、身支度をして外出した。冬の友のためである。

耐熱ヒュウズは、あんまり購入者がいないらしい。あちこち回ってみるが置いておらぬため、結局、工具の専門店で購入する。耐熱ヒュウズは暖房器具に不可欠な部品である。にもかかわらず、こうした有り様なのだ。素人が手を出すものではないというわけか。

思えば産業による消費財の生産は、生活の素人をも生産することになっている。例えば、何気なく用いるガラス器が如何に作られるものか、知っている者は多くない。まして、破損したガラス器をどうしたらよいのか、知っている者はほとんどいない。地方自治体の指示がなければ、破損したガラス器の処分に困るのが圧倒的多数であろう。かつては、ガラスのリタァナブル性質のため、破損したガラス器やガラス製品で取引ができたらしい。しかしそうした取引は、産業の大量生産技術が未熟だったころまでの話である。再使用によるコスト低減は、現在の生産技術では起こり得ない。原材料の大量購入と自動化された生産現場による方が、確実にベネフィットを出すのである。かつての回収業者は転職し、その回収業者を相手にすることもなくなった生活では、ガラス器とは購入して捨てるものとなった。そうなれば、ガラス器が如何に作られるものか知るよすがもない。しかし、生活ではガラス器を使うのだ。すると生活のなかで使われる道具は、便利であるが不可解なものとなりかねない。いや、なりかねないどころか、既になっている。ガラス器のような低技術の消費財ですら不可解なものになりかかっているのに、どうして集積回路なんどを用いた高技術の消費財を理解できるだろう。そして高技術の消費財は、生活のなかで多く使われているのだ。

こうした便利であるが不可解なものに依拠した生活は、生活に対する素人を生み出す。つまり、生活で具合の悪いことが起きた時、対応ができなくなるのである。生活にもっとも不可解な給水・排水システムの故障や、配電設備の故障に対してすら、圧倒的多数の者が対応できないだろう。まして、高度な技術を用いた消費財において対応ができるはずもない。いってみれば、現在の生活は産業と行政組織の専門家によって与えられたものであり、その生活を送っている者のほとんどが生活の素人として存在しているのだ。

素人として生活を送ることは、ある種の先祖帰りに到る可能性がある。それは、不可解で凄いものに対する崇拝の可能性、オットォの言うヌミノォゼを生活に感ずる可能性である。こうした態度は、現状肯定の力強い支えになるに違いない。それ故、現在の社会で支配的に地位にいる者にとっては、こうした態度こそ歓迎されるものだろう。ついでに言えば、現在の社会で支配的に地位にいる者とは、専門家である。科学者や技術者に代表される専門家たちにとって都合のよい事態が、非科学的態度による生活であるのだから、社会もなかなか皮肉にできている。

もちろん自分は、社会を例証して事足れりとするつもりはない。矛盾は解消されるべきであり、生活は主体的に送るべきものであると考えているからだ。とはいえ、生活を主体的に送るのが如何に難しいかもよく分かっているつもりだ。コタツのお陰である。せっかく購入した耐熱ヒュウズは、丸で効果がなかったのだ。どうやら放熱管の問題であるらしい。放熱管の故障は、自分には手に負えぬ。できることと言えば、買い替えるぐらいが関の山だ。まいった。生活を主体的に送れぬばかりか、金の問題までからんできた。しかも、耐熱ヒュウズの効果がないと分かったのは夜であり、また一晩寒さに耐えねばならぬ。

気がふさいできたので、ノルマにとりかかった。さっさと済ませて、風呂屋にでも行って身体をあっためようと考えたのである。そこで、さっさと済ませて風呂屋へ向かう。さすがによい心持ちとなって下宿に帰り、缶詰を暖め卵を落としたもの、黒パン、チィズ、傷んだ果物を喰う。風呂屋で暖まり、腹もふくれて暖まり、実によい心持ちだ。我ながら単純であると考えるが、解決可能なことをいつまでも悩む方が間抜けであろう。単純な自分は、このまま休むつもりである。というわけで、本日はこれまで。

十六日　水曜

曇天。昼に起床。冬の友コタツは、相変わらず具合が悪い。何とかしてやるから待っておれ、と考える。とりあえず、腹を作る。乾パン、チィズ、傷んだ果物を喰う。片づけをして、身支度をし、電気街で有名なところへ遠征に向かった。

さまざまな大型量販店、専門的な小売店が建ち並ぶ通りを歩く。土地勘が丸でないから、コタツを直すのにどの店に行けばよいのか分からない。ここは、店舗の専門家が求められかねないところだ。その手の要求があれば、何を買うべきか教えてくれる専門家みたような者までも出てくるだろう。その先触れが既に日常へ入っていることは、巷に満ちあふれている雑誌を開くだけでも明らかである。雑誌の大半は広告でうずまり、まことしやかな広告文が、世に知られた人物の署名で書かれている。世に知られた人物たちは、こう教えてくれる。これこれの商品を購入することで、これこれの雰囲気をもつ生活を購入者は送ることができる、実際書き手も使っているが、なかなかどうして具合がよろしい、云々。こうした広告文によって、世に知られた人物たちは何を買うべきか消費者に教えをたれるのだ。彼らの書く主観的な広告文の、何という多さであることか。

確かに商品の性能を論じても、素人である消費者には分からないのだから他に仕方がないかも知れぬ。だが自分には、彼らが無理やりに必要を作り出そうとしている気がしてならない。生活の雰囲気を主観的に語ることで、圧倒的多数の生活の素人に明確な生活風景を吹き込む、そして、吹き込んだ生活に必要な商品は、何であるかも同時に吹き込む。このように自分には思えるのだ。自分は、生活とは自らの手で作り出すものだと考えている。生活に必要なものや、あるべき生活について、自ら決定する振舞いこそが生活であると考えている。それ故、生活風景だの生活に必要なものだのを吹き込まれることには我慢できぬ。

もちろん自分も亦、生活の素人である。しかし素人であるからこそ、素人が送る捜査不可能な生活に嫌気がさしているのだ。不分明でありながら物凄い便宜性によって維持される生活を、何とか変えたく思うのだ。おそらく生活の素人ならば、誰しもそう思っていよう。ここにつけ込んで、明確な生活風景が吹き込まれるのではなかろうか。だが、生活を吹き込まれてしまえば、元の木阿弥になるだけである。確実に時間と金を無駄にするけれども、試行錯誤によって生活を送ることのみが、元の木阿弥を防ぐだろう。そのためには、何を買うべきかを教えてくれる者に耳を貸さない態度が要請されると思うのだ。

もっとも、『暮らしの手帖』のような教え方であれば、自分も喜んで話を聞くのだが、戦後直後から数十年にわたり、『暮らしの手帖』は製造業者という専門家と消費者という素人のつなぎを果たしてきたらしい。各種製品の使用試験を行い、その結果を誌上に公開することが、そのつなぎの方法であったということだ。言ってみれば、作曲家と聴衆とのあいだをつなぐ演奏家みたような立場であったわけだ。悪くない。作曲家（専門家）でもなければ聴衆（素人）でもない立場は、専門家社会の階層化を防ぐことである。ただし、先ほどから「らしい」「ということだ」と言ってきたように、自分は『暮らしの手帖』を読んだことがない。かつてはよく読まれたという話だが、今現在において存在しているのかどうかすら自分は知らぬ。第一、書店で目にしたこともない。どうやら、演奏家には演奏家である自恃心が不可欠であるようだ。初代編集長の花森安江氏の存在が、『暮らしの手帖』における自恃心であったのだろう。『暮らしの手帖』が読まれなくなったのは、彼が編集しなくなって以来と聞いているからである。演奏家であり続けることは、演奏家の自覚と誇りを抜きにしては無理に違いない。しかし、専門家社会において、エラいのは作曲家なのである。そうした社会で、あえて演奏家に甘んずることは、余程の自覚が必要であろう。おそらく花森氏は、自覚的に演奏家を任じていたのではなかろうか。そして、この自覚が難しいからこそ、『暮らしの手帖』は読まれることのない体裁になったのではなかろうか。

さて、電気街では結局のところ、放熱部自体を購入した。コタツ本体とは異なる製造業者のものであるから、いささか不安ではあった。不安にもかかわらず購入したのは、コタツ本体の製造業者が放熱部を小売りに出しておらぬようで、他に手はなかったためである。不安を抱えたまま下宿に帰り、さっそく放熱部の交換にとりかかる。不安は的中し、取り付け用金具がコタツ本体にうまくはまらない。金具が出っ張りすぎているのだ。出っ張りをどうしたものか、と長いこと頭を抱える羽目になる。そこでこう考えた。人間が文明を作ったのは、知恵によってである。文明人たる自分は、こういう際にこそ知恵を働かせねばならぬ。こう考えた自分はしばらく沈思黙考にふけり、問題の解決に成功した。力任せにはめこんだのである。
文明人の矜持を保つことに成功した自分の知恵にウットリしながら、コタツの様子を見る。冬の友コタツはよみがえり、実に暖かい。そこで安んじてノルマを始め、夜もふけてから終わることとなった。一息つき、茹で卵、ピクルス、巻パン、チィズを喰う。腹もできたので、『到来』を開き、続きから読み始めた。しばらく読んでおるうちに、例によってとんでもない時刻になっていることに気付く。そこで本を閉じ、ふたたびコタツの様子を見てみるが、好調である。お陰で暖かく眠ることができるであろう、というわけで本日はこれまで。

十七日　木曜

晴天。ただし風強く刺すような寒さ。昼過ぎに起床。目覚めてしばらく違和感を感ずるが、理由は単純である。コタツの具合がよいため、寒さで目覚めたわけではないからであった。何だか御大層な暮らしをしている心持ちである。いわゆる「殿様」みたようだ。そういえば、しばしば「殿様気分」なることばを耳にするけれども、その意味について考えたことを少し書く。

かつて、ここいら辺の封建領主たちは、冬の洗顔に湯を用いていたらしい。封建領主は戦士階級であるのだから、そう軟弱ではマズいのではないかとは思いはするが、なかなか御大層な暮らしである。そういった暮らしを送っていた封建領主がここいら辺から駆逐されたのは、たかだか一二〇年ほど前のことだ。一二〇年ほど前と言えば、ここいら辺では木炭が燃料の中心である。化石燃料の使用は、当時の流通に乗るほどの供給がなく、したがって需要もなかった。こうした時代に朝の洗顔で湯を使うことは、それ故おそろしく御大層なことであったろう。

現在の日常生活で湯を沸かす燃料は、ガスや電力なんどの目に見えぬものが中心である。化石燃料の直接的利用よりも効率がよい点（ガスに限っての話である。化石燃料の熱を用いて電力を作り出し、それをふたたび熱に戻す過程は効率がよいと決して言えない）、もしくは供給や使用に便がある点で、こうした目に見えぬものが中心となっている。お陰で、現在の社会に生きる者にとって、湯を沸かすことはエラく簡単なことである。ただし、簡単で、しかも燃料が目に見える形で消費されないため、現在の湯を沸かす行為は目的のみが意識され、行為の手段が意識されることはめったにない。手段が意識されるのは使用料金を請求される時ぐらいである。しかも燃料が目に見えぬために、請求される金額が果たして正しいのかどうかを判断することが難しい。ガスや電力の使用料表示から、請求額は決定される。その表示計を読む訓練を受けていない者が、圧倒的多数なのだ。そのため現在の生活では、御大層な振舞いを御大層と認めることが難しくなっている。判断基準は、ただ金額のみである。いわゆる「殿様」みたような心持ちは、現在に生きる者にとって多額の金を使ったことに他ならぬ。こうして、封建領主の御大層な振舞いは卑小化され、戦士階級のウンザリするような収奪ぶりを理解できなくなってゆく。

現在の社会は、封建期よりもはるかに素晴らしい。その素晴らしさを理解するためには、封建期の正確な把握が必要であるだろう。そして現在の社会の持つ諸欠点も、他の時代との比較によって明確になるだろう。そのために要請される態度は、現在の社会で中心となっている価値観から一旦離れようと試みることだ(ただし試みが正確か否かは確実ではない。コリングウッドの言うように、この試みは想像力に基づいている。しかし、己れの価値観と異なる価値観を想像することは、己れを相対化し、己れの可能性を増すことなのだ)。現在の価値観から推して過去を捉えるのでは、過去の卑小化に終わるだけである。そして過去の卑小化は、現在をも卑小化してしまう。何故なら、他の価値観があることを認めないならば、現在は閉塞してしまうからである。

いわゆる「殿様気分」について、こうしたことを自分は考えている。いきなり書き出したのは、ふと「殿様気分」についての苛立ちが沸き上がってきたからである。出口なしの現状に苛立ち、その原因の一つに過去の卑小化があると考えているからである。

もう「殿様気分」についてはいいだろう。目覚めてからの話を続ければ、例によって食事の支度にとりかかったあたりになる。乾パン、巻パン、チィズを喰う。腹もできたので、所用のため外出する。

夜もふけてから下宿に帰る。ノルマが待っておるので、さっそくとりかかった。ノルマ終了は大分遅い時刻である。それから風呂屋は向かい、風呂を満喫して帰った時には日付が変わりかけていた。とりあえず風呂用の道具を片づけ、乾肉、ピクルス、黒パンを喰う。食後に『到来』を開いたけれども、これを書く時間になったため、すぐに閉じることとなった。本日はこういったところだ。

田中英夫『アメリカの社会と法』

十八日　金曜

晴天。昼過ぎに起床。目覚めたものの、おそろしく眠い。比較的長いこと寝たのだが、脳に紗がかかったような心持ちである。しかし、目覚めた以上は起きるしかない。そこで立ち上がり、食事の支度に取りかかった。乾パン、チィズ、果物を喰う。食後に『到来』を開き、読み進む。読了。

ベルの『脱工業社会の到来』は、自分の問題意識と重なるところが多く、ベルの舌鋒の鋭さによって、自分の問題意識を整理するのに大いに役立った。あんまり役に立つから手元に置いておきたいのだけれども、残念ながら借りた本である。古本屋で長いこと探しておったのだが、まったく目にしないため業を煮やして借りることにしたのだ。案の定、べらぼうに役に立つ本であり、読んでよかったとは思う。だが、私的所有への誘惑をもたらした点で、たいへん困る本でもあった。新刊書店で素直に購入できるのならば、それほど困りはしないのだが、どうしたわけか重版されぬ。社会学系統の本は、洛陽の紙価を高めたものに限って絶版や品切れであることが多い。自分と同じ立場にいる連中のあいだで、比較的に評価の高いミルズの『パワー・エリート』が重版されたのは、たかだか一月前のことである。それまでは古本屋か図書館で探し回るか、もしくは原書にあたる他に読むことができなかった。こうした状況では、見つけたらとりあえず買え、借りたらとにかく貰え、貰ったら何が何でも貸すな、という薄汚い私的所有者の精神が身に付いてしまうのである。私的所有の問題は、希少性に帰結する。その希少性について、脱工業社会的観点から論じた『到来』が、まさか工業社会的な私的所有欲の対象になるとはベルも思わなかったであろう。

とはいえ、公共施設（図書館）の本を貰うのは、自分のとる立場によれば許されることではない。仕方がないから外出して、複写機に莫大な金額を使うこととなった。

ノォトに引用するには重要な箇所が多すぎるうえに、脳に紗がかかった心持ちが抜けないため、部屋でノォトをとっておれば居眠りしかねないからである。複写し終わったついでに、図書館へ向かう。何だかエラくダルなので、そのまま下宿へ向かえば居眠りしてしまうのは分かっている。居眠りを避けるには、忙しくするしかないのだ。

例によって、やっさもっさ図書館で忙しくした挙げ句、重い瞼を無理に開けながら帰途につく。とにかく、くたびれている。ここしばらくノルマノルマで明け暮れていたから、くたびれるのは当然とも言える。言えるけれども、自分が決めたノルマの分量は、たいして多くもないのだ。どうやら、思っていた以上に自分は弱い人間であるらしい。まぁ、弱い人間は弱い人間なりに努力するしかあるまい。無理をしないで頑張ろう、と考えながら下宿に着いた。とりあえず、今日はノルマのほとんどを省略する。黒パン、ピクルス、チィズを喰う。何故か乾パンも喰う。喰いながら寝ぼけていたらしく、黒パンを喰い終わって片づけをした後、乾パンを喰い出しているのに気が付いた。まるで記憶喪失病みたようであるが、栄養がつくからよしとしよう。何をするにもくたびれてしまうのだから、体力がおちているとしか考えなれぬ。ならば栄養をつけ、ノンキに過ごすに限る。そこで田中英夫の『アメリカの社会と法』（東京大学出版会　七二年）を気晴らしに開く。印象記風に書いたと著者が述べているように、楽に読める本である。ただし、楽に読めるにもかかわらず自分はついウトウトしてしまった。とにかく、くたびれているらしい。本を閉じ、休むことに決めた。したがって本日はこれまで。

十九日　土曜

晴天。とんでもない時刻に起床。目覚めてすぐと時計に目をやって、衝撃を受ける。とんでもなく長いこと寝ていたらしい。昨晩、もとい今朝は珍しいことに、はやばやと夜明け直前に就寝したはずである。にもかかわらず、そろそろお八つの頃合いに目覚めてしまったのだから、とんでもないことである。これ程までに睡眠を持続させる能力が、自分にあるとは知らなんだ。やはり、くたびれていたのだろう。とはいえ、如何にくたびれていようとも、とんでもない時刻に起床するのは心持ちがよくない。そこで立ち上がりはしたけれども、何故かまだ眠い。エラく長いこと寝ておっても、まだ眠いのだから変なものである。眠りが長ければ長いほど、その実質睡眠は浅くなるのではなかろうか。どうやら、くたびれ過ぎると、睡眠の調子が悪くなることもあるようだ。しかし、睡眠の調子が悪いといっても、これだけ長いこと寝たのだから、二度寝するのは人間として恥ずかしい。もはやオブロォモフどころではない、人間の尊厳がかかっている。そこで、眠気に耐えながら食事の支度をする。乾パン、チィズ、傷みだした果物を喰う。喰いながら田中の『社会と法』を開いた。

読みやすくて為になる本だ、と読みながら思う。だが、自分にとっては退屈で困る本である。合州国社会の法概念について、いささか知ることができるかと考えて手に取ったのだが、この本は合州国法制度のスケッチであった。もちろん制度的観点はシカゴ学派に与えることもできる。しかし田中の本は、合州国法制度に関するルポルタァジュに終始しており、規範からかけ離れた内容をもつ。つまり、何故に社会と法について語るのか、田中自身の理由がハッキリしないのだ。ハッキリしているのは、合州国法制度についての読みやすくて為になる啓蒙的態度である。

啓蒙的態度を否定する気は、自分にはない。かえって、好ましく思うぐらいである。もっとも、啓蒙しなければならぬという目的意識がハッキリしていればの話だが。

目的意識には価値判断が含まれる。これこれの目的を果たした方がよいという価値判断は、そこで規範的な意味を持つ。ルポルタァジュのうちで良質なものは、この規範的な啓蒙的態度で書かれているのが大抵だ。というのも、わざわざ公に発言することで、さまざまな人とのつながりを書き手は意識せざるを得ないからである。かつ亦、読み手に対するルポルタァジュの意味を、書き手は考えざるを得ないからである。そこで良質な書き手は、さまざまな読み手の全員が知る「べき」事実を、己れのルポルタァジュで書こうとする。つまり、規範的な啓蒙的態度で書こうとする。こうした態度によって、書き手の意図する規範が正しいか否かの問題意識を、読み手は持つことができる。読み手の知る「べき」ことは何であるのか、読み手自身が考えはじめるのだ。

それに対し、規範的な啓蒙的態度が見られるルポルタァジュは、読み手に考える契機を与えることはない。知っておいて損はないといった意識で、書き手と読み手がなれ合うだけである。このなれ合いが規範性の欠けた啓蒙的態度で為される時、書き手と読み手は知的な主従関係に陥る羽目になるだろう。主従関係は退屈なものだ。役割が決まっているのだから、緊張がない。とりわけて、読み手にとって緊張がない。これは困ったことである。何故なら、知的緊張がないならば、本を読んでも仕方がないからだ。面白くて為になるものならば、この世に満ち満ちている。面白くて為になるものを求めて、わざわざ本に向き合う必要なんど全くない。本は、思考が客観化されている点で、その独自性を持つのだ。この独自性で可能となる、書き手と読み手との厳密な内的対話が、知的緊張なのだ。こうした知的緊張の契機をつかめない本、知的な主従関係で書かれている本は退屈である。本を読むよりも、何か他のことをしたくなる。
そこで田中の『社会と法』を放り出して、諸般に入り用のものを購入しようと表に出た。さっさと済ませて下宿に帰る。昨日に省略したノルマをこなす必要があったためである。まだくたびれているようで能率が上がらない。エラく時間をかけて、ようやく一通り終える。目覚めた時間が時間であるから、一息ついた頃には夜もだいぶんふけていた。そこで、乾肉、あれこれの野菜を調理した出来合いの惣菜、傷んだ果物を喰う。なかなかゼイタクな食事をしたものだ。もちろん口実はある。くたびれている状態から回復するために決まっている。回復に必要なものは栄養であり、何もゼイタクではないのだが、細かいことを気にしても仕方があるまい。仕方がない仕方がないとブツブツ言いながら全部喰い、田中の『社会と法』をふたたび開く。こっちは全部読む前に、退屈で眠くなってきた。これも本が本なのだから仕方があるまい。そこで本を閉じ、休むことに決めた。というわけで、本日はこれまで。

二十日　日曜

晴天。夕方より寒風吹きつのり、止むことがない。昼過ぎに起床。目を開けると、陽光が窓から差し込んでおり、何とも眩しい。眩しいけれども、休日にふさわしい上天気である。こうした日は、心持ちまで明るくなるものだ。自分もその例に漏れず、ヘンな唸り声をあげて威勢よく立ち上がった。どうやら具合がよくなっているらしく、昨日までの脳に紗がかかった感じはない。よろこびのあまり、ふたたび唸り声をあげながら食事の支度にかかる。乾パン、チィズ、傷んだ果物を、それぞれ大量に喰う。唸ったり、詰め込んだりと忙しく食事を済ませて、何だか無闇に活気づいている。こうした際、有益な水路に活気を流し込むのが知恵者というものだ。そこで掃除にとりかかることにする。無闇に活気があるものだから、エラく丁寧にホコリを拭い、なめるように掃除機をかけた。お陰で、下宿もだいぶんキレイになる。ついでに身ギレイにして、表に出た。

諸般入り用の品々を購入し、下宿へ向かう。刺すように冷たい風が吹きつのり、人々は首をすくめ猫背になって通りを歩いている。無闇に活気のある自分は、自らのあまのじゃくな気質に忠実に、唸り声をあげながら胸を張って歩き出した。胸を張って歩くのはよいのだが、唸り声は必要なかったろうと今は思う。後知恵はともかくとして、寒風をものともせずに胸を張って歩く。つい先程、かなりの量の食事を採って身体が暖まっているため、胸も張れるわけである。そこで、猫背で通りを歩いている人々はキチンと喰っているのだろうか、といらぬ心配をしてしまう。包囲中のレニングラァドへの連想が、ゆくりなくも湧いてきた。

大戦の際、レニングラァドは相手方に二年以上も包囲されていた。もともと食料事情のよくないソビエトの都市部が、しかも大人口を抱えるレニングラァドが包囲されたのだから、食糧難は凄まじいものであったらしい。包囲中は鼠一匹いなかったという逸話が残っているぐらいである。もちろん、鼠は逃げ出したわけではなく、市民に捕獲されたのだ。こうした食糧難にもかかわらずレニングラァドは戦い抜き、ついに赤軍が相手方を駆逐する日を迎えることになる。レニングラァドの堅忍不抜な抗戦は驚嘆に値するが、驚嘆に値するのはそれだけではない。抗戦に実際あたっていたのはレニングラァド市民である。抗戦を命令していたのは党である。この両者間における、食糧配給の格差も驚嘆に値するのだ。レニングラァド市民の四人に一人が餓死したと言われている。それに対して、幹部党員は餓死者を一人も出していないらしい。ある放送局員（元英国人であり、その信条からソビエトの人間になった者）の記すところでは、一般局員の給食がわずかな黒パンと紅茶（砂糖抜き）のみであったのに、おそらく党員でもあった幹部局員の給食は量が多く、バタも砂糖も付いているばかりか卵まであったということだ。

何のためのソビエトか、と物凄い心持ちになる記録である。成程、抗戦においては命令し管理する者が必要であるだろう。しかし、必要があるからといって利益の格差を導入することは間違えている。少なくとも『国家と革命』によれば、間違えているのだ。もちろん、人間の行動が利益を中心としていることを否定するつもりはない。さもなければ、わざわざネップが始められることもなかったろう。土曜労働（ソビエト初期の自発的な無償労働、主に土曜の空き時間におこなわれた）こそ共産主義的態度だとレニンは言った。このレニンがネップを導入せざるを得なかったのだ。このことは、個人的利益抜きの行動が、なかなかおこなわれないことを示している。だが包囲下のレニングラァドでは、党員と市民との配給格差にもかかわらず、市民は献身的に抗戦をおこなったのである。餓死者を出しながら、党員と違って喰うや喰わずでありながら、市民は抗戦を続けたのだ。そうした土曜労働的な市民の態度が存しているのに、党員を優遇することは間違えているとしか言いようがない。危機における献身を強要することで、自らの利益を確保しているとしか思えない。これでは、何のためのソビエトか、何のための党か分からないではないか。

思えば、党は三六年の憲法以来、危機を声高に訴えてきた。こうした訴えから次のことが分かる。ソビエト初期の攻勢的な態度、エラく追いつめられておりながらも無闇に攻勢的だった態度から離れ、守勢にまわった際に、危機が声高に叫ばれたことが分かる。党が確信していた真理の実践から離れ、党の正当化が始まったことが分かるのだ。

ひっきょう危機を声高に叫ぶ者には、用心するに如くはない。現在のここいら辺においても、危機を叫ぶ者には事欠かぬ。しかも幹部党員よろしく、叫ぶ者は権力に近い者か、権力を求めている者が大抵である。こうして叫ばれた危機に対して、何かしら献身することは立派な振舞いだと自分は認める。認めるけれども、献身をしながらも叫んだ者に用心することが、より立派な振舞いだと思うのだ。献身は危機のために為されるべきであって、危機を叫んだ者のために為されるのではないからである。つまりは、献身は堂々と献身すべきであり、命ぜられた献身は献身と言えぬのだ。献身は胸を張って為すものなのだ。

胸を張って歩きながら、こうしたことを考えた。もっとも、胸を張ってはいたが、別に献身していたわけではない。とりあえずノルマに献身でもしようと、足早で下宿に戻る。具合がよいためか、能率があがって比較的早くにノルマを終える。一息ついて、缶詰を暖め卵を落としたもの、巻パン、チィズを喰う。喰いながら田中の『社会と法』を開く。読了。いささか物足りない読後感を与える本であったから、今度は緊張する本にとりかかろうと考えた。立場が自分と正反対でありながら、エラく鋭い見解が載っている本こそ、読むべき本であるだろう。内的対話によって書き手の論述に対抗することは、確実に己れの立場を鍛え上げることになる。やはりベルがよい。ベルの『資本主義の文化的矛盾』（林雄二郎訳　講談社学術文庫一九七六から一九七七年・原著一九七六年）を開く。出だしからニィチェを持ってきて話を進めるベルは、やはり歯ごたえのあるオッサンだ、と思いながら読み進む。そして例によって、とんでもない時刻を迎え本を閉じることになった。本日はこういったところだ。

ベル『資本主義の文化的矛盾』

二十一日　月曜

晴天。雲一つない上天気だけれども風強くして寒気がしみる、冬らしい一日。昼過ぎに起床。巻パン、乾パン、チィズを喰う。喰いながら、読み差しの『矛盾』を開く。読んでおるうちに、「公共家族」なる概念に出会う。そこで、カァト＝ボネガットの小説『スラップスティック』にあった、「拡大家族」というモティフをおもい出すことになる。

ベルにしてもボネガットにしても、個人主義ではもう駄目だという危機感から、家族的紐帯を人工的に作り上げる必要を考えている。ベルとボネガットとが、こうした共通する見解を持ったことに、自分はたいへん驚いた。

ボネガットはマァク＝トゥェイン直系の作家であり、怒りに満ちたユモリストとして現代と向かいあっている。彼のエセイ集『死よりも悪い運命』を読めば、ベルギィによるコンゴ支配へのトウェインの怒り、合州国によるフィリピン支配へのトゥエインの怒りと共通した怒りが、読み手に伝わってくる。トウェインとボネガットの怒りは、怒ったって仕方がないけれど、どうしたわけか止められぬといった態の怒りである。「わたしは嘆きたくはない」にもかかわらず「ゆくてのすべてが嘆きの種である限り、わたしは嘆かずにはいられない」と歌った、この国の詩人と同じ立場から来た怒りである（ついでに言えば、一五年のいくさの最中に歌われた中野重治の詩は、どれもユモラスな怒りに満ちている。その理由は、無力感と人間の尊厳との葛藤が本来あり得ないことに求められるだろう。人間の尊厳は、尊厳を守るための力を前提とする。それ故、人間の尊厳を語ることは一つの力を意味している。この力が力でなくなっているると表明することで、ユモラスな感覚が生み出されるのだ。病弱なソクラテス、臆病な子路といった、本来あり得ない結びつきがユモラスな感覚を生むのと同断である）。

こうしたボネガットの立場に対し、ベルは異なった立場にいる。ベルは権力に近い男であったのだ。マッカァシィによって代表される反ソビエト＝ヒステリは、明らかに文化と自由を扼殺するヒステリであった（合州国憲法をある意味で擁護したハリウッド＝テンは下獄し、アルジャア＝ヒスは連邦調査局による偽造文書をもとに有罪判決をうけ、アァサァ＝ミラァにまで到ると良心を擁護せざるを得なかったことを想起せよ）。そのヒステリに資するところのあったアメリカ文化自由会議で、ベルは長いこと先鋒を勤めていた。ミルズ以来のラディカルな社会学の主張を、わざわざ論駁することに専念もした。そうした活動のためか、ジョンソン政権下において、覚えめでたく政府諮問に答える調査団に加えられてもいた。合州国知的ヒエラルキィの頂点に位置する諸大学で教鞭をとっているなかで、知識人の特権的地位を説く学説を発表してもいた。もちろんベルはアリビストではない。アビリズムなんど、彼の著作にある真摯な精神から想像できぬ。できぬけれども、権力に近い立場に居続けたことも否定できぬ。そのベルがボネガットと同じ見解を持っているのだ。これは驚くに足る。人間の尊厳を守る力が失われている際、権力によって守るかわりに、無益とも言える怒りによって守ろうとしたボネガットと、リアル＝ポリティクの分析と利用に長けていたベルとが、共通した見解を持っているのである。つまりは、合州国における個人主義の限界が余程のところまで来ていることの証左が、この共通した見解にあると見てよいだろう。

しかし、ここいら辺では個人主義が必要であると自分は考えているから少し困る。ここら辺で個人主義をもとに生きていこうとして、思想輸入の専門家たちが容喙しかねないから少し困るのだ。そう言えば、「自己本位」を見出した千円札小説家が「則天去私」を晩年に唱えだしたことを使って、個人主義を論難する者もいるではないか。ここいら辺では、エラくなると「従え」と説教する奴が多いから少し困る。少ししか困らないのは、権力に近づいた奴が「従え」と言うのは、林檎が木から落ちるようなもので、分かり切ったことだからだ。大いに困るのは、ボネガットとベルが共通して持った問題意識の方である。ここいら辺も、合州国みたようにいつかはなる。いつかはくる個人主義の限界状況を知りつつ、個人主義を称揚してよいものだろうかと大いに困惑するのは当たり前だろう。だからといって、「従え」で事足れりとするわけにはいゆかぬ。「従え」が正しいとしても、それは棍棒で楽園に追い込むようなものであるからだ。困ったことである。

困った困ったと言いながらベルを読んでおるうちに、所用で外出する時刻が目前となっていた。あわてて本を閉じ、いいかげんに身支度をして表に出る。

所用を済ませて下宿に帰ったのは、もう夜もだいぶんふけた時分であった。とりあえずノルマにとりかかり、何とか終わらせる。既にエラい時刻である。冷肉、ピクルス、黒パンを、いそいで喰う。腹もできたところで、これを書き出したのだが夜明けも近い。というわけで、本日はこれまで。

二十二日　火曜

晴天。昼過ぎに起床。乾パン、チィズ、果物を喰う。夕方から所用があるけれども、それまでに少しでも読み進めようとベルの『矛盾』を開く。

矢張りベルは鋭いオッサンだと感心する。『脱工業社会の到来』において、経済から政治へ社会の重心が変化することを、ベルは強調して論じていた。『到来』では社会関係（技術力および生産諸関係）に絞ってこの変化を扱っていたわけだが、『矛盾』のなかで、文化の側面からふたたび変化が論ぜられているのを読むことになる。『到来』を読む限りでは、ベルの説は感心こそすれ今一つ納得がゆかぬものであった。経済から政治への変化、この変化そのものを担っているのは最後的に経済であり、ベルの論法では誤解を招きやすかろう、と自分は考えたからである。どうやら自分の方が誤解していたらしい。『矛盾』における先の論は、何と分化へゲモニ論の切り口をもって展開されている。経済に対する文化の関係をも視野に入れることで、ベルの論は十二分な説得力を持つことになる。ここは引用しよう。

「ブルジョア社会を定義するものは、ニードではなくて欲求（ウォント）である。欲求は、生物学的なものではなく、心理的なもので、その特質は、無限であるということだ。社会は、共通の目的によって結ばれた、人々の自然な連合……ポリスとか家族のようなもの点ではなく、己れの満足のみを追求する多くのばらばらな個人の集合だと考えられる。

ホッブスが『レバイアサン』の第一巻で描いているように、人間の心理とはプラトンの合理的精神の体系をくつがえす、欲望の衝撃である。それらの欲望は、己れのよくするものを達成しようと、人間を凶暴に駆り立てる。

現代社会においては、欲望の道具は、生活水準の向上と、生活に素晴らしく色どりをそえる生産物の多様性である。しかしそれはまた、見てくれを強調することによって、諸資源を無謀に浪費することでもある。

ルソォは、『第二の対話』で、不平等の心理的起源を鮮やかに説明してみせた。それは、「孤立した」人間が集まりはじめて、最も強く、最も美しく、最も上手な踊り手や、最も上手な歌い手が、取り分以上に不当な分け前にありついた時に現れる。ねたみが表面に現れる。最も美しいもの、あるいは最も技にすぐれたものに似せるために、他の人々は装うことをはじめる。不細工でみにくいものを被うために化粧品を用い、見せかけが事実よりも重要視されるようになる。もしも消費が地位に対する心理的競争を表すものならば、ブルジョア社会とはねたみの制度化であると言える。

資源が好き勝手に浪費でき、また個人がかなり極端な不平等すらも、常態であり、正当であると納得している場合には、この消費も十分まかなえる。しかし、社会の人達全員が、より以上のものを要求し、それを当然の権利として期待し、かつ資源が（量的にというよりも価格によって）制限されている時にはどうだろう。政治における要求と、経済が制限する限度との間に、緊張関係が見られはじめる。われわれはここに、「無制限な欲望」が、経済領域から政治形態へと移行する交差を見ることができる」（上巻　五九・六〇頁）

実に説得力のある意見である。もちろん、『到来』においてもルソォやウェブレンは引用されていた。けれども、その引用は「ねたみの制度化」を直截に語ることがなかった。そのために、「ねたみの制度化」による政治的要求が経済尾規制するような社会の変化を、自分はとらえ損なうことになった。しかし、ここに至ってはじめて、十九世紀における無制限の経済活動と厳格な社会道徳、二十世紀における規制された経済活動と社会の無道徳、この両世紀間の差を理解することができる。両世紀間の差は、実は一つながりのものであったのだ。

「無制限な欲望」を肯定したブルジョアの経済活動は、「ねたみの制度化」をその心理的支えとしていた。つまり分不相応を制度化したのだ。ブルジョア支配以前の社会は、どこにおいても身分制社会であり、そうした社会においてブルジョアが己れの経済活動を十全に果たすこと、この分不相応の制度化と同義であったろう。ただし、この分不相応は正当化されねばならなかった。つまり、未だ身分制社会の残滓を残した十九世紀社会では、分不相応はよからぬものと判断されるからである（ユライア＝ヒィプがディケンズによって如何に描かれていたかを想起せよ）。そこで形骸化されたプロテスタンティズムが正当化の道具として用いられることになる。

ウェバァの指摘したように、プロテスタンティズムが資本主義の精神を確立したのは確かであろう。しかし、産業資本主義という十九世紀の資本主義は、プロテスタンティズムの倫理から遠くはなれている。合理的態度と技術的思考を抜きに、産業資本主義は語れない。そして、この合理的態度と技術的思考は、ある種の不可知論を生み出すのだ。神頼みでは分不相応競争に破れるだけである。恃むところは合理的態度と技術の進歩となる。こうして信仰は形骸化するのだが、分不相応の正当化として利用されてゆくのだ（十九世紀末から活躍した作家サミュエル＝バトラァの風刺小説『エレホン』、その作中に現れる「高級イドグラン教徒」の態度は、正に不可知論者のそれである）。

しかし、道具は道具でしかなかったことは、その後の歴史から明らかになる。産業ブルジョアが支配的な地位に到達し、分不相応を正当化する必要もなくなった今世紀において、「ねたみの制度化」は「ねたみ」を社会の中心的価値観とした。産業資本主義の生産様式があらゆる人々を包摂するにつれ、「ねたみの制度化」も必然的に広がっていった。つまり各人が「無制限な欲望」を満足させたいと思うようになったのである。そして、産業資本主義の生産力とその維持は、この欲望とその維持によって果たされる。大量消費社会でこそ、産業資本主義はその存在を維持できるのだ。産業資本主義は自らの存在を保つために、かつての正当化を捨て去り、「ねたみの制度化」を剥き出しにする。そこでベルが示したように、剥き出しにされた「ねたみの制度化」によって、政治による経済の規制が現れることとなったわけである。

さて、自分としては「ねたみの制度化」は悪いことではないと考える。分不相応、それは意味のないことばだ。何故なら、分相応を決定する基準はこの世にないからである。メリトクラシィを言う者もあろうが、何をもって能力とするかの基準は、矢張り恣意的である。現代におけるメリトクラシィはデプロマに他ならないけれども、人間の能力をデプロマのみで測ることは恣意的以外の何であるのか。各人が各人の目的を決め、それを果たそうと試みることが一番よろしい。その目的を決めようとする際に、「ねたみ」が動機に含まれることは、面白くない話だが否定できぬ。もっとも、だからといって目的そのものにまで「ねたみ」が影響しているとは自分は考えない。目的は、各人の価値観における最上のものであるはずだ。この目的に近づこうと試みることは、各人の価値観にしたがって各人が向上しようと努めることに他ならぬ。こうした試みの過程では、価値観の差から「ねたみ」は起こり得ないだろう。

だが、現実に「ねたみ」があるではないか、政治によって結果の平等ばかりが求められているではないか、こう駁論することは可能である。しかしこの駁論は間違えている。目的を各人が決められない社会であるから、目的にまで「ねたみ」が侵入しているのだ。自分は各人が目的を決める社会を想定して言っているのだ。現実の社会における「ねたみの制度化」を肯定するのは、目的の画一化を肯定する者である。自分は、現在の社会における「ねたみの制度化」を肯定するつもりは全くない。

こうしたことを、ベルに触発されて考えていたところ、いつの間にか外出の時刻になってしまった。そこで身支度し、表に出る。

夜もふけてから下宿に帰る。とるもとりあえずノルマにとりかかり、終わらせた時はエライ時刻であった。何だか毎日同じような生活を送っているな、と時計を見ながら考える。考えるけれども、だからどうと言うこともなく、冷肉、ピクルス、食パンを喰う。腹もできたので、ふたたび『矛盾』を開き、これを書き出すまで読んでおった。本日はこういったところだ。

二十三日　水曜

晴天。雲少しあり。昼過ぎに起床。乾パン、チィズ、果物を喰う。喰いながら読み差しの『矛盾』を開く。とにかく『矛盾』は面白い。あんまり面白いので、喰っているのだか読んでいるのだか分からなくなってきた。乾パンの皿に手を出すと、すでに乾パンはなくなっている。どうやら気付かぬうちに全部喰ってしまったようだ。仕方がないから『矛盾』を読み進め、ふたたび乾パンの皿に手を出すと、すでに乾パンはなくなっている。どうやら気付かぬうちに全部喰ってしまったようだ。仕方がないから『矛盾』を読み進め……（二時間ばかり同じことを繰り返すので以下省略）。

役に立つという点では、『到来』の方が『矛盾』よりも勝れている。『到来』には、客観的な例証を挙げる必要から（もっとも、経済動向を恣意的に語ることができないのは当たり前である。当たり前が通用しないここいら辺の言論界はどうかしている）、幾多の統計資料が用いられているためである。『到来』では、論証と例証とが補いあっている。その『到来』の論に対して、若し読み手が批判的であろうとするならば、読み手はベルと同程度の論証と例証を用意しなければならない。ベルと同程度なんどと軽く言ったものの、これはエラく難しいことである。そして、自分は『到来』の論に賛同する気がないのだ。

いきなりだが、賛同する気のない理由を少し書く。専門家優位の社会における技術的知識人をベルは称揚し、期待する。この称揚と期待とに、自分は賛同することができない。専門は絶対に分化する。技術的知識は細分化され、その有効性は限定された範囲でのみ可能ということになるだろう。そこで専門家優位の社会の特徴である計画化は、次の前提を必要とする。前提とは、諸専門家の対象範囲の総和が社会である、というものである。これに賛同することはできるはずもない。総和がたやすくできるぐらいならば、専門分化をおこなう理由もないだろう。知識の専門分化は、諸専門間において共約不可能な事柄が存しているときにのみ、分化の理由を持つ。知識の専門分化は、生産力向上の為の分業と質を異にしているのだ。

ただしベルにして言わせれば、知識の技術的な扱いこそが要請しているものであり、その点で知識の生産力向上のための知識の専門分化が為されるということになる。だがベルの考えに従ったとしても、これではベルが指摘した工業社会の問題点、例えば財貨を生産したら生産しっぱなしで社会的費用を払わないといった問題点が、いわゆる「脱工業社会」でも継続されてしまうではないか。論文を書いたら書きっぱなしという技術的知識人は、生産力向上一点張りの企業とどこが違うのか。もちろんベルも亦、専門家は社会の要請を受けて計画化する、つまり政治的決定を合理的に計画化すると言っている。専門家優位の社会と企業優位の社会は、その点で異なるとベルは言いたいのだろう。専門家優位の社会では、経済よりも政治が重要になるわけだ。そのことは納得できるが、生産力第一主義が知識の分野にまで及ぶ問題について、ベルは答えていない。かえって問題をすり替えて、工業社会と「脱工業社会」の差の説明で事足れりとしている。しかし、ベルが『到来』で示そうとした「脱工業社会」到来の理由に、企業の生産力第一主義を挙げている以上、すり替えで事足れりとするのは間違えている。

先に述べた知識の専門分化の問題は、知識の生産力第一主義の問題と密接な関係にある。共約可能な知識の対象を、わざわざ細分化することは、論文生産の効率化を目しているとしか言いようがないだろう。こうした効率化によって大量に生産される諸論文は、評価する専門家を生み出しかねぬ。従来の同僚評価は論文生産の効率化によって不可能となり、しかもなまじい共約可能な対象を扱っている論文が多い以上、読む必要は残されている。そこで論文評価の専門家が出てくる可能性があるわけだが、この評価専門家は何をもって評価の基準とするのか。専門家の問題意識は、同僚評価によってその価値が定められる。それ故、評価専門家同士は評価専門家同士の問題意識を基準としかねない。そして評価専門家同士にすら評価生産の向上が図られたならば、評価の専門分化、および評価専門家を評価する専門家を生み出しかねない。

しかし、評価する専門家を評価する専門家は何をもって評価の基準とするのか……以下、永遠に続く。

ベルが工業社会の生産力第一主義に注目したのは正しい。しかしベルの論にある問題は、専門家優位の社会、いわゆる「脱工業社会」においても生産力第一主義が延長されることなのだ。ひっきょうベルは、資本主義の枠内で語っているのにすぎぬ。資本主義的知識人を称揚しているにすぎぬ。こうした資本主義の枠内での思考は、称揚されない圧倒的多数をどうすればよいのか判断ができなくなる。ベルは、そこで結果の平等を求める政治活動を語るわけであるが、この政治活動の結果は消費による資本再生産以外の何ものでもない。確かにベルの考察は、資本主義の枠内ではおそろしく鋭い。実際ここいら辺においても、政治活動は消費による資本再生産で終わってしまい、専門家は生産力第一主義に取り込まれかかっており、しかも「ねたみの制度化」によって専門家ぶる間抜けまで大量生産することになっている。ある意味でベルの論は正しいのだ。しかし、良くはない。資本主義の枠内で正しい考察をしたとしても、資本主義そのものへの価値判断をしないベルの論は、正確さと良さとを混同する者を生み出すだけである。ベルについて語る者は、現状肯定のためにベルを用いていることが大抵なのだ。だが資本の再生産のために圧倒的多数が消費専一の生活を送っている限り、現状肯定はパンと見せ物を肯定することになる。パンと見せ物が必要だと言うことは、正確なだけだ。パンと見せ物は奴隷に必要だと言うことが、良さのために不可欠なのである。自分は正しくてしかも良い意見を求め、できるならば自ら述べたいとまで考えている。だからこそ、ベルには賛同できないのだ）難しいことを要請されるという点で、自分にとって『到来』は実に刺激的で役に立つ。ベルの論法を換骨奪胎するのも一つの手であり、これはこれでまた役に立つ。こうした『到来』と異なり『矛盾』には例証が少なく、その少ない例証の資料は、文学や文芸批評を主としている。したがって、資料の解釈にベルの価値観が明白に現れるのだ。あんまり『矛盾』は役に立たないけれども、ベルの人となりを知る上では便がある。ベルの人となりを知ることは面白いに決まっているから、つい夢中になって読んでしまうというわけだ。

夢中になって読んでおると、日が暮れかかってきた。ボンヤリ夕方になっちまったと考えているうちに、今日は所用があることを急に思い出した。あわてて身支度し、下宿から急ぎ足で飛び出す羽目になる。

夜もふけてから下宿に帰る。ノルマをこなしたら、例の如くエラい時刻である。それでも、この界隈では風呂屋の営業時間内であるから、久しぶりに風呂屋へ向かった。サッパリして下宿に着き、冷肉、ピクルス、乾パンを喰う。食後、少しばかり『矛盾』を読んで、ふと時刻を見る。昼夜逆転の悪化が予想できる時刻であった。昼夜逆転だけでもよろしくないのに、悪化ときた日にはたいへんである。一人前のオブロゥモフ主義者である。オブロゥモフ主義はよろしく避けるべし。というわけで、本日はこれまで。

二十四日　木曜

晴天。終日寒風が吹きつのる。朝に起床。昨夜、もとい今朝、就寝しようと決めた時刻が時刻であったため、床に就いた時から昼夜逆転の悪化を覚悟していた。にもかかわらず、朝に目が覚める。すばらしい意志力と言いたいところだが、残念ながら、自分の勤勉な精神によって目が覚めたわけではない。単に隣人の歌声で、目が覚めてしまっただけである。何かイイことでもあったのか、隣人は歌いづくめに歌いまくる。あんまり上手くない。しかし、なまじい上手かったら自分の目は覚めなかったろうから、上手くなくてよいのである。少なくとも自分にとっては、よいのである。目を覚ますには、実に効果的であるからだ。毎朝歌ってくれるよう頼んでみようか、とチラと思ったけれども、さすがに何と言って頼めばよいのか分からないため、実行に移すことはしなかった。代わりに食事の支度をし、乾パン、チィズ、果物を喰う。歌声を伴った食事である。何だかロォマの支配階級みたような心持ちになってきた。ペトロニウスもかくやと思わんばかりの優雅さである。いわゆる異教徒的な享楽というわけだ。そう言えば、今日はアァメンにとって大事な日である。こうも上機嫌に歌い続ける隣人は、もしやアァメンなのではないかとそこで危惧を抱いた。讃美歌を伴わせて食事を採るのは、どう考えても異教的な享楽とは言えないだろう。強いて言えば、ルネサンス期のカァディナルの享楽といったところか。しかし、自分はルネサンスの人間でもカァディナルでもないから、抹香臭い歌を伴った食事を享楽することはできぬ。とりあえず顎の動きを止め、耳をすます。大丈夫、ここいら辺の歌謡曲のようである。もっとも、あんまり上手くないから定かではない。キィが保てないらしく転調に次ぐ転調、リズムが保てないらしく変拍子、こうした歌声から歌を推測するのは至難の業である。けれども、とびとびに聞こえてくる歌のことばは、ここいら辺のことばであり、その語彙は歌謡曲のそれである。そこで安んじて食事を再開することになったのだが、ここいら辺の歌謡曲を伴っていると意識してしまったために、トリマルキオの饗宴に加わっているといった妄想がどこやらへ消えてしまったのは、実に残念至極である。

とはいえ、奴隷所有者の振舞いを妄想するのは、いかがなものか。その点で、ロォマ風の享楽を排斥したアァメンは、なかなか悪くないとは思う。思うけれども、初期アァメンがロォマ風の享楽に対しておこなったコムニオンは、文明社会では長持ちしない。実際コムニオンは形骸化し、儀式とされてしまった。その点で、コムニオンは「対抗文化」を連想させるものである。

文明社会は、繁文縟礼なんどに代表される複雑な行動様式を構成員に振舞わせる仕組みを持つ。この複雑な行動様式によって、各構成員はさまざまな役割が社会にあること、そしてさまざまな役割のそれぞれに責任があることを学んでいく。それに対しコムニオンの参加者は、役割と責任について考えることが難しい。何故なら、役割が未分化であるため責任の所在がハッキリしないのだ。コムニオン的集団は、しばしば現在の社会でも発生することがある。なかんずく「対抗文化」期の先進資本主義諸国において、非常に多くの発生を見た。けれども、その手の集団は容易に解体してしまう。その理由は、責任の所在がハッキリしないために、他集団との接触と交渉が難しいという点に存する。アァメンが今日まで存続できたのは、コムニオンが形骸化し、集団内部における役割の制度化と、アァメン公認化による他集団に対する自らの位置の確立によるだろう。文明社会における社会的欠陥、それを強制したり避けたりするためにコムニオン的集団を構成することは、ひっきょうアァメンが採った方策か、もしくは解体するかのどちらかに到る。にもかかわらず、浜の真砂はつきるともコムニオン的集団がつきることなく発生する理由は、役割と平等との相克が文明社会固有の問題であることに求められるだろう。それ故、奴隷所有者の社会や、ブルジョア支配の社会、そして専門家優位の社会において、安易にコムニオンに参加することは問題の回避となりかねぬ。問題について、つまり役割と平等とが何故相克するのかについて考えることだけが、この相克と四つに組むことを可能にすると自分は考える。実際、幾人かは考え、それぞれの文明社会の相克をかなり解消することに成功しているのだ。ただし、相克の解消は文明社会全体の改革となるため、かつての相克とは違う相克がこの改革から出現することになった。これも問題であるのだが、現在のところどうすべきか自分にはわからない。分からないけれども、この問題も亦、四つに組まねばならぬものだとは考えている。改革は別の改革を生み出すだけであるから、コムニオン的集団で社会的欠陥から逃れるぐらいが関の山といった態度は、平等を求めて自己満足に終わる間抜けな態度であるからだ。だからこそ、コムニオンは敬して遠ざけなくてはならない。コムニオンを構成しようとする動機を敬し、構成員がコムニオンの攻勢のみに泥んでしまうコムニオン自身の仕組みを遠ざけなくてはならないのだ。

ペトロニウスから、いつの間にか「対抗文化」批判になってしまったが、この批判は後知恵である。喰うだけ喰って『矛盾』を読み、午後から図書館であれこれやっておったのだから、「対抗文化」について考える余裕なんどなかった。どうしたわけか今日の図書館は大入りであり、その理由をあれこれ詮索する方に忙しかったというのが正直なところだ。とはいえ、これといって理由も思いつかず、沈思黙考の挙げ句、ここいら辺ではアァメンの方が異教徒だから大入りだってもおかしくはあるまいという当たり前の結論で終わる。ついでに図書館でやることも済ませ、さっさと下宿へ向かった。

下宿に着くや、例によってノルマにとりかかり、とりあえず終わらせる。一息ついてから、冷肉、ピクルス、バゲットを喰う。腹もできたので、のんびり『矛盾』を読み進めておるうちに、またぞろエラい時刻であることに気付いた。明日もまた隣人が歌って起こしてくれることは、あんまり期待できそうにない。ならば自力で何とかしなくては。というわけで、本日はこれまで。

二十五日　金曜

晴天。とんでもない時刻に起床。今朝はどうやら隣人が歌ってくれなかったようだ。もっとも、いい歳をした大の男が人に起こしてもらうのは情けないから、そう隣人に期待していたわけではない。目を覚ますことぐらい、自力でおこなうのは人間として当然なのである。とはいえ、隣人の歌声がなかったためか、自分はとんでもない時刻にまで目を覚ますことがなかった。隣人の歌声の代わりに、電話のベルでようやく目を覚ます。いい歳をした大の男として、我ながら恥ずかしい。これではオブロゥモフではないか、おんば日傘で育てられた特権階級のようではないか。世人は日々の仕事のためにキチンと起きる。きちんと起きねば仕事に差し障りがあり、仕事に差し障りがあれば周りのものに迷惑をかけるからである。こうした世人の生活ではなく、オブロゥモフ的生活に泥んでいるという事実は、自分の仕事が誰の役にも立っておらぬということだ。これは恥ずかしいことである。しかしベルは鳴り続けており、いつまでも恥ずかしがってはいられないため、とるもとりあえず電話に出た。相手は友人である。来訪の意を伝えるための電話であった。承諾してしばらくの後、下宿に友人が訪ねてきた。

土産に菓子を持っての来訪である。友人と会話するのも、菓子を喰うのも久しぶりであるため、欣喜雀躍して友人を迎える。菓子を持参して訪ねるくらいであるから、友人は自分の人となりをよく知っている。それ故、菓子を齧っている時以外、いつまでも埒のないことを喋り続ける自分の性も知っている。辛抱強い話し相手を得た自分は、相手の善良さに便乗していつまでもいつまでも喋り続け、日付が変わっても喋っていた。友人を迎えたのは未だ日の高い時分である。すると、ものすごく長いこと自分は喋り続けたようである。友人は辛抱強く話し相手になってくれ、イヤな顔一つ見せてはいない。そこで安んじて喋り続け、エラい時刻に到るまでとにかく喋り続けた。さすがにエラい時刻だと気が付いて自分が喋り止めたところで、友人は暇乞いをして帰っていった。何だかバツが悪い。自分は喋ったのであって、語ったわけではない。いい年をした大の男として振舞う代わりに、ブルジョアのお嬢さんみたような振舞いに終始しただけである。己れの考えを語る代わりに、その場の思いつきを喋っただけである。友人に対し、さすがに恥ずかしい。

さらに自分自身に対しても恥ずかしい。友人が帰った頃は、先にも述べたようにエラい時刻であった。そんな時刻まで喋り続けた自分は、喋っただけなのにもかかわらず、くたびれてしまった。それ故、ノルマを一つもこなすことなく、今から休もうとしている。これも亦、恥ずかしいことなのだ。しかし、どうにもくたびれている。恥ずかしく、くたびれる一日を過ごした自分は、そこで休むことに期待する。休むことで恥ずかしくない振舞いを為す力を、休むことで恥ずかしさから精神が回復することを、期待しているのだ。もちろん期待は期待に過ぎないだろう。だが、中途半端な振舞いは、期待よりもたちが悪いと自分は判断する。現在は日の出直前であり、これ以上何かを為そうとしても能率はあがることはない。しかも、昼夜逆転の悪化が現在の時刻で決定的となっているのに、更に悪化させることは利口なことではない。こう自らに言い訳をして休むことに決めた。恥ずかしい振舞いには、言い訳がつきものである。もっとも言い訳をすることは、恥を知っていることでもあると思いたい。というわけで、本日はこれまで。

二十六日　土曜

晴天。昼過ぎに起床。今日も亦、電話のベルで目が覚める。電話がなかったら一体どのくらい寝ておったのかを考えると、我ながら空おそろしくなってきた。昨夜は、もとい今朝は、かなり早く床に就いている。しかも昨日はノルマの一つもこなしておらぬから、体力の回復はすみやかであるはずだ。だが、この態たらくである。半日喋り続けたことが余程こたえたとしか思えない。軟弱もいいところだ。

喉ふくらませて激しい旋律に歌い上げる必要のある考え、ゆくゆく人々の胸郭に叩き込む必要のある考え、こうした考えを自分は求めているのだから、喋ったぐらいでくたびれていては何もできないだろう。出口なしの社会に出口を切り開くためには、力強い考えでなければならぬ。力強い考えは、力強く語られねばならぬ。半日喋ったぐらいでくたびれたなんどと言っている限り、考えや語りの力強さを持つことはできまい。それ故、自分はもう少し、身体を丈夫にせねばならぬ。意志によって、身体を向上させるのだ。向上した身体によって、意志の持続を可能にするのだ。そのためには、キチンと栄養を採ること、身体を動かすこと、キチンと睡眠を採ることを、意志する必要があるだろう。文弱と呼ばれるほどの教養もないくせに、文弱的生活を送っていては駄目なのだ。

数年前、ディオゲネス＝ラエルティオスの『列伝』にあるクラテスの逸話に、感心した覚えがある。たしか、その逸話はこういうものだった。貧相な容貌をしたクラテスが毎日広場で運動に励んでいるのを、人々は笑い者にして楽しんでいた。そうした人々を横目に見ながら、クラテスは言う。皆も楽しんでいるし自分も楽しいのだから運動はよいことである、と。そしてこうも言う。運動する者を馬鹿にして怠け続けておる限り、後々馬鹿にされる羽目になる、と。

犬儒派ではあるけれども、クラテスはよいことを言う。笑われることから建設的な需要を引き出し、しかも笑われることに安んじない態度は立派なものだ、こう自分は感心した。感心はしたが、そのときは感心しただけである。しかし、現在の自分が抱える問題意識は、感心するだけを是としない。現在の社会は、口達者が尊ばれるホワイト＝カラァ中心の社会、専門家優位の社会、出口なしの社会である。これ等の諸属性を持つ現在の社会に対し、現在の自分は意義を申し立てたく思っている。とはいえ、口達者で、専門用語を散りばめ、現状肯定的言辞を吐く者の何という多さか。こうした社会で意義を申し立てても、ことばが溢れ返っている状況のなかで、かき消されてしまうのがオチだろう。かき消されない為には力強さが必要である。ならば、よろしくクラテスに従った方がよい、と現在の自分は判断せざるを得ないのだ。もっとも、犬儒派、とりわけて犬のディオゲネスに代表される犬儒派の態度は、自分の好むところではない。よいことを人に伝えるために考えるのではなく、人に注目されるためによいことを考えている、こう思えてならないからである。だが、犬のディオゲネスの弟子であるクラテスの態度は、犬儒派にしては建設的であり、しかも犬儒派固有の自立心を伴っている。そこで、クラテスの態度、つまり生きた見本になりながら自立心を保つ態度を採用しようと思うのだ。もちろん、思想家の片言隻句だけを取り出して己れの考えに採用する危険は、自分も承知しているつもりだ。しかし、よいものはもらった方がよいに決まっている。まして、現在の社会では犬儒派の存在する余地は残されていないのだから、うっかり犬儒派になってしまうこともあるまい（犬儒派は、社会の中心的価値観に対して疑問を抱き、そこから逃れるための態度をとった。中心的価値観がなく、ただ諸制度のみが人間の振舞いを規制している現在の社会では、犬儒派の疑問や態度は通用しない）。

ところで、電話は友人の近況報告であった。寝ぼけ眼で対応したため、何を喋ったのか自分でもよく記憶しておらぬ。何だか、うむ、うむ、と無闇に相づちを打ってばかりいたように覚えている。礼を失していなければよいのだが。会話を終え、食事の支度をしようと立ち上がる。乾パン、チィズ、果物を喰う。腹を作って、『矛盾』を少しばかり読む。少しばかりと書いたのは、夕方には用事があったからである。時刻が来たので本を閉じ、表に出た。

さっさと用事を済ませ、下宿へ帰る。着くやいなや、とるもとりあえずノルマにとりかかった。昨日は一つもノルマに手を着けていないから、さすがにマズいのである。量が増えてしまうと、昼夜逆転が悪化するのである。何とか一通り終わらせた頃には、矢張りエラい時刻になっていた。エラい時刻であるけれども、食事はキチンと採らねばならぬ。そこで、冷肉、ピクルス、黒パンを喰う。喰いながら『矛盾』を開きはしたが、ふたたび直ぐ閉じる羽目になった。日の出が近いのだ。昼夜逆転は決定的だが、悪化は避けたいものである。というわけで、本日はこれまで。

二十七日　日曜

曇天。とんでもない時刻に起床。矢張り、昼夜逆転は悪化してしまった。とはいえ今日は日曜日。休日であるからには、起床時刻を気にする必要はこれといってないのである。確かに自分の生活は､平日と休日とのあいだに基本的には区別がない。ないけれども､だからといって「のへらほう」に日々を過ごすのは、いかがなものかと思うのだ。それに本来の一日に、平日休日の区別はない。区別とは、作為によって来たるものである。そして社会に公認された、こうした区別は力を持つ。ビィコの言う「ベルム＝ファクトゥム（真理＝作為）の原理」が、日曜日に現れているのだ。それ故、日曜日を休日と認めることは、複雑な社会の人間として、つまり文明人として当然の振舞いである。自分は文明人であるのだから､日曜日には当然休む。だから､とんでもない時刻に起床しようが何だろうが、日曜日である限り大したことはないのである。

何だか、ものすごい言い訳をしている心持ちがしなくもない。もっとも、言い訳としても悪くはあるまい。どうして朝寝をしたのか問われ、ビィコの歴史哲学を持ち出して言い訳する者は、そうたくさんはおらぬだろう。いささか自らの言い訳能力を、鼻にかけたくなってきた。

しかし、未だコタツに首まで入っておりながら、朝寝の言い訳を考えている男くらい、客観的に情けない者もなかなかおらぬだろう。ふと、そのことに気付いた自分は、情けなくなってきた。言い訳を必要とする自らの生活が、とにかく情けなくなってきた。こうして、鼻にかけたり情けなく思ったりと、忙しくコタツのなかで言い訳をしているうちに、時間は刻々と過ぎてゆく。

コタツにおける主観時間は、機械的宇宙論における絶対時間と異なっている。時計の短針がどのくらい回ろうとも、自分はコタツのなかで言い訳について考える。ビィコの「ベルム＝ファクトウムの原理」について考える。作為をそれと認めながら、あたかも真理であるかのように振舞うことから、鴎外漁史を想起する。

鴎外は文化的な人間であった。帝国軍人でありながら『鼠坂』を著し、山県有朋と接触を持ちながら『沈黙の塔』を著した。その鴎外は言う。「パッパも実は文殊なのだが、まだ誰も拝みにこないのだよ」と。実に文化的である。ただし、ここで言う「文化的」とはベルの指摘する近代主義のそれである。

「前にわたしが述べたように、「妨害されない自我」はブルジョア社会の産物であった。それは自由奔放な個人主義を賛美するものだった。ただ、ブルジョア社会派経済における自由奔放な個人主義は容認したが、文化における自我の過剰は恐れ、これを制限しようとした。

錯綜した歴史的な原因によって、「文化における自我」は反ブルジョア的になった。この運動の中のいくつかの党派は政治的なラディカリズムと連帯した。しかし「文化における自我」という衝動は実際はラディカルであるのではなく、単に反抗的なのである。それは制約を否定し、解放を求めることによって自己を「表現」しようとする」（『矛盾』中巻　一二七頁）

鴎外は反抗的である。「まかり出たるは小倉の田舎者だ」と叫ぶくらいには反抗的である。鴎外は制約を否定する。『沈黙の塔』で政府の言論統制について揶揄するくらいであるが、制約を否定する。鴎外は解放を求める。「なかじきり」を必要とする程度、かつての自己より離れようとする程度には解放を求める。そして「実は文殊」であると、自らを規定してもいる。つまりは、ラディカルとはかけ離れた「妨害されない自我」を、鴎外は追求していたと言っていいだろう。

何故にラディカルとかけ離れた「妨害されない自我」を鴎外は求めていたのか。その理由は、鴎外が林太郎であることに存する。陸軍軍医総監である森林太郎は、「妨害されない自我」なんど言っておれぬ。若き帝国日本の若きエリトとして成長した森林太郎にとって、自我を主張するには負っている責任が多すぎた。その森林太郎が「妨害されない自我」を確保するには、鴎外漁史として文化的にならざるを得ないのだ。こうして、社会的役割と自我とが、森林太郎と鴎外漁史として対立する。対立するけれども、ただし鋭いものではない。何故ならベルが述べたように、文化と社会関係との対立は、ラディカルなものではないからだ。

ブルジョアのエトスが、経済における「妨害されない自我」が、ブルジョア支配の社会において文化領域にまで広まったことにより、文化の近代主義は始まる。「処女のような官能」をもって西ヨォロッパを見聞きした森林太郎が、摂取した文化はこれであった。しかし、彼が帰る帝国日本は「普請中」であり、ブルジョアはよろしく国家が育てなければならない状況にある。「妨害されない自我」が経済と文化の近代化をもたらす限り、社会機構と文化とはラディカルに対決しない。

西欧においては、階級社会を維持しようとするブルジョアと、「妨害されない自我」を求める文化との対決があった。帝国日本においては、近代化を指導する権力と、自主的な近代化を主張する文化との対決があった。しかし、どちらの対決においても、「妨害されない自我」を基調にしている以上、ラディカルな対決になりようもなかったことは明らかである。鴎外漁史と森林太郎は、対立しながらも共存することができたのだ（ラディカルな対決になりようもなかったことに、異を唱える者もいるかも知れぬ。例えば帝国日本の国家主義は個人を抹殺してきたのではないか、と駁することはできる。しかしその論駁は、帝国日本の国家主義について、自らの無知を示しているだろう。帝国日本の国家主義は、「妨害されない自我」を確実に含んでいた。例えば明治期の国家主義において、民権と国権との区別があいまいであったことなどが挙げられよう。帝国日本の国家主義は、帝国崩壊に到るまで、この民権と国権とのあいだを揺れ動く。先の論駁が当てはまるのは一五年のいくさの最中に叫ばれた国家主義ぐらいであり、この国家主義は従来のそれと質をまったく異にする。一五年のいくさにおける国家主義は、総力戦のために必要な国家社会を作り上げるために、新官僚と統制派がこしらえたラディカルなものである。企画院による経営と所有の分離、統制派による皇道派の弾圧、これ等の事実から分かることは次のような意図である。総動員体制をこしらえた連中が、個人の欲求を基盤にした社会構造を改変しようと意図していたということだ。ただし、ラディカルな国家主義と言っても、総力戦のための道具に過ぎず、何のための総力戦であるのかを説明する理念には欠けていた。それ故、いくさは終わることがなく、いくさのための統制が、統制のためのいくさになってゆく。「妨害されない自我」を統制する意図は、統制を決定する自我まで統制するといった自縄自縛を結果したのである）。

しかし､この共存が不可能となること､文化と社会関係とが鋭く矛盾することが発生した｡「妨害されない自我」がブルジョア社会を再生産するのに対し、ブルジョア社会そのものを揚棄しようとする運動、社会関係そのものを変革しようとする運動が現れたのだ。この運動の帰結は、現在の社会における（ある程度）規制された経済と（全く）無道徳な文化との鋭い対決として見ることができる。「かのように」で事足れりとしていた林太郎＝鴎外も、敏感にも最早「かのように」ではやってゆけぬことを悟る。山県有朋と接触しようとし、社会主義研究を始めた問題意識は、社会関係と文化とが鋭く対立するところ、林太郎＝鴎外のあいまいな関係が裂かれるところに存したのだ。「ベルム＝ファクトウムの原理」を受動的に採用した林太郎＝鴎外は、自らファクトウム（作為）によってベルム（真理）を生みだそうとする。それが、林太郎＝鴎外が晩年に政治活動を始めた理由であり、そして日本近代小説最高の問題作を生んだ理由である。

史伝三部作は、文化の近代主義から、「妨害されない自我」から脱却するための、林太郎＝鴎外による模索である。そして、この模索が史伝、つまり歴史と小説文学とが両立するところに落ち着いたということは、森林太郎＝鴎外漁史の空恐ろしい知性を示している。「小説家とは本人の個人的な体験が一種の原体験であるような人間の見本である、とも言えよう。小説家が、自分自身の意見の奥深くまでわけいってかれの心の中の傷跡に触れるとしよう。その時には、もしかれがすぐれた小説家であるならば、大衆の心の奥底にも触れているのである」（『矛盾』中巻　一一〇頁）

このような小説家の役割を一旦認めた上で、次のベルのことばを合わせ見ると、林太郎＝鴎外の空恐ろしさが理解できるだろう。

「近代主義の衝動は、絵画、詩、小説、音楽など、あらゆるジャンルにわたって現れている。これらすべての芸術の底流に、共通して、表現の法則があることは、驚くべきことである。

それは、わたしが繰り返し述べてきたように、距離の喪失ということである。観客と芸術家の距離、また美的体験とできあがった作品との距離がなくなったことである。

これは、精神的距離の喪失、社会的距離の喪失、および美術的距離の喪失の三つにわけて見ることができる。

精神的距離の喪失は、時間の流れの停止を意味する。

〈中略〉

フロイトにとって、成熟するということは必要な距離をさしはさむ能力だった。過去と現在をわけておける能力だった。すなわち、過去を過去として、現在に起こることがらと区別できることが大切であった。

しかし、近代主義文化は、こういった過去と現在の感覚を粉砕し、破壊しようとした。〈中略〉精神的距離がなくなると、時間性と、時間の矢が常に指し示してきた方向性とがなくなる」

（『矛盾』中巻　六九・七〇頁）

林太郎＝鴎外は、歴史と小説文学を両立させることで、自我を保ちながら「時間の矢が常に指し示してきた方向性」を、つまり歴史の連続性を得ようとする。史伝三部作によって、林太郎＝鴎外は自らの分裂を結びつけようとしたのだ。こうした試みは、林太郎＝鴎外をおそろしく利口な保守主義者として、歴史の連続性の上に立つ個人主義者として、政治においても現わすことになる。
もちろん、林太郎＝鴎外の試みは理解されることがあまりなかった。政治においても、文化においてもそうである。それはそれで、自分の立場から言えば助かるのだが、助かるとばかり言っておれぬ点がある。その点とは、林太郎＝鴎外が、作為によって真理を作り出そうとした保守主義者であるということだ。自分の立場と正反対のところにいるのはいえ、林太郎＝鴎外はものすごい男だと感心する。真理は、解釈ではなく実践によって、はじめて存するものであるためだ。晩年の林太郎＝鴎外と四つに組む力強さが、こう考えると欲しくなる。帝国日本最良の保守主義者に勝つことは、近代主義を乗り越えようとした者を乗り越えることであるのだから。

ここまで考えて、力強さを得ようと食事の支度にとりかかる。ずいぶん長いことコタツに入っていたらしく、表は薄暗くなっていた。薄暗い夕方に、朝食を喰うわけだが、まぁ休日だからいいだろう。そこで、乾パン、チィズ、果物を喰う。その後ノルマにとりかかり、一通り終えた頃には例によってエラい時刻である。とりあえず、缶詰を暖め卵を落としたもの、乾パン、チィズ、傷みだした果物を喰う。腹もできたので『矛盾』を開き、続きから読み出した。しかし、我ながらあきれるほど長いこと『矛盾』を読み続けている。あまり大部ではないのだが、刺激的な内容のため、ボンヤリ妄想にふけってしまうことが多いのが読了できない理由であろう。そうした妄想の一つでも書き付けてやろうと本を閉じ、コタツでふけった鴎外についての妄想を、先のように述べることとなった。ほんじつはこういったところだ。

二十八日　月曜

晴天。昼過ぎに起床。乾パン、チィズ、傷んだ果物を喰う。喰いながら窓ごしに表を見れば、実によい天気である。そろそろ年の瀬も押し迫ってきたことでもあるし、ここは一つ洗濯でもしてやろうと決める。しばらく選択を怠けておったために即戦力となる衣類が底をつきかけている。そして洗うべき衣類は山をなし、無言の圧力を自分に加えているのだ。こうした状況で正月を迎えることは、文明人として問題があるだろう。文明とは、トイフェルスドレックが喝破した如く、衣類に他ならぬ。文明とは、昨日に自分が喝破した如く、休日を怠けて過ごすことに他ならぬ。正月にもかかわらず、ロクな衣服もなく、洗濯へ行かざるを得なくなるのは野蛮もいいところだ。今のうちに洗濯を済ませてしまうことが、文明というものなのである。

そこで洗濯に向かうことになったのだが、表に出るまでがたいへんであった。山をなしている洗うべき衣類を、如何に持ち出すか考えあぐね、試行錯誤に長いことかかってしまったのだ。何とか一つにまとめて、重みに歯を食いしばりながら表に出たのは、夕方になってのことである。重いのは自業自得、怠けていたから自業自得とブツブツ言いながら共同の洗濯場に向かって歩き出す。衣類が重くて、まっすぐ歩けない。よくもまぁこれだけため込んだものだ。我ながら呆れ返るほどの重さである。怠惰は人がまっすぐ進むのを妨げるのだな、と間抜けな感想を抱きながら何とか洗濯場に着く。

洗濯場であれこれ洗濯を済ませた後、洗い終わった衣類を如何に持ち帰るかで、ふたたび頭を抱えることになった。少しでも重さを減らそうと乾燥させたために、衣類は嵩を増してしまいズック地の袋に入らない。しかも共同の洗濯場であるから、悠長に試行錯誤する時間の余裕もない。こういう時こそ、文明人は知恵を働かせねばならぬ。そこで力任せに衣類を袋に詰め込み、袋を引きずりながら下宿へ向かった。

日も暮れてから下宿に着くと、何だかにぎやかである。どうやら隣人が、自室に友人でも集めたらしい。にぎやかではあるが、それ程うるさくもない。そこで、大して気にかけることもなく衣類の整理にとりかかる。さっさと済ませてノルマをこなさねばならぬ。こうした思いから衣類を急いでたたんでいると、つまり杜撰にたたんでいると、廊下に複数の足音が聞こえた。隣人のところへ、新手の客が現れたのである。にぎやかさは増したけれども、それ程うるさくもない。そういえば年の瀬も押し迫っている。忘年会の時期であるのだなと軽く考えただけで、衣類の整理を続ける。こうして自動衣類整理装置化していたところ、ふたたび廊下に複数の足音を耳にした。再度、新手の客が現れたのである。にぎやかさが更に増したけれども、まだ我慢できる。自分も数年前には、似たようなことをよくしたものだ。無闇に集まって大声で議論していた、もとい騒いでいたことを思えば、隣人のにぎやかな集まりが気に障るなんどと言うのは夜郎自大もいいところだろう。こう判断して、己れの大人びた態度にいささかウットリしながら衣類の整理を続けていると、みたび廊下に複数の足音がするではないか。

どうやら隣人は、六畳の部屋に何人詰め込めるか実験をおこなっているらしい。おそらくマルクスの影響だろう。もちろん、マルクスと言ってもグルゥチョの方である。マルクス兄弟の作品の一つで為された試みから、隣人は影響を受けたに違いない。というのも、自分が今いる状況からまず連想したのは、グルゥチョの次のような試みであったからである。グルゥチョ達にあてがわれた列車のコムパァトメントへ色々な理由から人が入ってきて、しまいには立錐の余地も残されてないといった試みが、それである。グルゥチョの試みと隣人の試みとは、明らかに類似しているのだ。

ところで、言うまでもなくグルゥチョの試みは、おかしみを生みだすかどうかの実験であった。しかし、この試みから影響を受けたのであろう隣人の実験、その実験意図が奈辺にあるのか自分には丸で分からない。グルゥチョの試みと違って、まったくおかしくないのだ。おかしくないどころか、何だか叫びたくなってきた。

隣人はにぎやかもにぎやか、「オォダァ（英国議会でこれを叫ぶと、どんなに論議が紛糾していてもピタリと騒ぎがおさまるらしい）」と叫んでも効果のないどころかの議会のような、ものすごいにぎやかな雰囲気に満ちていた。そのうち牛歩をやるくらいに元気があってまことによろしいのだが、残念ながら自分は少し困る。衣類の整理を終え、さっそくノルマにとりかかろうとしたのだけれども、どうにも気が乗らぬ。困ったことである。そうして困った困ったと言いながら、困ったことを口実にしてノルマを怠けてしまい、さらに困ったことに陥る羽目になる。なぜか風呂屋にいる自分に気付いたのだ。ノルマはどうしたと自問してみるが、風呂屋でノルマもあるまいと考え直し、ゆっくり湯船につかって怠惰を楽しんでしまった。帰路には新刊書店に寄って冷やかしを楽しみ、ついでに立ち読みまでしてしまう。怠惰は人がまっすぐ進むのを妨げる。ようやく下宿に帰ったのは夜もふけてからのことである。しかし、隣室のにぎやかさは相変わらずであった。結局ノルマをおこなわないことに決め、冷肉、ピクルス、黒パンを喰う。やるべきことをやらないで、喰うことは喰うわけだ。どのような状況でもやるべきことをやる意志の力強さの代わりに、どのような状況でも自然の盲目的な必要を満足させることはするわけだ。自然の盲目的な必要を満たすことは難しくない。意志の力強さを保つことは、たいへん困難である。今日の自分は易きに流れ、怠惰に泥んでしまった。これは本当に困ったことだ。オブロゥモフではないか。オブロゥモフは困るのだ。

気が付くと日付が変わっており、隣室から人々が次々と帰って行く。けじめを持った人々であることが分かり、何だか好感を抱いた。あれだけにぎやかに集まっておきながら、締めるところはキチンと締めている。大したものである。楽しいことを締めくくる勇気は、なかなか出てくるものではない。そこで長っ尻になって惰性で喋り続けてしまい、にぎやかと言うより単に騒いでいるだけになる集まりが圧倒的多数である。オブロゥモフ集団とでも言うべきか。こうしたオブロゥモフ集団の一員として、自分も長っ尻で騒ぎ続けたものである。それを考えると、隣室に集まった人々はエラい。オブロゥモフ集団とならぬよう、キチンとけじめを持っている。それに対し、自分は何だ。気が乗らぬなんどと言ってノルマを怠け出し、しかもズルズルと怠け続けてしまった。自分もけじめを持たねばならぬ、とそこで思う。思ったところで、本日はここまでとする。

二十九日　火曜

晴天。雲量が多く、ときおり曇る。昼に起床。乾パン、チィズ、傷んだ果物を喰う。喰っておる最中、あたり一帯から掃除機をかける音が聞こえてくる。おおつごもりの大掃除という奴であろう。サッパリして新年を迎えようと皆考えているらしい。実に文明的で、何だか嬉しくなってきた。もっとも、嬉しくなるのはよいのだが、少しばかり違和感がなくもない。違和感というのは、あと二日も今年は残っているのに、今日に限って一斉に大掃除がおこなわれていることへの違和感である。

おおつごもりの大掃除が二十九日に限っていたなんど、自分は寡聞にして知らぬ。柳田も、そんなことは書いていなかったように記憶している。そこで考えられることは、勤め人の年末休暇が今日から始まったのではないか、というものだ。企業社会の都合に合わせて大掃除がおこなわれている、というものだ。

大掃除は一家総出が普通であろう。こうした一家総出の振舞いは、一次集団（家族）の関係を再確認することになる。労働再生産に不可欠な集団としてばかりではなく、共同して生活を送っていること、一つのまとまりとして家族があることを、一家総出の大掃除によって家族構成員は再確認する。ただし、再確認される現在の家族は、かつての家族とは違うことに留意しなくてはならないだろう。

かつての家族はパタァナリズム（家父長制）を前提とし、パタァナリズムは家族と職業との未分化、大家族制度に代表されるようなオウトノミィ（自給自足）集団を前提としていた。それに対し、現在の家族は職業と切り離され、生産の指揮と生産物の分配を家父長にゆだねる必要が最早ない。かえってパタァナリズムは、現在の社会では否認される傾向にある。というのも、生産の指揮と生産物の分配が家父長にゆだねられている限り、産業が生産した財貨の消費は制限されるからである。産業資本主義にとって最も都合のよい形態の家族は、各構成員が消費をおこなうことであり、家族が一つの単位として消費をおこなうパタァナリズムでは都合が悪いのだ。

このパタァナリズムの否認は、大家族から核家族への進行、家族構成員のゆるい結びつきとして現れる。大家族から核家族への進行は、耐久消費財の消費単位を増大させる。そして、家族構成員のゆるい結びつきは、各構成員の嗜好による消費を増大させる。この消費の増大こそ、パタァナリズムを否認する理由があるのだ。というのも、家族と職業が分かれたとしても、核家族になる必要性はないからである。それどころか、相互に構成員が収入をもちより、集まった収入を家の必要にしぼって消費に用いた方が経済的であるかも知れぬ。また、家族と職業が分かれたからといって、パタァナリズムにおける緊密な結びつきから、ゆるやかな結びつきに到る必然性もない。しばしば語られるように、家父長による自我の抑圧が問題であったのならば、つまり拘束されぬ自我を肯定するのならば、家族（たとえそれが核家族であっても）を維持する方がかえって必然性を持たないのだ。ただし、社会から家族という一次集団が失われると、非定住性と子どもの養育費が問題となる。この二つの問題は、産業資本主義にとって都合の悪い事態を引き起こす。好ましくない労働条件に耐える理由として、主に定住していることと子供の養育費が挙げられるだろう。この二つの理由が存しない時、好ましくない労働条件に耐え続ける者がいるだろうか。かつ亦、非定住性は生産の計画化を困難にし、そして家族制度が担ってきた子供の養育費が家族の消滅に従って社会の負担になってしまう。社会が子供の養育費を負担することは、資本蓄積の費用が公共費に回されてしまうことを意味する（子供の養育が義務教育のみでないことは、言挙げするまでもあるまい）。家族制度まで否認されてしまったら、産業資本主義にとって都合が悪いのだ。

ひっきょう現在の家族は、産業資本主義の都合に適合した形態で存在しているのである。核家族とそのゆるやかな結びつき、そしてパタァナリズムの否認の理由は、産業資本主義の都合を考えることで明らかになる。それ故、自分は違和感を覚えたのだ。年末休暇に入って一斉に大掃除を繰り広げ、家族の意味を再確認することに、文明のなかの野蛮さを感じたのだ。（ついでに言えば、野蛮とは判断をしないことの謂いである）。

固より自分はあまのじゃくの性を持つ。そして右のように考えてしまったのだから、大掃除をおこなうことに反対する心持ちがむらむらと湧き起こってきた。そろそろ掃除でもするかと考えてはいたのだが、こうなっては駄目である。かといって、文明人らしくサッパリとして正月を迎えたくは思うのだ。仕方がないから、そこで床屋へ向かうことにした。今日は頭髪でもサッパリしようと考えたのである。

床屋は繁盛していた。どうやら自分と似たような考えからだろう、客がひきもきらず入ってくる。商売繁盛は結構だが、順番待ちのために二時間ほど待たされるのは、さすがに面白くない。まいった。待たされることにもまいったけれど、何のためにあまのじゃくな態度をとったのか分からなくなったことが、とりわけまいった。とはいえ、決めたことは決めたこと、愚痴を言っても始まらぬ。そこで、待ち時間を有効に活用してやろうと新刊書店に入り、しばらく冷やかすことにした。

新刊書店が剣呑であることを忘れていたらしい。シュムペェタァの『租税国家の危機』（木村元一・小谷義次訳　岩波文庫）が重版されていることに気付き、お陰で自分の懐が危機を迎えてしまった。床屋代ギリギリしか持ち合わせていないのに本を買うのだから、我ながら何を考えていたのかよく分からない。とりあえず一旦下宿に戻り、そこばくの金をかき集め、指定時間寸前に床屋へ駆け込んだ。

床屋で散髪を済ませたら、もう日が暮れている。そこで急いで下宿に向かった。昨日はノルマを怠けてしまい、やるべきことが無闇にあるからである。下宿に着き、ノルマをこなし、一息ついて時刻を見れば、例によってエラい時刻であった。とりあえず、冷肉、ピクルス、バゲットを喰う。喰いながら『矛盾』を開き、続きから読み出した。一気に読了するつもりであったため、読んでいる間は時計を見ることはない。いちいち時間を気にしていては、読書に身が入らないからである。ようやく読了した後、勇気を出してチラと時計に目をやると、これはもう大変な時刻であった。昼夜逆転の悪化が確実な時刻であるから、本日はこれまで。

三十日　水曜

晴天。昼前に起床。昨晩、もとい今朝はたいへんな時刻に床に就いたのであるけれども、昼前に目が覚めた。これが自力であったのなら自画自賛でもするところだが、残念ながら違う。例によって、電話のベルで目が覚めたのである。電話は両親からであり、年始回りをどうするかについて話すことになった。電話を切り、正月はもう目の前なのだなとひとりごちながら、食事の支度にとりかかる。乾パン、チィズ、果物を、それぞれ大量に喰う。正月には親族と会わねばならぬ。先ほどの電話でそのことを約してしまった以上、健康的な面構えをしている必要があるだろう。だから、栄養をたくさんとっておかねばマズいのだ。自分の歳が歳だけに、不健康な面構えでは親族にいらぬ気遣いをさせてしまうおそれがあるのだ。

ところで、体裁をとりつくろうことは、根本的な問題解決を先延ばしにすることである。考えてみれば、自分はいい歳にもかかわらず、トロフィモフもかくやと思われんばかりの生活を送っている。この生活を親族に見せることをはばかり、歳相応の生活をしていますよと体裁をとりつくろうことは、いかがなものかと考える。そこで、歳相応の生活とは何なのか、ふだん自分が送っている生活のどこが悪いのが、こう自問せざるを得ないのだ。

確かに自分の生活は、あんまりよいものではない。「歳相応」なんどの価値観とは無関係に、よいものではないと自分は判断する。この判断は自らの価値観に従ったものである。自分の目的からすれば、自分の生活はよいものではない、つまり目的からかけ離れた生活である。とはいえ自分の生活が、自分の目的に少しでも近づこうとして送られていることも亦、確かなことではあるけれども。

目的とそれに近づこうとする振舞い、この目的と振舞いとのあいだに存する乖離を自分の生活は表している。そこで自分の生活は、二つの意味を持つだろう。一つは、目的からかけ離れたところにいるという点で、よいものではないこと。いま一つは、目的からかけ離れたところにいるという点で、目的に対して自覚的であること。この二つの意味が、自分の生活にあるのだ。目的を自覚しているから、よくない生活と判断できる。よくない生活と判断するから、目的を自覚できる。自分の生活は、こうした二つの意味のからみ合いによって、安定したものではなくなっている。目的に少しでも近づこうとして、不安定になっているのだ。というのも、生活と目的とがかけ離れていることを理解できたとしても、どう生活すれば目的に近づけるかは分からないからである。そのため、無為から熱狂に到るまで、生活上の試行錯誤をおこなわざるを得ない、不安定にならざるを得ないのだ。ただし、生活は習慣をその基礎とするから、試行錯誤は習慣化されて生活に入る。そこで習慣化した試行錯誤は、安定した不安定とでも言うべきものとなり、しばしば目的から安定して離れ続けることを結果したりもする。ひっきょう自分の生活は、目的によって正当化されたり、安んじて目的への一路をたどるようなものではないのだ。

そこで「歳相応」が対比される。「歳相応」と言うことばは、一定の生活様式が社会にあることを前提とし、この前提にしたがって生活することを意味している。つまり「歳相応」の生活は、社会によって正当化されており、安んじてそれぞれの歳に相応した生活をたどっていけるというわけだ。不安定な生活を送っている自分としては、いささか羨ましい生活である。もっとも、正当化と安定した方向性が確かなものであればの話だが。どうやら、現在の社会では「歳相応」は安定しておらず、正当化は消費行動で為されるばかりであるらしい。ここは少しベルの考察を引用しよう。

「そもそも、社会組織というものは、家族にしろ、教会や学校にしろ、社会的に確立した習俗を人に伝えようとするものである。社会変化があまり急速だと、こういう組織では、適切な行動様式、趣味、服装等について混乱が生じる。

社会的に動きの激しい人々にとって、前の生活より「良い暮らし」をするための知識を得る方法がなくなる。だから、映画や広告を頼りにすることになる。

広告は単に人々の欲望をかきたてる役割だけではなく、もう少し微妙な役割を果たすようになった。人々の生活習慣を変える働きをするのだ。

〈中略〉

こうして起こされる変化は、はじめはマナーとか着物とか趣味、食べ物とかについてのものだろう。だが、やがては、もっと根本的な生活パターンに影響が出てくる。家庭内での権威のあり方、独立した消費者としての子供や若者の位置づけ、そしてついには人間としての徳目や社会的に業績をあげることの意味あい等々にまで影響を及ぼす。

経済組織の正当な目標として、大量消費と高水準の生活とが認められてしまえば、こういうことが起こるのは当然である。社会の変化が促進され、文化的変化が歓迎されるからである。

現代アメリカでは、販売こそが、社会活動の最大のものである。販売活動は、節約にかえて消費を強調する。禁欲主義にかわって、ぜいたくをみせびらかすことが尊重されるようになる」（『矛盾』上巻　一五五・一五六頁）

ベルの考察は、現代の合州国に限ったものではあるまい。晩期資本主義特有の問題として「『歳相応』の生活」の資本への隷属があるのだ。そして資本は生産した財貨の消費のために、生活様式の変化を次々と生み出すだろう。現在の社会における「歳相応」は、歳に相応する生活が資本によって不安定にされているのだ。こうした生活は、羨ましいどころではない。自分の目的と正反対の方向へ導くばかりである。

ならばどうするか。

我ながら知恵がないとは思うけれども、これまでの不安定な生活を継続するより他に手はないと考える。少なくとも自分の不安定な生活は、自分の目的に基づいていた。そして、現在の社会における「歳相応」の生活は、資本の目的に基づいており、そのために不安定この上ない。同じ不安定である生活ならば、自分は自分の目的に基づいた生活を選ぶ。何故なら自分の目的は、資本を何とかすることであるからだ。

もっとも、親族を心配させるような生活を、ことさら送ることもあるまい。送る必要があったとしても、ことさら見せることもあるまい。体裁をとりつくろっている理由は、送る必要もない無茶な生活を送っていることに存しているのだ。無茶な生活は自分の怠惰によって起こる。そこで根本的な問題が、一時しのぎをすることが自分の目的に原因を持つのでなく、怠惰に原因を持っていることを自覚できているはずである。怠惰は目的から自分を遠ざけ、親族の前でとりつくろう必要を生み出すのだ。おそらく自分は、親族の前で体裁をとりつくろうだろう。その際に、こう一時しのぎをしているのは、己れの怠惰の為なのだと痛感することになるだろう。この痛感が、口で自覚を云々するよりも、己れの怠惰を真に自覚せしめるだろう。そこで、他の者がいなければ怠惰を真に自覚できぬ自分の情けなさに、憤りを発するつもりである。今現在も憤っているはずであるが、これも亦、口だけで云々しているだけかも知れぬ。自分の自覚と憤りは、客観化された自我像がなければ切実なものにならないことが大抵だ。情けない限りであるが、この情けなさを客観化して認識し、得た認識をよろしく生活に取り込むつもりである。

こう自問自答しておるうちに、気が付いたら夕方であった。正月について自問自答している場合ではない。年の瀬である。掃除をするのである。こう考えて、あわてて掃除にとりかかる。それなりにホコリを拭い、丁寧に掃除機をかけてみると、何だか新年がいつ来ても大丈夫といった心持ちになってきた。もっとも新年を迎えるのは明後日であり、いつ来るか分からないことはないのだけれども。

掃除が済んだので、今度はノルマと四つに組むことになった。怠惰について反省したばかりであるから、ノルマを怠るわけにはいかなくなったのだ。なんとか一通りノルマをこなし終えたところで、風呂屋へ向かうことにした。ここいら界隈の風呂屋は、共通して今日を今年最後の営業日としている。つまり年内では風呂の入り納めとなるのだろう。入り納めを逃すのはもったいない。まして、掃除をしたから身体がホコリにまみれている。こうしたことを理由に湯船でノンビリすることに決め、いそいそと風呂屋へ向かった。

ノンビリしすぎたらしく、下宿に帰ったのはだいぶん遅くなってからである。とりあえず、缶詰を暖め卵を落としたもの、巻パン、チィズ、果物を喰う。喰いながらルソォの『孤独な散歩者の夢想』(今野一雄訳　岩波文庫)を読み始める。ベルがさんざん近代主義的文化を批判してくれたお陰で、近代主義の濫觴とも言うべきルソォが読みたくなったためである。成程、己れのことしか語っておらんな、と納得しながらも、作り話と真理との関係についてルソォが如何に考えているかを興味深く読む。そうこうしているうちに、既に大晦日となってからかなり時間が過ぎていた。そこで本を閉じ、これを書く。本日はこういったところだ。

ルソォ『孤独な散歩者の夢想』

三十一日　木曜

晴天。昼過ぎに起床。乾パン、巻パン、チィズ、果物を喰う。上天気のおおつごもりである。洗濯と掃除、そして散髪は、昨日までに済ませてある。ついでに風呂の入り納めまでしたのだから、慌てることなくおおつごもりの上天気を眺め、顎を動かす。

ノンビリと師走のつごもりを過ごすのは、なかなかよい心持ちだ。『胸算用』に描かれた師走のつごもりと、大違いである。当時の町人は、いま時分掛け取りとの闘争でノンビリどころではなかったらしい。現在の社会に掛け取りがおらぬのは、自分にとって実に助かることである。そのかっわり現在の社会では払いが目に見えなくなっているから、自分にとって実に剣呑なことである。気が付いたら消費専一の生活を送りかねないのだから、剣呑としか言いようがないだろう。消費専一は、切りのない欲求を前提とする。そして切りのない欲求は、人をノンビリさせることがない。それに対し、掛け取りとの闘争は、必要と消費との区別を自覚させることができたろう。区別をしてしまえば、消費に泥むことは難しくなる。その点で『胸算用』における町人は、ある意味ノンビリしていたと言えなくもない。現在の社会が許すノンビリした生活と、『胸算用』の社会が許すノンビリした精神とを、何とか足して二で割れないものだろうか、とノンビリ考えながら食事を済ます。

腹もできたので、ノンビリ読み止しの『夢想』を開き、続きから読み出した。夕方に読了。あれこれと興味を惹かれる考察が書かれており、それ等をノンビリと反芻することは楽しいことだった。なかんずく、力と自由についてのルソォの考察には興味が引かれた。そして、これに関しては楽しむどころではなく、いささか真剣に向かいあう羽目になる。

先ずルソォが如何に自由を考えているかを見てみよう。

「市民社会にあってはすべてが拘束となり、義理となり、義務となる。そして、わたしの不羈独立を好む天性は、人々とともに生きようとする者にとって必要な屈従にたえることをいつもできなくしてしまったのだ。自由に行動するかぎり、わたしは善良であり、することはすべて善である。しかし束縛を感じれば、それが必要によるものであろうと、人間によるものであろうと、すぐにわたしは反抗的になる。むしろ、ひねくれてしまう。そこでわたしは無にひとしい存在となる。自分の意志と反対のことをしなければならない場合には、どんなことになってもわたしは実行しない。だからといって自分の意志どおりにもしない。わたしは弱い人間だからだ。わたしは行動を差し控える。わたしの弱気はすべて行動にたいする弱気で、わたしの力はすべて消極的にはたらくからだ。そしてわたしの過ちはすべてなおざりにすることにあり、悪いことをすることである場合はめったにない。わたしは、人間の自由というものはその欲するところを行うことにあるなどと考えたことは決してない。それは欲しないことは決して行わないことにあると考えていたし、それこそわたしがもとめてやまなかった自由、しばしばまもりとおした自由なのであり、また、なによりもそのために同時代人を憤慨させることになったのだ。というのは、かれらは、活動的で騒々しく、野心に満ちて、他人が自由であることを憎み、自分たちも自由など欲しないで、ただときに自分たちの意志を実行できさえすればよい。いなむしろ他人の意志を支配することができればよいと思っているかれらは、一生自分たちの気に染まないことをして身を苦しめ、他人に命令するためにはどんな卑劣なこともしかねない連中

だからである」（『夢想』一〇五・一〇六頁）

ルソォにとって自由とは、已れの欲するところをおこなうようなラブレェ的なものではない。ルソォに言わせればラブレェ的自由は、己の欲するところをおこなうことによって、他人の欲するところを抑圧するものである。そこで、誰も抑圧せずに自己の自由を保つには、已れの欲せぬことは決して行わないことだ、とルソォは考えているらしい。

確かに、自由とは自由競争の謂いになっている現在の社会のありさまを見れば、ルソォの考えは筋が通っている。ただし、ルソォの考えには補注が必要だろう。それは、己の欲しないことを拒否する以外は、社会の通念に従った方がよいというものだ。己の欲するところをおこなうことが他人を抑圧するのであれば、抑圧を避けるために欲するところをおこなわないことが必要となるからである。実際、ルソォは次のようなことばも言っている。

「義務を果たす喜びは、徳の習慣からのみ生まれるものである。自然に直接に感じられる喜びは、そのように高いところまで達するものではない」（『夢想』九八頁）

社会的規範の習慣化は、たんなる自発的な行為よりも高い喜びを生み出すとルソォは言っているのだ。

だが、社会的規範が悪しきものだとしたら、善をおこなうことが自発的な欲求だとしたら、どうであるか。他人の欲するところを抑圧せねば、善が為し得ないとしたらどうであるか。ルソォの言う自由は、成程筋が通っているけれども、それはひっきょう「孤独な散歩者」の自由である。社会の傍観者の自由であって、社会のなかで生きている者には維持することの困難な自由である。

もっともルソォはルソォだけあって、自らの言う自由が「孤独な散歩者」の自由であることに気付いていた。先の引用の中で、既に彼はこう言っていたのだ。

「自分の意志と反対のことをしなければならない場合には、どんなことになってもわたしは実行しない。だからといって自分の意志どおりにもしない。わたしは弱い人間だからだ」

ルソォにとって「弱い」ことは悪である。例えば、こんなことばが『夢想』にある。

「すぐれた人間をつくるものは力と自由である。弱さと隷属はいつも邪悪な者しかつくりださなかった」(『夢想』一〇三頁)

ルソォは力と自由を分けている。そして、このように力と自由とぉ分けたルソォが、自らを「弱い」と言っているのだ。すると、ルソォにとっての自由、「人々とともに生きようとする者にとって必要な屈従にたえること」のできないルソォにとっての自由は、「弱い」者の自由ということになる。しかしルソォは、弱さを悪と見なしていた。それでは、この「弱い」者の自由は悪なのではないのか。「人々とともに生きようとする者にとって必要な屈従にたえる」力を持っておらぬ点で、悪なのではないのか。

繰り返しになるけれども、ルソォの言う自由は筋が通っている。しかし、ルソォ自らが力と自由とを区別したように、自由はそれ自体で善を構成することはないのだ。ルソォはそこで力を付け加えた。善はルソォによって、力と自由から構成されるものとなる。だが、ルソォの言う自由は、善を為す力と矛盾してしまう。善を為そうとして他人の欲するところを抑圧してしまう可能性がある以上、力と自由とは両立することができない。そこでルソォは、「弱い人間」であるから己れの自由を維持することで精一杯だと語ることで、矛盾と直面することを避けたのだ。

避けられると自分は困る。自分も亦、社会参加と自由の矛盾を抱えている。この矛盾と直面することを避けたく思っているのに、先に避けられていては困るのだ。あまのじゃくな性を持つ自分としては、避けることができなくなるではないか。もっとも、困りはしても得たところはある。ルソォによって、社会参加と自由との矛盾は鮮明になり、とりわけて、参加することが自由であると言った安易な矛盾の回避を否定できる。易きに流れやすい自分としては、ルソォの言う自由こそ流される為に必要である。しかし、力強さがなければ、参加をしなければ、流されぬことそのものには意味がない。これはどうしたものだろう。とりあえず、自由を維持し、力強さを求めようと自分は思う。自由はすぐに侵食されるものであり、力強さはたゆまぬ精進がなければ獲得できぬものであるからだ。つまり、怠惰であれば力強さも自由もありえないのだ。両者が成立した時点で起こる矛盾を、成立していない者がおそれても仕方がない。まずは努めて両者を成立させることだ、と思いながら本を閉じた。

本を閉じたけれども、だいぶんルソォの考えた脳にこびりついたらしく、いきなり散歩に出かけることになった。我ながらあきれるほどの単純さである。おおつごもりをノンビリ過ごそうと考えてはいたが、これではノンビリの度が過ぎていたかも知れぬ。とはいえ、おおつごもりの繁華街を散歩するのは興味深かったことは確かだ。交通量が驚くほど少なく、開いている店舗は限られている。そのような情景を眺めながら、刃物のような寒さのなかを歩いてゆくのは自分にとってためになる。皆が温かい部屋で年を越そうとしている際にも表で働いている人々がいると知ることは、自分の怠惰と比較できる点でためになる。逆説的な教訓だ。ノンビリと散歩することで、勤勉さについて考えることができたというわけだ。

下宿に戻り、今日はノルマを果たすべきか否かについて考える。ノンビリ過ごすと決めはしたが、何となく怠惰な気がしてならぬからである。だが、やはりおおつごもりにノルマにとりかかるのはいただけない、と言い訳をしてノンビリ過ごす方を選ぶ。もっとも何も努めないことをノンビリ過ごすとは言えないだろう。ノンビリ過ごすとは、量や時間の制限がない目的を持った振舞いを指す。そこで、いつかゆっくり読もうと目論んでいたコリングウッドの『歴史哲学の本質と目的』(峠尚武・篠木芳夫訳　未来社)を開き、ゆっくり読み出した。どうもノンビリ過ごすと決めたのは正解だったらしい。エラく興味を引かれる考察がゴロゴロしているではないか。こうした本を急いで読むのは馬鹿げている。ゆっくり考察を反芻しながら、文字通り反芻してやろうと食事の支度をする。読みながら、缶詰各種、黒パン、チィズ、果物を喰う。腹を作り、ゆっくり読み進めているうちに日付が変わった。

新年おめでとう。

というわけで、九八年はこれまで。

むつきに記す（一九九九年一月）

コリングウッド『歴史哲学の本質と目的』

朔日　金曜

晴天。昼過ぎに起床。窓から差し込んでくる陽光が、いささか眩しいくらいの上天気である。明るくて物静かな元旦だ。辺りは森閑と静まり返っており、ときおり階下で子供たちの歓声が聞こえるくらいである。何だか、自分が善い人間になったような心持ちがする。もっとも、自ら努めなければ善い人間になれるものではないから、こうした心持ちは剣呑である。明るくて静かな環境では善い人間となるならば、暗くて喧しい環境におったらどうなることか。まして、明るくて喧しい環境ときた日には、如何なる人間となるのか我ながら予想も付かぬ。予想も付かぬ人間と成り果てるのは、目的意識の希薄な人間であることを示しているだろう。それ故、善い人間であろうとする目的があるならば、環境に流されることは剣呑なのである。

こう考え考えしながら、とりあえず立ち上がり食事の支度にとりかかる。乾パン、チィズ、果物を喰う。元旦だというのに相変わらずである。元旦は元旦らしく過ごすのが文明人の態度であるから、自分の振舞いは野蛮以外の何ものでもない。文明人である自分は、その点で遺憾に思う。遺憾に思うけれども、現在の文明生活には先立つものが必要なのだ。先立つものがなければ、現在の文明では文明人と見なされぬ。見なされぬから、野蛮のままに放っておかれるわけである。

もっとも、先立つものを持っており、そこで文明人と見なされたとしても、文明人らしく振舞うかどうかは保証の限りではない。文明人と見なされている者が野蛮な振舞いに及ぶことくらい、現在の社会でありふれたものはないのである。文明とは、決まりを守ることに他ならない。現在の文明では、先立つものを持つことだけが決まりとなっているようだ。文明人である自分は、その点で現在の文明も遺憾に思う。野蛮に抗してゆきたく思う。

まったく野蛮は遺憾である、とブツブツ言いながら食事を終える。腹もできたので、ここは一つ文明的に振舞ってやろうとコリングウッドの『本質と目的』を続きからゆっくり読み出した。矢張りコリングウッドは凄い奴だと感心しておるうちに、辺りは既に暗くなっていた。ノルマの時間である。元旦からノルマを怠けるのも何だから、さっそく本を閉じてノルマにとりかかる。一通りノルマを済ませた頃には、例によって夜も大分ふけていた。何だか普段とぜんぜん変らない生活ではないか。文明人たる自恃心はどこへやったのか。後知恵ではあるけれども、ノルマにも元旦らしいノルマを導入すべきであったろう。例えば、ソビエトにおける元旦の風習を調べて脳を鍛えたり、公園を走りながらインタを歌って身体と胸を鍛えたり、千代田のお城でシュプレヒコォルを叫んで胸と度胸を鍛えたり、いろいろとやりようはあったはずだ。

後知恵は後知恵に過ぎないが、使えるときがあるかも知れぬ。とりあえず教訓としておこう。

後知恵の教訓はともかく、ノルマを済ませて食事の支度にかかる。缶詰を暖め卵を落としたもの、乾パン、チィズ、果物を喰う。喰いながら『本質と目的』を開き、続きから読み始めた。『歴史哲学の本質と目的』には、表題が示すとおり、コリングウッドの歴史観（および歴史哲学観）を述べた諸論文が収録されている。半ばあたりまで読んだきりではあるが、『本質と目的』はおそろしく役に立つ考察に満ちていた。役に立つというのも、現在の社会では歴史が問題となっているからだ。

現在の社会は、基本的に産業資本主義の社会である。つまり生産した財貨を消費させることにより、資本を蓄積してゆく社会である。こうした社会では、資本蓄積のために、生産と消費の規模を拡大し続けなくてはならない。いわゆる経済成長を続けなくてはならない。だが、経済成長にはディレンマがある。そのディレンマを端的に指摘したダニエル＝ベルのことばを引こう。

「マルクスは、資本主義は拡大し続けなければならない、さもなくば崩壊すると述べた。資本家たちは、労働者への支払いよりも、技術革新のための投資への比率を大きくして、余剰価値（利益）の割合を維持しようとする。資本家はこのために競いあう。ここに、この制度の内部的なダイナミズムが存在するとかれは考えた。資本蓄積はかくして資本主義体制を動かす原動力だと考えられていた。

しかし皮肉なことに、資本蓄積によってもたらされる経済成長は、経済的かつ文化的なさまざまの期待感を人々に抱かせるようになり、これを抑えることは不可能になった。

そして、この期待感が他の不安定要素（高度の成長をとげる世界経済から激しくくり返されるインフレ）と一緒になったとき生ずる経済的、政治的不安定はもはや政府の手におえるものではない。そして、これらすべての要因が、人々に方向を見失わせ、不安定感を抱かせ、やがて個人の信念をゆるがすことになるのである」（『資本主義の文化的矛盾』下巻　一二三頁）

産業社会の世俗信仰と化していた経済成長は、成長そのものがもたらすインフレによって成長を妨げられる。しかし、世俗信仰である経済成長が妨げられたならば、信仰していた者はどうなるか。例えば、ここいら辺の強烈な経済成長信仰が、失われた時にはどうなるか。興味深いことに、ここいら辺についてベルもまた論じている。

「軍隊が破れた戦後には、経済復興と経済成長という現世的な仕事が、人々のきずなとなった。しかしいまや、二つの問題が発生している。すなわち、もし経済成長が衰えたらそれに代わるものは何なのか。（侵略的なナショナリズムの再現か。）あるいは、経済成長がもたらした豊かさによって自由勝手な社会的風潮が生まれ、このフレームをこわすことにならないだろうか」（『矛盾』下巻　一二五頁）

経済成長が妨げられることは不可避であるのだが、いざそうなってしまうと方向は見失われ、人々の信念はゆるがされる。そのために、信念を強化しようとする者、自由勝手に生きようとする者が出てくるというわけだ。そこで、話は歴史に戻る。信念を強化しようとする者、自由勝手に生きようとする者の両者は、共に自らを正当化するために歴史を用いることがあるのだ。信念を強化しようとする者は、過去の醇風美俗との連続性を強調するために歴史を利用する。自由勝手に生きようとする者は、過去の抑圧からの断絶を強調するために歴史を利用する。

こうした歴史の利用は、歴史を分かっておらぬ態度から来るとコリングウッドは言う。「過去が現在よりも良かったとか悪かったとか言うべきではない。なぜなら我々が求められているのは、過去を選択するのか拒否するのか、愛好するのか嫌悪するのか、賛同するのか非難するのかのいずれかではなく、ひたすらこれを受け取ることだけだからである。或る意味では政治の問題はいつでも同じである。だが、意味の重要性では等しくても、政治の問題はいつもそれぞれ異なっている。それは或る時には、封建的地方貴族の地方分権的社会に対して、共通の法と一人の王による中央集権的支配とをいかにして課するかといった問題になるかも知れないし、また或る時には、中央集権化が行き過ぎて、官僚がやたら多く、覇気を失ってしまった国に、地方がなんらかの政治的イニシアティブをいかにして作り出していくか、といった問題になるかも知れない。以上のように問題が違えばそれぞれ違った解釈が必要であるし、後者の事態に遭遇している地方政治制度の方が、前者の事態に遭遇した一個人による強力な君主政治よりも、いいとか悪いとか主張しても無意味である。〈中略〉

人間が人間である所以はその自己意識に、つまり、自分自身の本性を形作るその力に存する。この力はそれを自覚すると同時に生じるものだからである。人間の行為はあるがままの自分に対する不満の結果である。行為の結果は新たな自己の創造であり、そしてこの新たな自己は新たな問題を惹起する、という具合に永遠に続いていく。問題はそれぞれ、行為者が駆使できる総能力の出力によって解決されるのだから、それぞれに可能な解決方法は一つしかない。諸々の問題のこうした継起が歴史の過程である。歴史家は歴史が右の如き様相を呈するのをいつでも確認できるとは限らないが、歴史はいつでもこうした仕方で生起するのである」（『歴史哲学の本質と目的』収録論文「歴史循環説」一九二七年　一八五頁から一八八頁）

つまり、歴史は過去の問題意識の連鎖であるとコリングウッドは言う。過去において解決された問題は新たな問題を惹起し、それを解決することもまた新たな問題を惹起し、これらの問題の連鎖が歴史であるのだ。このように歴史を捉えることは、過去と対話しようとする者に対し、過去の独自性（固有の問題意識）と過去と対話者との連続性（問題意識の連鎖）とを与えることになるだろう。このコリングウッドによる歴史の捉え方は、歴史が個別的な過去と言う対象を扱いながらも、何故に過去の連続性を語り得るのか、それを説明することに成功している。これはものすごいことである。しかも、コリングウッドの説明は、歴史を利用する者が如何に間抜けであるかを知らしめる上でも、おそろしく役に立つ。利用する者は、過去を個別か連続かのどちらかに偏して利用するために、歴史を捉え損なっていることが分かるからである。矢張りコリングウッドは凄い奴だ。

凄い凄いと感心しているうちに、日が昇る自分になっていた。明日は、もとい今日は親族に会わねばならぬ。キチンと寝ておくに如かず。というわけで、本日はこれまで。

二日　土曜

晴天。昼前に起床。今日も上天気である。ここしばらく上天気が続いているため、目覚めた時はいつも、陽光が部屋に満ちている。冬の陽光の心地よさは、わざわざ言挙げするまでもあるまい。それ故、ここしばらくは目覚める度にウットリしてしまい、ウットリからボンヤリへといつの間にか移行することが多くて困る。そういつまでもウットリするには、自分は散文的すぎる。いくら心地がよかろうと、すぐにも自分は飽きるのだ。とはいえ、飽きてしまっているくせに、どうしたわけかじっとしてボンヤリするのは困ったものだ。ボンヤリはボンヤリというくらいだから、これといって考え事をしているわけではない。ボンヤリはウットリではないのだから、陽光を堪能しているわけでもない。いったい自分は何をしているのか。

菓子は食べればなくなるものだ。自分はそれがイヤなのだろう。食べてもなくなることのない菓子を求めているようだ。しばらくボンヤリしているうちに、物音なんどのきっかけで我に帰りはするけれど、そこで正気に立ち戻り、まともに振舞い始めることが何故か残念に思うのだ。こうした感情が起こるのは、どう考えてもマズかろう。光合成でもできるならばともかく、陽光のなかでじっとしていることを好むのは、無為に泥むことである。無為に泥んでいる者は、変化をおそれる者である。変化をおそれる態度によって、どれほど多くの可能性が現実化されずに終わっただろう。どれほどすぐれた計画が、計画のままに終わっただろう。人間は変化によって自らを実現するのだ。この変化をおそれ、ひたすら無為に泥んでいるなら、光合成の仕方でも学んだ方がいいだろう。菓子は食べればなくなるものだ。いつまでも食べずにとっておくならば、菓子は腐ってゆくだけである。菓子を楽しむつもりなら、なくなることに耐えねばならぬ。変化に耐えねばならぬのだ。

何やら変に厳しいことを無闇に書き連ねているが、連ねる理由が今日あったのだ。今日の自分は変化をおそれ、怠惰に泥んでいたのである。

昼過ぎに、祖父母の家へ年始に向かう。普段は会わぬ親族と、顔を合わせることになる。そこで自分はどうしても、かつての自分の立場と違う、歳相応の立場がとれぬ。一人前の男としての立場がとれなかったのだ。そのくせ喰うだけ食い散らし、ほしいままに飲み続け、いい気になってオダを挙げる。誰に頼られることもなく、自分は頼ってばかりいる。そうした立場に安んじて喰ったり飲んだりしている者が、無闇にエラそうなことばを述べるのだから、みっともないこと甚だしい。けれども自分は気付くことなく、いついつまでもオダを挙げた。さすがにいとまを告げる頃、自分は自分のことばかり構っていたことに気が付いた。そこで皆の様子をうかがい、元気そうなので安心する。少しばかりは問いかけて、具合について聞きもした。

だが、こうした振舞いは、初めにやっておくべきものだ。他者への配慮を忘却しながら、他者への配慮を説いた自分は、みっともないこと甚だしい。こうしたみっともなさの所以を、そこでハッキリ自覚する必要が今の自分にあるだろう。自覚はこういうものである。配慮されてはいるけれど、こちらからの配慮はしない、これでは子供と変わりがない。大の男であるならば、相手の配慮に安んじてオダを挙げることなんど耐えられることではないはずだ。つまりは自分の振舞いが、かつての立場（被保護者）における振舞いの延長線上に位置していることを自覚せねばならぬのだ。菓子は食べればなくなるものだ。大人としての立場の変化は、甘えることを許すまい。けれどもそうした厳しさが、大人としては不可欠なのだ。その厳しさを嫌がって頼り続ける人間は、みっともないこと甚だしいと相場が決まっているのである。

みっともない自分は、酒で濁った脳でもって、こうしたことを考えながら下宿に帰った。下宿に着いた時分には、既に日付が変わりかけており、ノルマが果たせそうにない。果たせそうにないから、自分はノルマを怠けてしまった。ただし、言い訳だけは考える。酔っている時の判断は、たいていろくなことがない、そうした際にノルマをこなしても何も残りはしないから、今日のところは止めにしよう、と酔った人間が判断したわけである。

怠惰を決め込み、コタツと親しくしておるうちに、だんだん正気が戻ってきた。さすがに今日の振舞いが反省されてくるものだから、いきなり『本質と目的』をひっつかみ読み進めることになる。日が昇る頃に読了。さて、本日はここまでとする。

ジェイムソン『弁証法的批判の冒険』

三日　日曜

晴天。昼過ぎに起床。昨日に両親から渡された、田作、きんとん、豆、干し柿を喰う。三が日らしい喰い物を、三日目にして、ようやく喰うことになる。ぎりぎりで文明生活に間に合ったわけである。まったく危ういところであったとブツブツ言いながら顎を動かしておるうちに、電話のベルが鳴り出した。来訪の意を伝えるための、友人からの電話であった。夕方に会うことを約して、電話を切る。昨日に続いて今日も亦、人と会話をするわけだ。こうした日々を過ごすのは、自分にとって珍しい。もちろん会話をする機会を、意図的に避けているわけではない。会話は大いに好んでいる。ただし、わざわざ機会を求めて忙しくやってゆくことが、それほど好きではないだけだ。会話は好むが、多忙はよろしく避けている。そうした者の振舞いは、会話と多忙が切り離せない現在の社会において、会話の機会をなくすのだ。

会話の主な醍醐味は、会話されている対象が多角的に現れる過程に存しているだろう。少なくとも自分にとっての醍醐味は、そうした過程に存している。しかし、会話の主な役割は、情報の伝達に他ならない。忙しい日々を過ごしていれば情報に偏りが出てしまう。そこで多忙な者同士、情報交換することが現在の社会の会話である。ゆえに多忙な人々の会話を密かに聞き入ると、互いに応じることばとことばが似ていることに気付くのだ。へぇそうなんですか、そうなんですよ。知っていましたか、いえ始めてです。こうしたことばで交わされる会話の主題は何でもよい。何故なら会話の目的は、情報交換なのだから。それ故、会話の醍醐味なんど求めていても相手にされぬ。会話の対象を一つに絞り、何故にですか、如何にですか、つまりどういうことですか、と問いのかけ合いをしていたら、交換どころでなくなるからだ。多忙な者には、そういった悠長な会話を交わすのに必要な暇がないのである。だから多忙な者にとっては、暇な人間の相手をするのは剣呑となってしまうのだ。こうして暇な人間からは会話の機会が失われ、多忙な者の会話ばかりが世に満ちることになる。

自分はつねに暇な人間であろうとし、多忙を嫌い避けている。こうした者の生活は、会話の機会があまりない。多忙な者から相手にされず、かといって、暇な者ならどうであるかと打診をしても、同じく相手にされぬのだ。世の暇な者の大抵は、己れが暇であることに耐えることができないようだ。せっかく暇があるというのに、多忙なふりをする者の何という多さであることか。暇な人間でありながら、会話に醍醐味を求めることなく、ただひたすらに情報の交換ばかりに励んでいる。そこで自分が会話を求め、暇な人間同士の会話を試みようとしてみても、やはり多忙な者みたように相手にしてくれないのである。

自分は会話を好んでいるが、右の次第で機会がない。そこでたまたま会話があれば、珍しいためくたびれる。このような生活を送っている自分にとって、ここしばらくの会話の多さは愉快であるがくたびれた。日頃やりつけないものだから、上手く喋れず腹が立つ。会話そのものは愉快であるのに、自分の話に腹が立つ。これはくたびれることなのだ。昨日以来の会話によって、自分は実にくたびれた。しかし、少し話が先に進みすぎているから、電話を切った辺りに戻す。

電話を切ってしばらく後、食事を終えて本を取る。ジェイムソンの『弁証法的批判の冒険』（荒川幾男・今村仁司・飯田年穂訳　晶文社一九八〇年）が、その本である。弁証法的批判の形式を論じているということだから、前々からエラく興味があった。とはいえ、ここしばらくの問題は方法論まで取りかかる余裕を与えるものではなくて、そのためなかなか手を着けかねた。そうした本を読み出すためには、読み出す口実がいるものだ。とはいえ今日は口実がある。三が日だからいいのである。何がいいのかよく分からないが、三が日にふだんのことをわざわざするのもおかしいものだ。そこで、ふだんは我慢をしている方法論に手を着けて、今後の役に立てようと深謀遠慮をするわけだ。コリングウッドとジェイムソン、彼らの語る方法論は、自分の問題に無関係ではないのである。そもそも自分の問題は、歴史的な批判を求めて出てきたものであるからだ。こう言い訳しながら『冒険』を開き、読み出すことは読み出した。読み出したのはよいのだけれど、しょっぱなからアドルノ論で、まことにもって難解である。難解なものは力が付くから、ふだんの自分は意地になり、無理やり読むのだが大抵だ。なのに今日に限って自分の脳は、集中できずに困ってしまう。困ったばかりか珍しく、昼間に舟をこぎだした。どうもくたびれていたらしい。夕方に目が覚めはしたが、脳に紗のかかった心持ちがして、何だか調子が今一つである。こうした感覚は、体力が落ちている際の感覚である。昨日は会話しかしておらぬのだが、その会話がこたえたらしい。しかし、これから友人と会話を楽しむつもりであるのに、具合が悪いと言ってはいられない。そこで顔をゆっくりあたり、キチンと身だしなみをする。キチンとした身だしなみは、精神を引き締めるものであるからだ。案の定、脳がハッキリしてきたところ、友人の来訪である。

土産にハンバァガァを六つばかりも渡される。六つも喰うには根性がいる。根性のない自分は、友人と半分ずつ喰うことにした。喰いながら、あれこれ会話して愉快にやっておるうちに、何時の間にやら深夜であった。いとまを告げる友人を少し送って下宿へ戻ると、日付は既に変わっている。いきなり、疲労感が戻ってきた。戻ってきたというよりも、倍になって襲ってきたような感がある。とてもノルマどころではなくて、今日も怠けることにした。何と二日連続でノルマを怠けているわけだ。さすがにこれではマズいから、体力回復に努めようと、豆、干し柿を喰う。先ほど友人の土産を詰め込んだばかりであるから、かなりつらくはあったけれども、いいかげん力をつけねばマズいのだ。腹もできたので、はやくも床に就くことにした。というわけで、本日はこれまで。

四日　月曜

晴天。とんでもない時刻に起床。目覚めてすぐと時計を覗き、真っ青になって飛び起きた。三が日が終わったばかりで、さっそくオブロゥモフである。二日連続ノルマを怠け、ふだんからは想像も付かぬほど喰ったり飲んだりした挙げ句、今朝方早くに就寝したのだ。それでもオブロゥモフであるか、と我ながら腹が立ってきた。

ここしばらくの生活は、三が日をいいことにして怠けに怠け続けておった。しかし怠けることにも体力がいる。怠け続けた二日間で、何故か無闇にくたびれた。怠けることでくたびれるなら、何をか為さんとする際に一体どうなってしまうだろう。

自分は、やりたいことがある。できることとはかけ離れてはいるけれど、それでもやりたいことがある。だが、怠けておってくたびれるような態たらくでは、やりたいことをやれはしまい。できることとやりたいこととの間を埋めることなんど、いつまでたってもできはしまい。これでは駄目なのだ。オブロゥモフでは駄目なのだ。やりたいことを寝床で夢想し、実現のための努力をしないオブロゥモフでは駄目なのだ。

オブロゥモフは、やりたいことを結果としてしか考えぬ。やりたいことを成就した、その瞬間をウットリ夢想するのが、オブロゥモフの習慣であった。やりたいことを結果としてのみ捉えているため、オブロゥモフは努めない。よしんば努めてみたところで、結果が獲得できるとは限ったものでもないからである。まして結果に到るまで、どれほど努めねばならぬのか分かりはしないからである。だったら、寝床に転がって結果を夢想した方が楽しい上に辛くない、とオブロゥモフは考える。これは間抜けな考えだ。やりたいこととは、結果だけではないのである。

「やりたいこと」とは、他ならぬ己れのやりたいことである。オブロゥモフはさまざまな結果を夢想はするが、その結果は誰の結果でもない。少なくともオブロゥモフはの結果ではない。誰が見出した結果なのか分からぬ結果であるのだから、それはやりたいこととは決して呼べぬ。何故なら、やりたいことのうち過程が含まれないならば、やりたいことへの欲求が試されぬままとなるからだ。プディングの味は、食べてみなければ分からない。食べもしないうちから、うまいと決めてかかるのは、明らかに間抜けな考えだ。もしも他の者がうまいと教えてくれたとしても、その者と己れの嗜好が一致しているとは限るまい。一致しているか否かについて確かめることをおこたって、うまいプディングだと鵜呑みにするのは、これ亦間抜けな考えだろう。過程とは、自ら食べてみることだ。そこで己れの欲求が、確認できるものとなる。己れが何をうまいとするか、己れが何故喰わんとするか、確かめることができるのだ。

もちろん誰にせよ「やりたいこと」を先ず結果から考える。「やりたいこと」とは、現在できることではないからである。現在できることならば、「やりたいこと」とは言えないだろう。現在できるあれこれを散漫にしでかすことで「やりたいこと」に到るなんど、考えるだけでも愚かである。とにかく食べていさえすれば、うまいプディングに当たるだろうといった、いわゆる経験主義者に賛同するわけにはゆかぬのだ。彼らは言う、やりたいことを云々するより、できることをやりたまえ、と。そしてまた言う、あれこれやってみることが、本当の「やりたいこと」なのだ、と。だが、ここにないから求めるのであって、あるもののなかで自足していれば求めることはあり得ない。まだその点ではオブロゥモフの方が、いわゆる経験主義者より「やりたいこと」を理解してくれると言えるだろう。しかし、先にも述べたようにオブロゥモフの「やりたいこと」も、間抜けな考えでしかない。

いわゆる経験主義者にとって「やりたいこと」は、自己の経験を増やすことに他ならぬ。オブロゥモフにとって「やりたいこと」は、誰のものとも知れぬ結果を夢想することに他ならぬ。前者は、自足した忙しい人間を生むだけだ。後者は、自らを越え出ようとはしながらも、そのまま何ものでもない人間を生むだけだ。ある意味で、両者ともに安易な考えに泥んでいる。何故なら、自足をすることや何ものでもないことは、過程を必要としないからである。

過程とは、変化の謂いである。そして先にも述べたように、「やりたいこと」は結果を考えることからも始まるのだが、この結果に向かって己れが変化すること、つまり結果へ向かう過程を経ることが「やりたいこと」には不可欠なのだ。「やりたいこと」には、やる主体が前提されている。そこでいわゆる経験主義者は主体を強調しはするが、変化を避けて自足する。「やりたいこと」にともなった変化につういてはオブロゥモフも考える。しかし、オブロゥモフには主体がない。ひっきょう両者とも、過程を避けているのである。始まったところと目指すべきところのそれぞれで、足踏みしているだけなのだ。

やりたいことをやるためには、両者の陥ったワナによろしく注意を払わねばならぬ。自分は過程を重んじねばならぬ。それ故、自分は変化をすることが要請されているだろう。やりたいことをやるために、すぐくたびれる身体と、すぐ怠けたがる性向とを変えてゆかねばならぬのだ。

目覚めてからしばらく、こうしたことを考えた。もっとも後知恵もだいぶん入っているから正確なものではない。目覚めたばかりの考えは、もう少し凶暴な考えであったような覚えがあるが、自らに対し凶暴な考えを抱くのは長続きがしないのである。長続きがしないから、いつの間にかウサギのように大人しい本来の自分に戻り、食事の支度にかかった。乾パン、チィズ、蜂蜜を喰う。腹を作り、『冒険』を続きから読む。夕方になってから、買い置きが切れていることを思い出し、とるもとりあえず本を閉じて表に出た。

諸般に入り用の品々を購入し、下宿へ帰る。下宿に着くや、さっそくノルマにとりかかり、何とか一通りこなし終える。一息ついて、乾肉、乾パン、チィズ、果物を喰う。喰いながらふたたび『冒険』を開き、難解な内容にかじり付いておるうちにエラい時刻となってしまった。例によって例の如くという奴だ。しかし、怠惰であるよりマシである。ほんじつは、こういったところだ。

五日　火曜

晴天。昼過ぎに起床。乾パン、チィズ、果物を喰う。腹もできたので、ふたたび『冒険』にとりかかる。

ジェイムソンの『冒険』は、どうにも早く読めないものだ。一つには難解な文体（訳者も苦労しただろう）にもよるのだけれど、今一つの理由として、批評の批評であることが、難解さを増している原因であると自分は思う。どこからどこまでがジェイムソンの批評であり、どこからどこまでがジェイムソンによって批評される諸批評家の批評であるのか判然としないのだ。もちろん、判然としないのは自分に学がないためである。ジェイムソンが取り上げている諸批評家の批評について、自分はあんまり詳しくない。詳しくないため、批評とその批評の批評とが区別できないことになる。もっとも、翻訳とはいえ、それなりに自分も読んできてはいる。それでも区別がつきにくいのだから、ジェイムソンの目論見の一つは果たして成就できたのだろうか。ジェイムソンの目論見というのは、こうしたものである。

「以下の諸章が、このようなマルクス主義とその主要な理論家の幾人かへの一般的手引きとして役立ちうれば、私の喜びはこれに過ぎるものはない」（『冒険』一〇頁）

どうも「一般的手引き」としては、『冒険』ほど難解に過ぎるものはない。ジェイムソンの目論見に大いに共感する自分としては、いささか心配になってくる。

とはいえ、「一般的手引き」として思想を粥状にしたものが売買されている世の中だ。こうした世において、「一般的手引き」らしからぬ「一般的手引き」を著したジェイムソンは、批評とはいったい何かを思い出させてくれる。

最良の読み手として振舞うことが、批評の真骨頂である。そこで最良の読み手たるもの、書き手の主張を粥状にして配るのは、我慢できぬことだろう。粥状にして配る者と違って、先ず彼は問う。何故に己れはこの書を読んだのか。何故にこの書が興味深いのか。こうした問いから最良の読み手は、ある書物を読むことの意義について考えざるを得なくなる。その意義が、重大なものと考えらえたときに初めて、彼は批評を公にしようとするだろう。のんべんだらりと批評し続けることなんど、最良の読み手がすることではないのだ。読み手とは、読むことに意義を求める者である。読むことから、何かしら得ようとする者である。そこで、のんべんだらりと批評し続けることは、読み手と書き手との区別をなくすことに他ならぬ。こうした区別の撤廃は、読むことの意義が求められる代わりに、読んだものから書くことを如何に引き出すかが求められる羽目になる。区別の撤廃によって、読むことが一つの技術となってしまうのだ。

もちろんここでいう技術とは、現在の社会の技術である。現在の社会における技術は、生産力（および生産にともなう消費量）の向上のために存するものだ。同じように読む技術は、批評生産力（および批評生産にともなう批評消費量）の向上に欠かせぬものとして存するのである。この技術による生産力向上という点での社会と批評との共通性は、生産力向上による結果をも両者に共通させる。その結果とは、作ったら作りっぱなし、書いたら書きっぱなしという結果である。どうして作るのか、どうして書くのかを考えぬことから来る結果は、どうして消費するのか、どうして読むのかを考えさせぬほどの生産物を生み出すだろう。書き手も読み手も、意義を考えることなく、只管書き続け、読み続けている。それ故、読み手がわざわざ難解な所にかじりつく意義はなくなり、分かり易いものを大量に読むことがその役割となる。そして、書き手は、生産したものを消費してもらうために、分かりやすいものを大量に生産することがその役割となる。現在の社会に多く見られる批評が、批評対象を粥状にしたものをのんべんだらりと書き続ける理由は、こうした事態に由来するのだ。

ジェイムソンは、意義を考える。難解な書物が難解なのは何故なのか、考える。そうして考えた意義を粥状にすることは、これを採らない。粥状にすること、つまり分かりやすくすることは、難解な書物が難解である所以を忘れることであるからだ。例えばアドルノについて書かれたジェイムソンの批評は、難解である。しかし、この難解さはアドルノの難解さに呼応して起こったものなのである。

「そこで、アドルノの著作が、管理された世界についてのはっきりした言明をどこにも与えていないとすれば、また、分析に付されたすべての現象の暗暗の説明となり本質的な参照枠になるような「制度化された社会」の構造についての理論を、はっきりした社会学的用語でどこにも表現していないとすれば、このことは、そういう素材がイデオロギー的素材の研究よりもむしろ下部構造の研究に属するものであり、それはすでに古典的マルクス主義経済学に暗に含まれているという事実によるというだけではなく、まずなによりも、そういう明確な言明、純然たる内容の提示は、文体論的に誤りであり、こういう文体論的誤り自体、思考過程そのものの、ある本質的な誤りのしるしであり、反映であるという感覚によって説明されるべきことである。というのも、純粋に社会学的な叙述においては、思考主体は自らの光を失い、社会的現象を、客観的に、事実として、物自体として見えてくるようにさせると思われるからである。しかし、それにもかかわらず、観察者は、監察される事物に関連した位置をもつことをやめはしないし、彼の思考は、その事物を意識しなくなったときですら意識行動をやめはしない。だから、社会学の著者においてであろうと哲学の著作においてであろうと、内容そのものの明確な提示、叙述は、弁証法的思考が本来克服すべき実証主義的、経験的幻想に陥らざるをえないのである」（『冒険』四八頁）

アドルノが難解であるのは、分かりやすい言明が対象を客観視していること、つまり技術的な操作可能の事物に変形していることを認識しているためなのだ。この変形そのものを見つめることがアドルノの求めたものであり、そう間違えてはいないだろう。そしてこのように読むことで、ジェイムソンが如何に最良の読み手たらんとして、難解なアドルノの難解さに踏み込んでいるかわかるのだ。分かりにくいけれども、分かるのだ。ジェイムソンはなかなかエラい男である。

ただしエラいとは言っても、自分は全面的にジェイムソンの態度を肯定しているわけではない。何故なら現在の社会において、かくも難解な批評の批評を読もうとする者は、専門家ぐらいしかおらぬからである。市井の人間が手にとって、読んでみようと考えることはまずあり得ない。そこで、『史的唯物論と唯物弁証法』のおそるべき分かり易さに、つけ込まれる隙を与えることになる。かつ亦、『史的唯物論と唯物弁証法』の分かり易さによって、弁証法的思考が容易に論駁されるものとなる。市井の人間が一応理解できるもの、しかも粥状ではなく歯ごたえがあるもの、こうした批評が必要なのだ。さもなければ弁証法による社会批判は、市井の人間にとって無縁のものとなり、社会批判の専門家がすることと見なされてしまう。これでは、専門家優位の社会を批判することが、市井の人間にできなくなってしまう。批判のよりどころとするもの、つまり弁証法を専門家の手にゆだねるような『冒険』は、その点で批判の余地がある。もちろん、市井の人間が一応分かり、しかも歯ごたえのあるものとして弁証法を論ずることは難しいだろう。しかし、難解な側面を持つ弁証法批判を読み解く必要があるように、この難しさの解決もまた、試みることが必要なのだ。どうすればよいのか見当も付かないけれども、少なくとも自分は試みたく思っている。

こうしたことを考えながら、所用の時間まで『冒険』を読み続けた。夕方になり、所用を済ますため身支度をして表に出る。

さっさと済ませて下宿に帰った。さっそくノルマにとりかかり、一応こなし終える。かなりくたびれた。そこで鋭気を養おうと、風呂屋でサッパリすることに決め、ふたたび下宿を出る。サッパリして帰った頃には、すでに日が変わりかけていた。とるもとりあえず、購入した出来合いの惣菜、乾パン、チィズ、果物を喰う。喰いながら『冒険』を続きから読み出し。何だかんだいっても、やはり『冒険』は自分には難解である。頭を抱えておるうちに、たいへんな時刻となってしまった。というわけで、本日はこれまで。

六日　水曜

晴天、ときおり曇る。昼に起床。乾パン、チィズ、果物を喰う。腹ができたので、さっそく『冒険』にとりかかった。

とにかく難解だ。シラァからブルトン、ブルトンからマルクゥゼに到る一連の流れ、「自由」と「欲望」に関する一連の流れをのろのろ追っているだけで精いっぱいであり、ジェイムソンの意図なんど考える余裕は丸でない。しかし、今考えてみると、ものすごい関連づけをジェイムソンがおこなっていることがよく分かる。自然状態とそこからの分離を仲介するための「自由」、自然状態とそこからの分離を拒否する「欲望」、これ等を歴史的に考察することによって、ドイツ＝ロマン派の先駆者とシュウルリアリズムの主導者、そしてフランクフルト学派のなかでも一番声のでかい男を、それぞれ関連づけているのである。何だかとても関連づけられぬような人物同士を、「自由」や「欲望」の考察で関連づけられるものなのか。「自由」や「欲望」ということばの抽象性をよいことにして、恣意的に関連づけてはいるのではないか。こうした問いに対し、ジェイムソンは見事に答えている。しかも、その答えがジェイムソンの問題意識によって、言いかえれば、何のために批評するのか突き詰めようとする意図によって、答えられている。そのために、歴史的考察の歴史性をジェイムソンがよく理解していることが分かるのだ。

先の関連づけは、「自由」や「欲望」が解釈されるとはどういったことかを考えることで為されている。つまり、ことばの意味を解釈することとは何かを考えることで、シラァからブルトン、そしてマルクゥゼが関連づけられるのだ。この解釈することとは何であるかについて、ジェイムソンのことばを引こう。

「すでにみたように、シラーのモデルは、一つの解釈学的装置であり、それは、批評家が芸術作品の具体的経験をより広い自由の問題に固定することを可能にするものであった……まず最初に、人格と快楽原則の統合の心理的レベルにおいて、ついで、それを越えて、政治的レベルにおいて……それは、これらのレベルを相互に関連させたり、あるものを他の物で説明したりという問題というよりも、芸術作品について内部からなされた内在的でまったく文学的な言明が、心理的あるいは政治的なものの明確なコードに、これらのシステムの整合的で自己完結的な構造を損なうことなく翻訳されるような、そういう一連の変換方程式を与えるという問題である」（『冒険』　七三頁）

ジェイムソンにとっての解釈とは、心理的なコォドと政治的なコォドのそれぞれを、互いの構造を損なうことなく翻訳することである。こうした翻訳、つまり解釈の系譜を、先の関連づけとしてジェイムソンは提示する。関連づけられた人物たちは、心理と政治とのあいだを「自由」と「欲望」のことばで往復し、心理と政治を結びつけようと試みた者であったわけだ。彼らは、心理と政治とが分離していることに気付き、それを結びつけようと考えた。ただし、その結びつけよとする試みは、分離に気付くこと、そして分離をよくないものと見なすことが必要である。シラァとブルトン、そしてマルクゥゼは分離に気付き、それをよくないものと見なしていた。だがそこで、何故によくないのか、そして如何にして結びつけようとするのか、という問いが出てくるだろう。この二つの問いそれぞれに、彼らは「欲望」と「自由」のことばをもって答えている。ここで、ジェイムソンは「(ジェイムソンの言う)解釈」が彼らによって為されていると考えた。この「解釈」が同じ問題意識によっている点、つまり分離をよくないものと見なし、分離をふたたび結びつけるために「解釈」が為されている点で、ジェイムソンは彼らを関連づけることになる。成程、筋が通っている以上、興味深い考えだ。

もっとも、これだけでも興味深い論であるのだが、ジェイムソンが関連づけを提示した意図を知ることで、きょうみはいや増しに増すことになる。ジェイムソンの意図とは、何と脱工業化社会を捉えることにあったのだ。

「今後、いわゆる脱工業化資本主義においては、われわれに与えられた生産物は、まったく奥行き(深さ)をもたない。その生産物の可塑的内容は、われわれがそれで自己表現しようとしても、心的エネルギーの伝導体としてはまったく役立たない。そういうオブジェへのリビドーの投資は、はじめから不可能にされており、われわれは、次のように自問することになろう。つまり、われわれの物世界は、本当に今後、「人間の感受性をかき立てるようなシンボル」を生み出しえないのかどうか、われわれは、いまや、誰の目にも明らかなほどの文化的変貌、決定的な歴史的断絶に直面しているのかどうか、と」(『冒険』八〇頁)

ジェイムソンにとっての先の関連づけは、ジェイムソンの問題意識から捉えた歴史なのだ。脱工業化社会における文化が、心理と政治との激しい分離のうちでかつての姿を失ってゆくことに対して、ジェイムソンは問題意識を持つ。この問題意識は、先の関連づけを歴史のうちに見出すことによって、さらに先鋭化されるだろう。こうした歴史の捉え方は、問題と答えとの弁証法的論理を歴史においても適用できた希有の例である（弁証法はジェイムソンが指摘するように、解釈学と親近性を持つ。だが、この親近性は共時的なものに限ってのことである。しばしば弁証法を自称する解釈学による歴史の把握は、歴史の系列化、つまり意味のある歴史の進行を取りこぼしてしまう。何故なら、否定的なもののうちに肯定的なものを解釈してしまうことで、歴史が自然成長的な神秘的存在となってしまうからである。ソビエトはプロレタリアァト独裁を経験したのだから既に全人民国家となっていると語った者は、こうした自然成長的な歴史しか語っていないのだ。歴史には意味がある。しかしその意味は、つねに歴史を見る者の問いかけと答えによって把握されるものなのだ）。いわゆるロシア＝マルクス主義における歴史、定まった答えしかない歴史と異なったジェイムソンの歴史的考察は、真の歴史への接近と言える。どうしてそう言えるのか、それはコリングウッドに聞けば分かる。

「さしあたり次のような一般的命題を述べたというだけで充分であろう。すなわち、歴史的思惟はすべて現在を歴史的に解釈することである。その中心問題は「現に存在しているこの世界はいかにして現在のような姿になったのか」であり、それ故歴史家が過去に関わるのは過去が現在と連なっている限りのことである、と。現在に連なることによって、過去はその痕跡を現在に残してきた。そしてそうすることで、過去は自らに関係のある証拠、すなわち調査研究の出発点を歴史家に提供してきた。歴史家はまずはじめに問題を考え、しかるのちにその問題に関係のある証拠を探すのではない。問題に関係のある証拠を手に入れてはじめて、問題が真の問題となるのである」(『歴史哲学の本質と目的』二二四頁)

難解とはいえ、ジェイムソンもなかなかやるものだ。何だか悔しくなってきた。歴史をキチンとしたかたちで、しかも難解にならないように述べることを目論んでいる自分としては、悔しがっているだけでは駄目なのだが、それにしても悔しいものだ。こう悔しがっているうちに、所用の時刻が迫ってきたので本を閉じ、あたふたと身支度をして表に出た。

用事を済ませ、帰路に新刊書店を冷やかしに入る。持つべきものを持っておらぬから、新刊書店に入っても剣呑ではないのである。あれこれ冷やかしておるうちに、歴史社会学なる分野を紹介した本を目にすることになった。著名は失念してしまったけれども、編者は筒井清忠氏であった。軽く目を通すうちに、次第に興奮してゆくのが分かる。自分のやりたいことの一部が、すでにやられているではないか。何だか悔しくなってきたから、さっさと下宿に帰ることにした。

下宿にはノルマが待っていた。待っているノルマを怠けることは、これまた悔しいことだから、何とか一通りこなし終える。一息ついてから、冷肉、ピクルス、黒パンを喰い、ついでに『冒険』を開く。腹がふくれて、しかもくたびれた状態で、難解な書物を読むことはなかなか難しい。ボンヤリして読書に身が入らない。時刻もいいかげん遅いことであるから、もう寝ようと本を閉じた。というわけで、本日はこれまで。

七日　木曜

晴天、ときおり曇る。昼過ぎに起床。乾パン、チィズ、傷んだ果物を喰う。喰いながら、ふと今日は七草がゆを喰うべき日であることに気が付いた。自分は文明人であるから、決まりは守りたい。しかし、自分は金がない。七草がゆを作るには、先立つものが必要だ。ここいら界隈で、野に生えた七草を手に入れることは不可能に近いのだ。それ故、文明的な生活をしたくは思うけれども、先立つものがない以上、野蛮な生活を送るよりほか仕方がない。実に残念である。もっとも、たかが七草を購入する程度の金は、少しばかりの金策ですぐと手に入るはずである。その程度の持ち合わせすらないことは、文明を維持する努力を怠けていたとも言えよう。野蛮は自業自得の結果というところか。

こう自問自答しているうちに、何だか腹が立ってきた。というのも、金策はなるたけ御免被りたいが、文明のための努力を惜しむつもりは自分にないからである。成程、自分は野蛮な生活を送っている。成程、野蛮はある意味で自業自得である。しかし、現在の野蛮な文明に組みすることなく文明生活を送ることが難しいのだから、自業自得とばかりは言えないだろう。文明人らしくあろうとして野蛮に陥ってしまった理由の一半は、文明もまた野蛮になっているからなのだ。

現在の文明は野蛮である。そのことは、現在の文明が持っている決まりが一つしかないことからも明らかだろう。決まりとは、稼いで使えというものである。現在の文明において七草がゆを喰うことは、別に決まっておらぬのだ。そのかわり、七草を売買する契機として、文明の決まりが換骨奪胎されているだけである。七草を喰う理由を、巷の広告に見るとよい。広告は言うだろう、年末年始の暴飲暴食によって傷んだ胃を休めるためだ云々と。馬鹿馬鹿しい限りである。それならば、年末年始に暴飲暴食する理由は何なのか。そもそも年末年始とはいったい何なのか。

文明は決まりを持つ。その決まりが、年末年始という区切りを定めたのであり、またそれぞれの時節における振舞いを定めるのである。こうした決まりは、直接的な合理性を持たない。直接的な合理性は、諸個人の利益への最短距離を示すものに過ぎないからだ。文明の決まりとは集団的な合理性であり、ひっきょう集団が持続するための合理性である（このように合理性を分けたのは恣意的と見なす者がいるかも知れないが、その者はアロウの法則の意味を理解していないのだ。ところでアロウの法則と言うぐらいだから、もちろん自分にとっての文明は、諸個人の存在を前提としたものである。ただし、こうした前提で文明を維持することは難しい。難しいどころか、存在すらしておらぬ疑いがある。そこで、諸個人の存在を前提としながらも集団としての意味を確認できるもの、文明の連続性を確認できるものを自分は文明の決まりと呼んでいる）。そうした集団的合理性を、諸個人の利益への最短距離とすり替えることは馬鹿馬鹿しい。集団的合理性と諸個人の利益は、もちろん対立することがある。だが、対立は対決であり、すり替えることではない。文明の決まりと対決することは、よりよい決まりを求めることに他ならぬ。文明人は、文明の決まりと対決することによって、よりよい文明を求めるものなのだ。それに反して、すり替えは文明を空洞化する。文明の決まりを守るべきか否か判断する代わりに、決まりを売買の契機にすり替えることは、何故決まりがあるのか考える機会をなくしてしまう。したがって、よりよい売買の契機があるならば、決まりはいつの間にか廃棄されるばかりとなるだろう。誰が廃棄すべしと判断したわけでもなく、どうしてあったのかを考えることもなく、いつの間にか廃棄されるのだ。現在の社会における風潮、感傷的な追想がウンザリするほど語られる風潮は、こうした決まりの空洞化にその由来を求められる。

文明の決まりが売買の契機に取って代わられていることは、過去からの連続性を売買の契機に見出すことを意味している。そして売買の契機は、市場と技術革新によって決定される以上、常に流動的である。それ故、過去からの連続性を売買の契機に見出している者は、失われた連続性を感傷的に追想するばかりとなってしまうのだ。そして、市場と技術革新の影響が加速度的に増している現在の社会では、感傷的な追想は年少の者にまで及ぶ。

幼い者から歳ふりた者まで、口を揃えて感傷的な追想を語る光景は、すでにありふれたものとして見ることができる。

彼らは言う、昔はこれこれのものがあった（売買されていた）のに、小さい頃にはこれこれのものがあった（売買されていた）のに、云々と。こうして感傷的に追想することが意味しているのは、決して批判ではない。何故なら、売買の契機の廃止について、その是非を判断しているわけではないからである。

誰が廃棄すべしと判断したわけでもなく、どうしてあったのかを考えることもなく、いつの間にか廃棄されてしまう（すり替えられた）文明の決まり同様、売買の契機はいつの間にか廃棄される。市場と技術革新に基づいている売買の契機は、その存否を諸個人の購買意欲の総和にゆだねざるを得ない。諸個人の購買意欲の総和は、集団的な合理性でもなければ、諸個人の合理性でもない。それは、判断主体のない、つまり合理的予測のできないものである。したがって、売買の契機の廃止について批判することはできなくなる。批判対象が分からないのだ。もちろん、批判対象を諸個人の購買意欲の総和に求める代わりに、こうした総和を前提とする仕組みについて批判することは十分可能である。市場と技術革新を中心とした、売買の契機を中心とした仕組みを批判することは十分可能である。

しかし、感傷的な追想は、仕組みにまで思いをいたすことがない。何故なら、失われた売買の契機を懐かしむ振舞いは、売買の契機そのものの肯定を意味しているからである。

菓子は食べればなくなるものだ、なくなったことは残念であるが、だからといって菓子そのものを否定する気はない、というわけである。つまりは、何故に懐かしく思うのか、何故に連続性を確認したく思うのかを問うことがないのだ。よりよい決まり、よりよい文明を求めるための主体的判断が、感傷的な追想には欠如しているのだ。こうして呆然と諸個人が座視しているあいだに、文明の決まりは売買の契機とすり替えられ、いつの間にか廃棄される。すり替えの必要のない売買の契機であるならば、廃棄はより急である。そして、老いも若きも口を揃えて感傷的な追想を語り出す。

すり替えによる文明の空洞化は、個人と集団との対決をなくしてしまう。対決がなくなれば、よりよい決まり、よりよい文明を求めることもなくなる。求めることがなくなってしまえば、感傷的な追想に励むのが関の山となるだろう。急激に移り変わる売買の契機に翻弄され、稼いで使うのが関の山となるだろう。

こうした現在の文明は野蛮である。自分はこれと対決したい。だが、野蛮と対決しようとして野蛮に陥ってしまった今日のようなありさまが、いただけないのも確かである。そこで自分は、少しでも文明人らしく振舞ってやろうと、掃除をすることに決めた。腹を作ってしばらくしてから、やけに丁寧にホコリを拭い、掃除機をかける。かなり時間が取られてしまったけれども、下宿が文明的な状態となったからよしとしよう。しかし、我ながら大袈裟にものを考えていやしないかと思いもする。単に、七草がゆを喰い損ねた腹いせに下宿の掃除に取りかかっただけかも知れぬ。だが、その手の自己批判は切りがないから、関わっていても仕方がない。仕方がないから、急いでもない所用のために表に出た。

さっさと下宿に帰り、ノルマにとりかかる。一通りこなして一息ついてから、冷肉、ピクルス、黒パンを喰う。腹もできたので、『冒険』を続きから読み出した。例によって難解で、たいして読み進めもしないうちにエラい時刻と相成った。ほんじつは、こういったところだ。

八日　金曜

曇天、たまに雲の切れ間より陽光が覗く。とんでもない時刻に起床。昨日は、もとい今朝は、だいぶん早くに床に就いたにもかかわらず、エラい時刻に目が覚める。これほど寝ておった理由が、我が事ながらまったく分からない。まさか具合でも悪くしたかと、ためしに飛び起き様子を見る。具合が悪ければ、立ち上がる際に目のくらむことが大抵であるからだ。どうしたわけか、身体の具合はたいそうよい。目がくらむことはなく、しかも起き抜けだというのに、脳に紗のかかかった心持ちがしないのだ。とんでもない時刻に起床したのであるけれど、何だか嬉しくなってきた。禍福はあざなえる縄の如し、といったところか。

もっとも、とんでもない時刻に起床することは、矢張り恥ずかしいことであり、嬉しく思うのは筋違いである。後知恵ではあるけれども、嬉しく思ったそのことも、いささか恥ずべきことだと思う。身体の具合がよいことは、確かに嬉しいことである。しかし、意図的に具合をよくするかわりに、身体任せにしていることは、怠惰も怠惰であるだろう。脳は、身体に命令することがその役割であるはずだ。そして自分は脳である。身体は自分の道具である。道具を放っておきながら、道具が錆びておらぬと喜ぶ者は間抜けである。どうしたわけか具合がよい、と喜ぶ自分は間抜けである。僥倖を喜ぶ者は、間抜けで怠惰な証拠である。僥倖に対して怒りを覚えるくらいに努めることが必要なのだ。よい結果が、僥倖のためか、それとも己れが努めたためか判然としない点に怒るくらい努めなくてはならぬのだ。何故ならば、よい結果は繰り返したくなるからである。僥倖は繰り返せないが、繰り返し努めることは当然できる。よい結果が僥倖のためか、それとも己れが努めたためか判然としなければ、繰り返しよい結果を得る目算が立てられぬ。これは腹の立つことだ。

よい結果も、一回限りと分かっていることであるならば、他力本願でかまいはしない。しかし、繰り返し得られるものならば、自力作善に如くはなかろう。それ故、繰り返し得られるものを僥倖に頼っているならば、よい結果から離れてゆくばかりである。そうなれば、ますます僥倖に対する期待が高まるばかりである。悪循環にはまってしまい、怠惰に泥むばかりである。

当たり前のことではあるが、自分はよい結果を求める者だ。そこで僥倖を喜んでいるようでは、くり返しよい結果を得ることが難しくなってしまうだろう。怠惰に泥んでしまうだろう。よい結果を求めるために、自分は努めねばならぬ。僥倖を喜ぶよりも、腹を立てねばならぬ。今日の問題であるならば、何だか具合がいいではないか畜生め、と腹を立てることが必要なのだ。何だか変な理屈であるが、自分はそのように考える。

後知恵の理屈はともかくとして、話を戻す。具合がよいことを喜びながら、乾パン、チィズ、傷んだ果物を喰う。具合がよいためか、かなりの量を喰った。何だか男らしいと、これまた喜ぶことになる。腹ができたので、さっそく『冒険』を続きから読み出した。

荒川訳の箇所から、今村訳の箇所にさしかかり、俄然読みやすくなったことに気が付いた。荒川訳の一例を挙げれば、こうである。

「その時代は、シラーの自然のように、そこではまだ、後の時代のよりソフィスティケイトされた意識の練り上げられた特殊化が生じていない時代であり、また、主観とその対象との分離に先行する時代、記憶が（個人の心におけるあの前史的パラダイスの莫とした無意識的記憶さえもが）その深い治療的、認識論的、さらに政治的役割をも果しえている時代である」（『冒険』八四頁）

とにかく読点が多い。おそらく原文がなかなかピリオドを打たない文体で書かれていたためであろうから、仕方がないのかもしれない。しかし、修飾句ごとの読点ばかりか、単語の列記にも読点が使用されており、その上挿入句の前後にまで読点が使われているために、読み手はしばしば混乱する。挿入句も荒川訳では非常に多く、息の長い文章を読む際にはつらいものがある。

さて、今村訳はどうであるか。

「歴史小説における典型に関するルカーチの議論のもっと直接的で興味深い問題点、とりわけ、世界史的個人（すなわちリシュリューやクロムウェル、ナポレオンといった、歴史上の重要な人物）と、たとえばスコットが自分の小説の中心においた平均的で比較的無名の創作された人物との間にルカーチが設けた区別について、ここでは論じることができない」（『冒険』一三七頁）

この訳文は今村訳のなかでもかなり長いものを採った。どうしたわけか、今村訳には長い文章があんまりない。コンマで切ってあるところや名詞節なんどを一文として訳している疑いがある。疑いがあるけれども、読みやすいことは否定できぬ。右の訳文は長いものであるが、これも読みやすい。基本的に読点を修飾句のあいだに置き、修飾句のなかの単語が読みやすく配列されている。要するに、語順にかなり手を加えた疑いがある。疑いがあるけれども、読みやすいことは否定できぬ。

自分は、荒川幾男氏の著作や訳書をいくらか読んではいるが、これほど読みづらかった訳は初めてである。著作を読む限りでは、悪くない文章を書いている。したがって、『冒険』の読みづらい訳文は、原文になるたけ近づけようと努めたことによるものだろう。それに対し、今村訳の読みやすさは、原文からかけ離れた明晰さを作り出そうとした疑いがある。もっとも、実に読みやすいから助かることは助かるのだが。そこで、訳文としてどちらをよしとするかと言えば、荒川氏には悪いけれども、今村氏の訳を自分は採る。何故なら、原文がどうであれ、訳文はまともな文章であるべきだからだ。

こうしたことを考えながら読み進めるうちに、夕方になる。とりあえず本を閉じ、ノルマにとりかかった。一通りこなした頃には、かなり時刻も遅くなっていた。そこで、缶詰を暖め豆腐と卵を落としたもの、乾パン、チィズ、傷んだところを捨てた果物を喰う。食後、相変わらず『冒険』に取り組んでいるうちに、日の出の時分となってしまった。またぞろ、とんでもない時刻に起床するのは困るので、本日はこれまで。

九日　土曜

晴天。昼に起床。乾パン、チィズ、果物を喰う。腹ができたので、しばらく『冒険』を読むことにした。訳文は、今村訳から飯田訳に代わったけれども、荒川訳ほど読みづらくはない。考えてみれば、文体の統一は荒川氏が担当しているはずなのだが、荒川氏と他の二人の訳の違いはかなりのものである。語彙はともかくして、文体が統一されていないではないか。荒川氏はいったい何をしておったのか。

もしかすると、意図的に違いが残されているのかも知れぬ。『昭和思想史』を著した荒川氏の態度から推せば、そうした意図も充分に考えられる。『昭和思想史』においては、抽象的規定から離れたかたちで、三〇年代の思想家たちを捉えようとする試みが見られたからである。思想家の個別性を尊ぶ荒川氏が、訳文の個別性を尊んだとしてもおかしくない。そうとすれば、荒川氏はなかなかエラい男である。少なくとも、己れの訳文が読みづらいことが明白になるにもかかわらず、他の二人の訳分を尊重した点でエラい男である。

ところで抽象的規定とは、民主主義者や全体主義者なんどの規定を指す。言ってみれば、一般化のみで歴史を捉えようとする態度が、抽象的規定である。もちろん、歴史には一般化が不可欠だ。しかし、歴史の対象、つまり過去は個別性を持っている（過去固有の問題を持っている）。この個別性に到る手段として一般化があるのであり、個別性を一般化することは歴史の方法ではない。それは政治の方法である。

昭和の思想家たちは、日本帝国期から日本国期に到るまで、あまりに政治的に過ぎる形でその思想を解釈されていた。これはこれで悪いことではないのだが、過去の思想家を扱う際にも同じく解釈することは、いささか間抜けであるだろう。こうした間抜けな繁殖ぶりは、現在の言論状況を見ても明らかである。だが残念ながら、過去の思想家はすでにいないのだ。過去は存在しないのだ。政治は、個別性をいかに一般化するかを問題とする。そうした問題を抱えた者が、存在しない個別性をわざわざ一般化してどうするつもりなのか。

存在しないものを一般化することは、べらぼうにやさしいことである。エェテルがどれほど長持ちしたかを考えてみるだけでも、そのやさしさが知れようと言うものだ。だが、現在において個別性をもった存在を一般化することは、おそろしく困難である。

そこで、困難である真の目的であることをせず、易きに流れてしまうことは、その者の政治性の不確かさを表しているだろう。こうした政治性の不確かさから来る「歴史」や「思想史」

の、何という多さであることか。歴史について、いや政治についても思いをいたすことがなく、目的も持たずにものを書いている連中の、何と言う多さであることか。

歴史のことばは、認識のことばである。政治のことばは、行動のことばである。この二つのことばが相互に補いあっていることは確かであるけれども、直接に互いのことばを交換できるわけではない。何故なら、歴史における認識のことばは、現在が何故にして、如何にして、現在になったのかを認識することばであるからだ。そして、政治における行動のことばは、現在を如何にして、何に向かって変えてゆくかを語ることばであるからだ。目的の異なることばを直接に交換することは、目的の混同をもたらすだけである。しっかりとした目的を持っておらぬ者以外は、目的の混同には耐えられまい。

混同ではなく、異なる目的を比較すること、異なることばを比較することではじめて、異なったもの同士が補いあう。この比較を忘れ、混同を持ってよしとする者は、現在に泥んでいるだけである。過去（らしきもの）を語り、行動（らしきもの）を語りはするが、目的そのものを語らなければ、現在に泥んでいるとしか言いようがないだろう。

一つ例を挙げよう。ジェイムソンによる、現在に泥んでいる者への批判である。

「一つの経験ともう一つの経験、一つの作品ともう一つの作品、一つの歴史の契機ともう一つのそれとの、こういう暗黙の対比から、具体性や存在の充実した濃密さの感覚、あるいは経験の抽象性と貧しさの感覚が、本来的に生じてくるのは明らかである。

しかしこのヘーゲル的対立が、もっともよく知られている今日の疎外の概念とどの程度重なるかは、おそらくそれほど明瞭ではない。というのは、抽象的なものと疎外されたものとは、確かに同じものを指しているからである。ただ、西欧の思想家たちがおおむね疎外の概念の方を好む理由だけは、容易にみてとれる。つまり、疎外の概念は、人間がもはや疎外されていない状態を想像する精神的努力なしに、明らかに頽落した現実を診断してみせることが可能であるからである。疎外は、ユートピア的契機がそっと姿を消した否定的、批判的概念である。これに対し、抽象という概念は、それが反定立であるという構造から、われわれが思考を完成するためには、具体性の理念を保存し発展させねばならないのである」(『冒険』一一九頁)

ジェイムソンに言わせれば、疎外を語って抽象を語らぬ者は、易きに流れる者なのだ。現在を認識する目的、現在から行動するための目的を持っておらぬ者なのだ。

ならば、双方の目的に思いをいたす者はどうするか。弁証法は、そのために存する。弁証法によって、認識とことばと行動のことばは比較され、個別性と一般化とが比較され、現在と過去、現在と将来とが比較されるのだ。こうした比較、上向と下向による問題意識の交差によって、行動が認識を生みだし、その認識が新たな行動を生みだすのである。問題意識の連鎖としての歴史、問題意識の連鎖としての行動を生みだすのである。

こうしたことを考えておるうちに、雑用を果たさねばならぬ時刻となってしまった。ボンヤリと考え事をしておったため、ほとんど読み進めることのないまま、とりあえず本を閉じて雑用を果たす。あれこれ雑用を果たし終え、表を見れば日が落ちている。ノルマの時刻は目の前というわけだ。いろいろなものが切れかかっているので買い出しを予定していた自分にとっては、はなはだマズい事態である。とにかく買い出しだ、と叫びながら身支度をいいかげんにすませて表に飛び出した。猛烈な勢いで表に飛び出したはよかったのだが、表も猛烈に寒い。なんだいこんな寒さ、走れば暖まるのだ、と大声で叫びながら小走りに買い出しに向かう（後知恵であるが、わざわざ叫ぶのは止めた方がいいだろう。人が聞いておったら恥ずかしいではないか）。さっさと買い出しを済ませ、下宿に小走りで帰る。着いて早々、ようしノルマだ、と絶叫しながら、猛烈な勢いでノルマにとりかかった。一通りノルマをこなし終え、いやはや何とも忙しかった、とボソボソ呟いたのは夜もふけた時分である。無言で食事の支度をし、缶詰を暖め卵を落としたもの、黒パン、チィズを無言で喰う。腹ができたので『冒険』を開き、無言で読み進めるが、時間が時間なのですぐに閉じることとなった。そこで、これを書いている訳なのだが、どうしたわけか機械の具合が悪くて、なかなかスムゥスに書けぬ。さすがに、しっかりしてくれ、と叫んでしまったのだが、思えばものすごい時刻に叫んでしまったことになる。いささか恥ずかしい振舞いをしてしまったけれども、だからといって機械の具合が好転するわけもない。というわけで、本日はこれまで。

十日　日曜

晴天。昼過ぎに起床。乾パン、チィズ、果物を喰う。顎を動かしながら窓を通して表を観れば、休日らしい上天気である。何だかノンビリとした心持ちで、とりあえず『冒険』を開く。開くのはいいのだけれども、ノンビリとした心持ちは、難解な書物に身を入れさせぬ。何故とはなしにボンヤリと、詰まらぬことどもを繰り返し巻き返し考え続ける。

ボンヤリと考えておったのは、現在の社会についてである。現在の社会は、生産効率追求と技術革新とによって、熟練労働の意味を奪ってしまった。そして亦、生産効率追求と技術革新によって、誰でも手の届く豊富な財貨をもたらした。仕事と人間との係わりを断ち、消費と人間との係わりを強めているのが、現在の社会の有り様だ。こうした社会の構成員は、何事かを成し遂げるより、何事かを受け取ることに己れの意味を見出すだろう。仕事によって己れを対象かする代わりに、消費の際の選択で己れの個別化を見出すだろう。

対象化は、己れ自身による主観の客観化に他ならない。果たした仕事の持つ意味が、果たした者の意味であると、自他共に見なすことである。

それに対して、選択によって現れる個別化は、不特定多数という客観的状況のなかから、主観を確立することに他ならない。選択の結果がもたらす所有や消費の対象は、誰にとっても手が届くものである。それ故、選択によって得られた財貨が、選択をした者の意味を示すことはない。得られた財貨そのものは誰にとっても手が届くものであるから、財貨は誰をも意味しはしないのだ。財貨という客観的事物ではなく、財貨の選択という行為そのものが、選択した者に己れを感ぜしめる。

さて、繰り返しになるけれども現在の社会においては、熟練労働が誰にでもできる仕事にとって代わられてしまった。そのため、仕事によって己れの意味を見出すことが難しくなり、大抵の仕事は、消費のための稼ぎ以外の何ものでもなくなった。つまりは、対象化ができなくなってしまったのだ。己れの意味を求める者は、そこで消費に泥んでゆく。消費の対象そのものは、先にも述べているように、己れの意味を示しはしない。ただ、選択をする行為のうちに己れを感ずるばかりである。つまり、せっかく感じた己れの意味も、消費の段階で失われてしまうのだ。したがって、己れの意味を求める者は、途切れることなく消費をおこなうことになる。連続した選択によって己れを感じ、己れの連続性を感ずることになる。

こうして、生産効率追求と技術革新とによって、己れの意味が消費のうちに求められてゆくことは、産業資本にとってみれば最も都合がよいことである。己れの意味を選択に求めることにしたがい、消費主体は集団ではなく個々人となり、その個々人は選択の連続を求めるために連続して消費する。お陰で、産業資本は連続して拡大し、さらなる財貨を生み出すことで選択肢の幅を広げることになるだろう。

広がった選択肢を前にした消費者は、選択をすることで己れを感ずる代わりに、何を選んでよいのか分からぬ己れを感ずることになるだろう。

しかし、選択しなければ己れの意味が求められぬ状況にいる以上、「本当の」己れ、「本当の」選択を模索して、さらなる消費に泥んでゆくだろう。

そして、つぎつぎと生産され消費される財貨は、幾何学級数的に増大する廃棄物として、惑星を被ってゆくことになるだろう。

古代帝国の頽廃は、廃墟の美をわれわれにもたらした。われわれの頽廃は、廃棄物の美を将来にもたらすことになるだろう。

しかし廃棄物の美とは如何なるものなのか、と詰まらぬことを繰り返し巻き返し考え込んでいるうちに、何時の間にやら夕方である。さすがに休日とはいっても、ノンビリし過ぎた感がある。こう健全な危機感を抱いた自分は、巻パンを喰って栄養を採り、勢いをつけてノルマにとりかかった。一通りこなし終え、時刻をみれば夜もかなりふけている。一日も終わろうとしているのに、何だかこれといったことをしていないと反省し、そこでいきなり風呂屋へ向かうことにした。せめて身体でも清潔にしてやろうと志したのである。サッパリとして風呂屋から出、一仕事したかのような心持ちで下宿に帰る。どうしたわけか危機感は失われ、満足げに食事の支度をする。缶詰を暖め豆腐と卵を落としたもの、風呂屋からの帰路で購入した菓子パンを喰う。変に自足して腹もふくれ、開いた『冒険』を前にボンヤリしていたところ、電話のベルが自分を正気に戻した。どうも今日は、油断をするとすぐノンビリしてしまうようであるな、とノンビリ考えながら電話を取る。

電話は両親からのものであった。祖母が倒れたとの由、明日見舞いにいってもらえないかと問われる。見舞いを承諾し、電話を切る。切ってからしばらく、ボンヤリする。そうこうしているうちに日付が変わり、ふたたび電話のベルが鳴り出した。

電話からは友人の声が聞こえてきた。用件は、今から来訪したいということであった。承諾し、しばらく待つうちに友人がやって来る。結局、昼前まで喋り続けたのだけれども、自分は相変わらず自分のことばかり喋っていた。せっかく友人が来てくれたというのに、まして友人に話したいことがあるようだったのに、どうしたわけか喋り出したら止まらなくなってしまった。我ながらウンザリする。ウンザリしている癖に、喋ることは止めないのだから間抜けもいいところだ。間抜けを相手にしていた友人は、いい迷惑であったろう。そのうえ、昼前まで喋り続けたのだから、結果的に友人を徹夜させてしまったことになる。いい迷惑どころではない。

電話のベルが鳴ってはじめて、喋るのを止めた。電話は両親からであり、午後に予定されている見舞いについてのものだった。電話を切ると、これを潮に友人はいとまを告げ、帰っていった。

とりあえず自分も、表に出る時刻まで休むことにした。休む前に、乾パン、チィズを喰う。十日から十一日の午後までは、こういったところである。

十一日　月曜

晴天。床に就いてから一時間ばかりして起床する。丁度良い頃合いだ。身支度をして、表に出る。

祖父母の家に着き、祖母の様子を伺った。その後、病院に同行して診察結果を聞く。決してよくはないけれども、無闇に心配するようなものでもないとのことである。いささか安心して、ふたたび祖父母の家に、皆して帰る。

それから自分は、馬鹿なことしかしなかった。もっとも、それまでにも自分は何一つよいことをしていなかったけれども。ともあれ、自分は馬鹿だ。いささか安心して祖父母の家に着くやいなや、勧めに乗じて喰い散らし、喋り散らし、あまつさえ飲みチラシもして、片づけをしないで帰ってしまった。何を考えていたのだ。馬鹿だ。

馬鹿の真骨頂は、己れが馬鹿であることに気付かないことである。下宿に帰り、両親に報告の電話をかけ、己れの振舞いが如何に馬鹿げていたかを指摘されて、はじめてそれと気付くこととなった。気付いたことは気付いたが、何故か言い訳をしてしまう。馬鹿のうえに恥知らずとはこういったものか。

馬鹿についてはもういいだろう。問題は、馬鹿が馬鹿でなくなるためには、どうすればよいのかということだ。馬鹿がしでかした振舞いに、どう責任をとればよいのかというものだ。馬鹿は責任をとろうと努めることで、馬鹿であることと向かいあうことができる。向かいあうことができれば、これを矯め直すこともできるだろう。そこで、自分はこうしたい。何よりもまず謝るのだ。次いで、何かできることはないかと伺うのだ。

何か甘えがある。

二人のことであるから、謝ったとしても、謝るべき振舞いをしたことすら否定してくれるに決まっている。そして、こちらに気を使って、できることはこれといってないと言ってくれるに違いない。これで、責任をとることになると考えているならば、馬鹿は馬鹿のままだろう。

自分はあからさまに馬鹿であった。たいへんな状況にも関わらず、それを甘受してくれた二人に対し、責任をとるかのような甘えかかりをふたたび為すのは愚かなことだ。馬鹿を甘受してくれたのだから、二人とも自分が馬鹿であることを知っているのだろう。知っているから、甘受してくれるのだろう。ならば、おそらく馬鹿でなくなることのみが、責任をとることではないのか。責任をとることで馬鹿を矯め直すのではなく、馬鹿を矯め直すことによって責任がとれるのではないのか。馬鹿は責任のとりかたが分からない。そこで、責任をとって馬鹿を矯め直すという考えは、安易な方向に流れてしまうことになる。つまり、甘えてしまい責任をとったかのような自己満足に終わることを意味してしまう。これでは意味がない。やはり、何よりもまず馬鹿を矯め直すよう努めるのだ。次いで、馬鹿から少しでも向上した自分を示すことで、二人が安んじて頼み事を自分に依頼するように努めるのだ。

では、如何にして馬鹿を直すか。それが分かるくらいなら馬鹿ではない。しかし、馬鹿にも分かることはある。馬鹿でないものが賢明な人間であることは分かる。ならば、賢明な人間に学ぶしかなかろう。賢明な人間が如何にして賢明になったのかを学ぶ以外に、自分には思いつく方法がない。人間に対して人間らしい振舞いを為した者、愚かなことを遠ざけ、よいことをもたらした者、こうした賢明さをもつ人間から学ぶのだ。賢明さを覚えるのではなく、それを生きるのだ。

とりあえず、こう考えた。

下宿に着いたのは夜もだいぶんふけた頃であった。そしてあれこれ馬鹿なりに考えることで、時間はさらに過ぎ去った。したがってノルマはおこなっていない。にもかかわらず、乾肉、出来合いの惣菜、黒パンを喰う。腹がふくれたらさっそく舟をこぎだして、二時間ばかりたってからようやく目が覚める。そこで、これを前日の分から書き出して今に至った。ほんじつはこういったところだ。

十二日　火曜

晴天。昼に起床。乾パン、チィズ、果物を喰う。腹ができたので、さっそく『冒険』を開く。いささか驚いた。三日ばかり前に殴り書きをした、歴史と政治についての自分の考えが、ジェイムソンによっても述べられているではないか。もちろん自分よりもはるかにスマァトに述べられてはいるけれども、同じであることには変わりがない。同じ立場から来る同じ問題意識を持つのだな、と何だか嬉しくなってきた。

ジェイムソンと立場を同じくするといっても、自分はその末席を汚しているに過ぎない。そうした立場上のランク＝アンド＝ファイルに過ぎないにもかかわらず、ほとんどの者が的外れな行動ばかりをこととしているように思えてならぬ。同じ立場の者が持つ問題意識が、今一つ的外れの感があって困っておったのだ。もちろん、立場についての自分の捉え方が、間違えているとは思わない。しかし、同じ立場のほとんどが、カテキズムを暗唱するように立場を語り、そのことを疑問に思っておらぬ。カテキズムは組織（政党やセクト、そして専門家集団）を前提とする。それ故、組織に属さない自分が、立場についてどう捉えようとも、あくまでそれは主観的なものと見なされてしまうから困るのである。そこで同じ立場に立っており、しかも問題意識を同じくする者を見つけたのだから、嬉しくなるのが当たり前である。

ただし、同じ立場とはいっても、ジェイムソンは合州国の人間である。そのジェイムソンと同じ見解に達したことは、合州国の問題と自分の抱える問題とが同一であることを意味している可能性がある。晩期資本主義における思想の問題が、すでに諸国家の特殊性をのりこえている可能性がある。つまりは、三十年前に著されたジェイムソンの問題意識が、ここいら辺でも通用することになったと言いたいのだ。

合州国は、いわゆる「脱工業社会」に踏み込んだ最初の資本主義国である。したがって合州国では、産業労働者についての考察が、工業社会における農業労働者についての考察と等しくなりかかっているだろう。こうした状況下では、社会変革の思想を歴史性のうちに捉えることが必要になる。行動のことばや認識のことばのいずれか一方に偏して思想を捉えるよりも、行動と認識の連鎖を示すものとしての思想を、認識のことばで捉えることが必要になるのだ。

「哲学はそもそも観念論的性質のものであるから、唯物論にとってかわられねばならないとされるか、あるいはまた、哲学が一つの特殊化した学問であり研究方法である限りにおいて、経済学、またはもっと一般的な意味での社会科学という形での、それと同じように特殊化した別の学問がそれにとってかわるべきだとされてきたのであった。ところがそれとは反対に、私の見るところでは、マルクスが哲学を解消しようと試みる場合、そこでは、そのような特殊化した学問の範疇それ自身が攻撃されており、知の統一性を回復することが意図されていたのであった。哲学を放棄することによって、彼はさまざまな形での抽象物を、具体的なもの、歴史自身、によって置きかえようと目指したのである……そして十九世紀思想のこの段階では、経済学の発見とは、ただちに具体的な歴史の発見と同一なのであった」（『冒険』二一〇頁）

こうした「具体的なもの、歴史自身」のうちで、行動の言葉と認識のことばが如何なるかたちで相互に作用しているのか。そのことを、ジェイムソンは「物神化」ということばを用いて説明する。

「物神化」という視点から見た人間の生は、現象とその基礎に存する現実とに分離する。現象とは、労働者と彼らの労働の総体との関係が、彼らの同士のあいだにではなく、生産された商品同士のあいだに見られることである。価値が、労働ではなく商品に刻印されることである。しかし、現象の基礎に存する現実では、労働が商品を作り出していることに変わりはない。ジェイムソンは、この「物神化」ということばが現象と現実との分離を示すことに注目し、次のように述べる。

「このことは、マルクス主義が、その研究対象のもつ特有な現実のために、二つの相互的な言語（あるいは構造主義的用語を使えば、コード）を自由に使用しうるということを意味しているのである。与えられたいかなる現象も、それらのどちらの言語によっても記述されることが可能である。したがって歴史は、主観的に、階級闘争の歴史として書かれることもできるし、または客観的に、経済的な生産様式の発展と、それら自身の内的矛盾より生ずる展開として書かれることもできる。だが、これら二つの表現方式は同一のものであって、一方の記述は、どれもそのまま他へ翻訳されうるのである。階級の概念は、まさにこれらの二つの異なった表記体系間の媒介者であるがゆえに、問題的なものとなる。階級は分節化された人間集団であるが、しかしそれはまた、機械装置と生産活動に関する資料を、人間的で相互人格的な言葉へと翻訳することを可能にするものでもあるのだ」（『冒険』二一二頁）

右のような形で思想を捉える時、思想はその歴史性のうちに置かれ、思想を捉える者は歴史の連続性のうちに思想を認識する。

歴史の連続性とは問題意識の連鎖であり、行動と認識の連鎖である。社会変革の思想が、行動のことばに偏したり、認識のことばに偏してしまったりする状況下では、先ず行動と認識の連鎖を認識することが要請されるのだ。つまりは、弁証法をカテキズム（『史的唯物論と唯物弁証法』であれ『否定弁証法』であれ、行動と認識のどちらかに偏したものをカテキズムと呼ぶ）から奪回することが要請されるのだ。そのためにこそ、思想はその歴史性のうち置かれなければならない。そして、歴史の連続性のうちに思想を認識することによって、行動と認識の連鎖を継続させねばならない。

この「ねばならない」という問題意識こそ、ジェイムソンの問題意識であり自分のそれである。ジェイムソンと自分とが問題意識を共有しているということは、合州国において「ねばならない」ことが、ここいら辺においても「ねばならない」こととなった歴史を意味しているだろう。この歴史を弁証法的に把握することが、自分にとって目下の課題である。歴史認識が認識される過程を、歴史に見出そうと考えているのだ。

とはいえ、今のところの手がかりは日本帝国末期の科学なのだから、迂遠もいいところである。何だかスタァンの『トリストラム＝シャンディ』みたようだ。自伝の体裁でありながら、いつまでたってもシャンディ氏の生誕以前のことばかり述べるシャンディ氏の畢に拠るのは問題があるだろう。もっとも、シャンディ氏も終わり近くになって、とりあえず生誕については書いている。そのことを思うと、どうしたわけか悔しくなってきた。

しかし、ジェイムソンと同意見であったことで有頂天であった自分が、いつの間にやらトリストラム＝シャンディごときに競争心を燃やしておるのはいかがなものか。このように自問自答しているうちに、夕方となってしまった。夕方には外出する予定であったので、とるもとりあえず本を閉じ、身支度をして表に出た。

外出の目的は、具合の悪い機械を何とかするためである。機械が数日前から具合が悪くなり、ものを書くのにエラく難儀な思いをしてきた。具合の悪さが機械そのものによるのか、それとも付属の品によるのか判然としないため、下手な手をうつと大変な無駄遣いをする可能性がある。そこで今日まで対策をズルズルと先延ばしにしてきたわけだが、難儀に耐えてものを書くのがさすがに我慢できなくなったのだ。とりあえず付属の品を新しく購入し、さっさと下宿に戻る。

下宿に帰った時刻が時刻であったため、付属の品を試すより先に、ノルマにとりかからねばならなかった。一通り済ませて、冷肉、ピクルス、食パンを喰う。腹ができたので、付属の品を試してみる。上手くいったらしく、これを書いている今現在、機械の具合はたいそうよい。というわけで、本日はこれまで。

十三日　水曜

晴天。昼に起床。乾パン、チィズ、果物を喰う。喰いながら『冒険』を開き、続きから読み始めた。

思えば、『冒険』にはエラく時間をかけている。もちろん、時間をかけただけの収穫は得ているつもりだ。得ているつもりだけれども、いろいろと手を着けたい書物に目を通すことができない憾みがある。自分はそう器用ではないから、ノルマとして読むことを除いて、一冊に集中して読まなければ身が入らない。あれこれと囓り読みができる器用さは、その点、羨ましくはある。ただし、囓り読みでは『冒険』から収穫を得ることはできまい。そう考えて自らを慰め、遅読を続ける。

自分の脳の悪さが遅読の原因であることを失念し、囓り読みを弾劾することで遅読の言い訳としている者には、『冒険』は難解に過ぎる。夕方まで読んでおったけれども、たいして読み進めることもなく、難解さばかりが記憶に残る。とりあえず本を閉じ、所用のために表に出た。

所用を済ませてから、大規模な新刊書店にフラフラと入ってしまう。ここのところ『冒険』ばかり読んでおったため、欲求不満がたまっていたのだろうか。あれこれと冷やかし、立ち読みし、ついには私的所有欲に取りつかれる羽目になる。文庫本とはいえ、かなり値の張る書物を二冊も購入してしまった。お陰で、懐中は空同然である。空同然となることが明らかでありながら、どうして購入してしまったのか我ながら分からない。遅読をする脳の悪い男は、己れの振舞いの後先すら考えることができないようだ。

書物に対する自分の私的所有欲にウンザリしながら帰路につく。歩きながら、ふと中野の「Impromptu 1」を思い出す。

「たかい書物を買いこんで
おれはまたもや気がふさぐ」

確かこうしたことばから、中野の詩は始まっていた。どうやら、後先考えず書物を買ってしまうのは、頭の悪い男ばかりと限ったわけでもないらしい。何となく気が軽くなり、ついでに中野への親近感を抱きながら下宿に着いた。ふだんならノルマにさっさと取りかかるところであるけれども、先ず中野の詩集を開く。右の詩を読み返すためである。詩は確かに例のことばから始まっていた。

中野は言い訳をする。祖先の誰一人として己れに書物をのこしてくれてない、それを思えばこうやって無闇に本を買うことは子孝行孫孝行ではなかろうか、と。続けて次のように言う。

「してみれや本はやすいもの
世間のおやじよおふくろよ
または息子よ娘らよ
たかい本なぞつい買って
おまえの気分がふさいだら

たとえ子持ちでなくっても
おまえをとつつあん　またはかあちあんに仕立て上げ
息子や娘を配置して
そして気分をなおすがいい
それがほんとの本好きの
本を大事にする仕方
してまた子孝行孫孝行
人の人たる気なぐさめ
社会的衛生といったもの
なんかんとおれが手のなかの
買った本をば眺めつつ
頬つぺたあたりさすりみる」

感動的な言い訳だる。もっとも言い訳であることは中野も気付いているらしく、「頬つぺたあたりをさすりみ」ざるを得ない有り様をキチンと描写しており、これまた感動的である。もちろん詩そのものも心を動かすのだけれども、自分が無闇に感動した理由はそれだけではない。この詩を著した当時の中野の境遇に思いをいたしたことが、今一つの理由である。

十五年のいくさの最中、中野は当局によって仕事を禁じられていた。手も足も出ない状況のなかで、この詩を著した中野のことを考えて、自分は無闇に感動したのだ。仕事を取り上げられたとしても、まだできることはある。こうした中野の消極的な抵抗を、反語的精神に満ちたことばを、中野のこの詩に読み込んだのだ。それ故、中野の言い訳を自分が用いることはできない。自分は仕事ができる状況にいる。にもかかわらず怠惰に泥み、まともな仕事をしていない。

仕事とは、人の役に立つことだ。中野は仕事を取り上げられても、人の役に立とうとする。仕事をやり抜こうとする。そうした態度が、たかい書物を買いこんだ言い訳にすら反映しているのだ。こうした言い訳を、怠惰に泥んでいる自分が用いることはできない。人の役に立っていなかった者が、消極的に人の役に立てるはずもない。

そこで、自分なりの言い訳を考える。言い訳とはこうしたものだ。中野の言う「子持ち」を、仕事をする者と見なすのだ。自分自身を「とつつあん、またはかあちあん」に仕立てあげ、何かを生み出すために書物を買い込んでいると見なすのだ。すべては仕事のためである。書物を買うのも、人の役に立つものを生み出すためなのだ。

こう考えてしまったので、ノルマを怠けることができなくなった。中野の詩集を元に戻し、一通りノルマをこなす。一息ついてから、冷肉、ピクルス、黒パンを喰う。腹ができたので、ふたたび『冒険』を開いた。開いたのはよいのだが、難解なことには変わりがなく、相変わらず遅読のまま、エラい時刻を迎えることになる。というわけで、本日はこれまで。

十四日　木曜

晴天。昼前に起床。乾パン、チィズ、傷みだした果物を喰う。顎を動かしながら、窓より射し込む陽光をボンヤリ眺める。ふと、いつもとは異なる角度で陽光が射し込んでいることに気付いた。ここしばらく、陽が中空にさしかかってから食事をとるものだから、昼前の陽光なんど眺めたことがない。それ故、成程昼前だ、と妙に納得する。昼前の陽光が珍しい生活は情けないものだ、と妙に納得する。しかし、自分の情けない生活を昼前の陽光から理解するのも、いささか情けない話だ。とはいえ、ふだんより一、二時間ばかり早く目が覚めたわけで、何だか余裕をもって一日を送れそうだ、と考えた。残念ながら、この考えは間違えていたのだが、そのことが分かった時には一日も終わろうとしていた。ここでは、まだ一日が始まったばかりであるから、そう先回りはすまい。

腹もできたので、とりあえず『冒険』を開く。このあいだから、弁証法についてのジェイムソン自身の見解を、自分は興奮しながら読んできた。ここに見解を同じくする者がいる、と興奮しながら読んできた。しかし、今日読んだところでは、これまでの興奮と質的に異なる興奮を感ずることになる。現在の社会における弁証法の意義について、ジェイムソンが語りだしたのだ。そこまで思考の射程が長くないじぶんとしては、おそろしく刺激的である。自分は今現在、見解をまとめるのに手一杯である。その自分の有り様を反省させる点で、このままでは駄目だと痛感させる点で、これほど役に立つ論述もそうはない。見解は、意義をともなってこそはじめて、人に伝えるべきものとなる。こうした当たり前のことを考えさせてくれるのだから、エラく刺激的であるのだ。とにかく、そのジェイムソンの語る弁証法の意義について見てみよう。

ジェイムソンは先ず、弁証法についての見解からその説明を始める。ジェイムソンの見解は、イデオロギィ批判はイデオロギィではないというものである。それ故、イデオロギィと自他共に見なされてしまう思想は、批判ではなく体系化を目論んだものとして、否定される。弁証法ではないものとして、否定される。こうした見解は、例えば「イデオロギーの終焉」理論の相手にしていた思想が、弁証法ではなかったことを明らかにする歴史的見解であり、実に弁証法的である。このような弁証法の実践が弁証法の意義であるのだが、先に弁証法についての見解から引用しよう。

「さて、予測を試みるということが、そもそも状況的な仕方で思考しえていないことの端的な現われの一つである。そして哲学的思考の一様式として考えた場合、マルクス主義それ自体が、本来、他の哲学的立場がでそろってしまったあとになって働きはじめるものだということもできるだろう。したがって、マルクス主義がその構造自体において、体系、あるいは同じことだが、形而上学的内容を拒否し、哲学の「終焉」と見なされうるというのも、またこの意味でなのである。形而上学的内容というのは、思考のプロセスの実体化、限定された対象についての具体的な精神作用から何ものかを取り除けておこうとする試み、から作り出されるのであり、この何ものかはこのようにして、普遍的に妥当するものとして、絶対的な仕方で取り扱われることができるわけである。しかも、状況のうちにとどまり、体系とがドグマをすべて遠ざけておくことは、たしかに苦痛である以上、形而上学的衝動の背後に心情的動機が見いだされるのは、自明であるだろう。

こうした弁証法的思考の批判的構造、反体系的な傾向のゆえに、弁証法的思考を公式的な形で表現することは、まことに困難な問題となる。というのも、思考作用としてのマルクス主義が、一種の内的な「永久革命」として特徴づけられるとき、それを体系的な仕方で表現しようとすれば、それが体系のうちに凍結する瞬間、それはことごとくマルクス主義を裏切ることになるからである。ブハーリンのような、他の点では申し分のないマルクス主義の概要に対して、深いところからなされる厳然とした反論も、実にこうしたものである。ゆえに「科学的社会主義」の概念は、かえってマルクス主義が時間のうちに運動する形態ではなく、概念の客観的で体系的な全体であると考えるような誤った理解を助長し、そのことによって、構造上あらゆるイデオロギーの拒否たるものを、新たな別のイデオロギーに変形させてしまうという結果を、往々にして招くことになる」(『冒険』二五九・二六〇頁)

右のように弁証法を捉えることは、前にも述べたとおり、イデオロギィではなくイデオロギィ批判として弁証法を捉えることである。そこで、こうした疑問が発生する。イデオロギィ批判も亦、イデオロギィではないか、という疑問である。

疑問に対してどのように答えるかによって、あらゆる思想が試される。ジェイムソンにしたがえば、弁証法の答え方はこうである。この疑問は弁証法に取り込まれねばならないのだ。イデオロギィ批判がイデオロギィとなることを批判する営み、こうしたイデオロギィと批判との相互作用の連続こそが弁証法であり、その意義なのである。ただし、ここでの意義は未だヘェゲル弁証法の意義に過ぎない。この相互作用の連続が、相互作用もまた何ものかの相互作用ではないのかという問いに到ることで、弁証法の意義は深まり、明確になってゆく。

「もちろん、われわれは自己の主観性から完全に脱却することは、どうしてもできない。それができると考えるのは、実証主義の幻想である。しかしわれわれの主観性が凝結しかけるときに、いつもわれわれをおのれの硬化した観念の外に引っ張り出し、新しいもっと鮮やかな、現実それ自体の把握へと向かわせることは、真の弁証法的思考に与えられた役目である。

それゆえに、そのような思考は本質的に一つのプロセスなのであって、そこまで行けばあとは休息できるというような、ある体系的真理の最終的な場所に到達するようなことは、決してない。なぜならそれは、弁証法的に非真理、あるいはまやかしと連結しており、それに対する一定の否定として、思考が存在するのだからである。またそうしたものとの対応のなかで、思考は現実について暫定的理解をたえず矯正していかねばならないのだが、この暫定的理解自身もやはり、現実的なものとのコンタクトを失う危険性にいつもさらされている。現在のわれわれの叙述は、思考作用としての弁証法に限定されているが、このコンテクストでは、弁証法的思考とは、思考がそこにおいて自己自身を修正していくところのモメント、あるいは、精神が突如背後に退き、自己を新たな拡張された理解のうちに取りこむことによって、それ以前の概念を新しい現実把握のなかに二重の仕方で保存し、基礎づけなおすところのモメント、であることがわかる。二重の仕方というのは、まず第一に、われわれの概念的道具それ自体が、それによって得られる帰結の形と限界をいかに規定しているか、ということを自覚することによってであり（ヘーゲル弁証法）、そしてそのあと、まさしくマルクス的形態にほかならない、第二のいっそう具体的な反映の運動のなかで、われわれ自身を歴史によって創りだされたものであると同時に、歴史を創りだすものとしても自覚し、かつたんに解答のみならず、その解答が出てくるもとにあった問題についても、等しくその所在を明らかにするものとしての社会＝経済状況がもつ、徹頭徹尾歴史的な性格を自覚することにおいてなのである」（『冒険』二六六・二六七頁）

つまりは、イデオロギィとその批判の相互作用に注目し、その相互作用のよって立つ基盤に注目することで、つねに歴史意識を持ち続ける思考が弁証法なのである。

歴史意識には、二つの側面がある。対象として歴史を捉える意識と、歴史に規定されたものとしての意識の二つが、それである。この二つの側面を往復することは、行動のことばと認識のことばの連鎖、問題意識の連鎖に他ならない。この問題意識の連鎖によって、現実はつねに作り替えられ、認識し直される。ひっきょう弁証法とは、問題意識なのだ。そこで、弁証法の意義が明らかとなる。弁証法は、現実の固定化から現実を解き放つことで、その意義を持つのだ。

この理解からすれば、現在の社会における弁証法の意義は、おそろしく大きなものとなるだろう。というのも、現在の社会は専門分化によって、認識や行動に偏して現実を固定化しているからである。

専門家優位の社会を批判すること、言いかえれば、出口なし社会を批判することは、おそろしく難しい。専門家でなければ批判は相手にされず、かといって専門家は専門的批判しかできぬため、社会そのものの批判が避けられてしまう。出口がふさがれているのだ。そこで素人として批判をおこなっても、認識の専門家や行動の専門家によって効率よく妨げられるだけである。お前は素人なのだから分かったような口を利くのでない、批判したければ専門家となるのだな、というわけだ。だが、専門家は専門のことしか分かろうとしない。何も分かっていないから、分かるためには専門を続けるより仕方ない、というわけだ。専門家は誠実である。誠実に、出口をふさいでいるのである。

そうした専門家たちの知識の集積が、この社会では現実と見なされている。弁証法の意義が活きてくるのは、ここである。出口なし社会のイデオロギィ批判、出口なし社会の歴史的把握、これ等の弁証法的営みは現実を固定化から解き放つだろう。専門家と同じ現実ではなく、異なる現実を突きつけることによって専門家再生産を拒否しつつ、弁証法は出口なし社会に出口を見いだすだろう。

こうして、弁証法の意義は自分の問題意識と結びつく。ただしこの結びつきは、ジェイムソンの塁によらねば、ありえなかったであろう。同じ立場で、しかも自分より優れた人間がいるということは、ほんとうに有り難いものである。しかし、どうしてこうも難解なのかと、苦言を呈したくなりはするけれども。

右のように考えておるうちに、夕方となっていた。例によってボンヤリ考え込んでしまったため、大して読み進むこともなく本を閉じる。所用のため、外出せねばならなかったのだ。そこで、あわてて身支度をして表に出た。

下宿に帰ったのは、比較的早い時刻だった。ノルマも比較的早い時刻に済ませ、余裕をもって以後の時間を過ごせそうだと考える。とはいえ、風呂屋に行くつもりであったので、先ずは風呂屋から帰ってからだ、と表に出た。

人間、油断は禁物である。どうしたわけか湯に二時間も浸かってしまった。余裕といっても湯にノンビリ浸かる余裕を考えていたわけではないから、我ながら間抜けな振舞いとしか言いようがない。自分はノンビリ『冒険』を読み進むことを考えていたのに、いったい何をしているのか。こう反省しながら下宿に着けば、夜も大分ふけていた。とりあえず冷肉、ピクルス、黒パンを喰う。腹ができたので、ノンビリ『冒険』を読み進めようとしたのだが、冷え込みがきつく震えが止まらない。喰ったものがこなれてしまえば暖かくなるだろう、と煙草を吹かして震えておるうちに日付は変わり、ふだんと同じ様な生活になってしまった。結局、少しばかり読んだだけでエラい時刻を迎え、本を閉じることになる。本日はこういったところだ。

十五日　金曜

曇天。昼過ぎに起床。缶詰各種、乾パン、チィズ、果物を喰う。缶詰各種は、妥協の産物である。今日はむつきの十五日、小正月である。小正月は小豆がゆを喰うものと相場は決まっているのだが、情けないことに小豆缶を買う余裕がない。金策をしようと考えてはいたけれども、いつもズルズル先延ばしにしてしまう怠惰の性が、ふたたび自分を文明生活から遠ざけてしまった。そこで、何とか野蛮から脱しようとした妥協の産物が、缶詰各種である。

どうしたわけか昨年末に和食惣菜の缶詰各種が、両親から送られてきた。こうした無闇に高価な缶詰を作る高級百貨店の了見が、自分には丸で分からない。そして、送ってくれた両親の了見も今一つ分からない。問うてみても、この手の喰い物を好むと知っているから、としか答えてくれぬ。おそらく、高級百貨店がこの手の缶詰を作るのは、金を持った国外生活者のワガママにつけ込むためだろう。ならば両親は、自分のことをワガママな国外生活者とでも見なしているのだろうか。

そう考えてみると、何となく自分自身がワガママな国外生活者のような心持ちになってくるから不思議である。己れの属する文明から離れ、ある意味で野蛮な境遇にいながら文明を求めるワガママな振舞いを、自分もしているのかもしれぬ。合州国に代表される文明社会の野蛮な喰い物にウンザリし、文明らしい喰い物を求めている点で、国外生活者のようなものなのかも知れぬ。つまり、よその国には違う文明があるから生活を合わせづらいとボヤく者と、変わりがないのかも知れぬ。ただし合州国に代表される文明社会の文明は、ここいら辺の文明でもあるから、自分は国外生活者とは言えないだろう。また、己れの属する文明から離れたことが自分にはないから、属している文明への欲求もない。かえって、属している文明の野蛮さにウンザリして、そこから離れ、文明らしい文明を求めたく思っているのが正直なところだ。確かに自分はワガママだ。しかし自分のワガママは、あるべき文明を求めるワガママである。属している文明を求めるワガママとは違うのだ。

いわゆる礼儀だの旧暦のしきたりだのを、自分が無闇に称揚しているように受け取られることがしばしばある。そこで、属している昔からの文明を称揚している、と誤解されることがあまりに多い。しかし先にも述べたように、自分はあるべき文明を求めているが、属している文明を求めたことは丸でない。こういった誤解は、文明に対する誤解から出てきていると自分は思う。文明は決まり事の謂いであり、過去の振舞いではないのだ。

現在の文明、合州国に代表される文明社会の文明は、決まり事はただ一つとなっている。それは、稼いで使えというものだ。この決まり事さえ守れば、あとは個人の嗜好にまかせて何をしてもよのである。物好きに過去の振舞いを再現しようと試みても、稼いで使っている限り、かまわないのである。過去の文明は、集団維持のための決まりであった。現在の文明は、個人の嗜好を充足させるため、つまり産業資本を維持するための決まりである。属している昔からの文明なんどというものは最早ない。維持される集団は最早ない。あるのは産業資本と個人の嗜好だけである。そこで、自分が過去の振舞いを云々しても、属している昔からの文明を称揚していることにはならない。にもかかわらず誤解されてしまうのは、誤解する者が、文明とは過去からの連続性を確認するものと見なしているからである。文明を担ってきた集団が、過去から連続していると見なしているからである。誤解は、文明について、なかんずく現在の文明についての誤解から生じているのだ。

自分がワガママであるのは、過去の振舞いを云々することで稼いだり、物好きから過去の振舞いを真似ることで使ったりしないからである。自分は維持される集団が最早ないと捉えている。この集団を云々することが、稼いで使うために為されているとも捉えている。そう捉えておきながら自分が過去の振舞いを云々するのは、個人の嗜好に決まりをつけるためなのだ。

自分は個人の自由意思を尊ぶ。しかし、自由意思が現実化される道筋をもっていないとき、その自由意思はたんなる嗜好としてこれを尊ぶことができない。自由意思は現実化されてはじめて、その意味を持つからである。自由意思は、現実のただなかで第三者に評価されてはじめて、その意味を持つからである。

意味は第三者との係わりを前提とする。他の者に伝えられぬ意味は、それこそ意味をなさない。そして、自由意思が、何かしらの目標を自ら定め、それに近づこうとするものである限り、必然的に自由意思は意味を伴う。目標に近づこうとする振舞いは、現実に対する働きかけとなるからだ。こうした働きかけは、自由意思の現実化として、第三者によって評価され得るものとなる。つまりは、自由意思が意味を持つことになる。そこで、自由意思の意味が良いか否かを決定するものが、先に述べた道筋である。

自由意思の持つ意味が第三者にとって良い意味でありたいと欲するときに、この道筋は要請される。第三者が何をもって良いと評価するかを考えながら、己れの自由意思を現実化する者は、第三者と己れとが共有している価値観にかなった形で現実化をおこなおうとするだろう。ただちに目標に近づこうとするのでなく、共有している価値観で良しとされている形で近づこうとするだろう。この形が道筋なのだ。いささか迂遠で、目的そのものから遠ざかることもありはするが、この道筋は避け得ない。共有している価値観を手探りで求めなくてはならないこともあるだろう。また、共有している価値観に抵触している目的ならば、新たに共有する価値観を作り出さねばならないこともあるだろう。道筋は迂遠で、しかも困難だ。だが、こうした道筋をたどらぬ現実化は、たんなる嗜好としてしか意味を持たぬ。たんなる嗜好であるならば、尊ぶに値することはない。それは良いものでなく、良くあろうと努めもしないからである。

ただし、筋道をたどって自由意思を現実化する振舞いは、稼いで使う社会にとって都合のわるいものである。各人が迂遠で困難な道筋をたどっていると、生産と消費がとどこおってしまうのだ。その点、嗜好は都合がよい。もっとも、嗜好もまた自由意思の現実化ではあり、目的は自ら決めるものであるから、稼いで使う社会にとって都合の悪いこともある。道筋のない直線的な目的への欲求は、生産の計画つまり消費の見積もりに都合が悪いのだ。嗜好が自らの性質に忠実である場合、稼いで使う社会はやってゆけぬ。稼いで使う社会から嗜好が肯定されるには、目的が商品化される限りにおいてのみである。そして、現在の社会は嗜好を肯定し、嗜好にそって生きるよう促すまでになっている。

自分は自由意思を尊ぶ。また自分の自由意思を現実化したく思っている。そこで自分自身の自由意思を尊ぶには、何らかの道筋が必要となるだろう。自分が過去の振舞いを云々するのは、この道筋として過去の振舞いを採用していることに他ならぬ。ついでにあわよくば、自由意思に基づく集団形成の実験もしてしまおうということに他ならぬ。つまりは、自由意思と集団とを二つながら求めているのだから、我ながらワガママである。だが、嗜好から来るワガママと異なり、自分のワガママは過去を云々しながら将来を見つめるワガママである。現在に泥むことなく、あるべきものを求めるワガママであるのだ。

こうワガママに己れのワガママを言い訳しながら、両親が送ってくれた缶詰類を取り出した。豪勢な缶詰類なので、小正月に喰うものとして通用するだろうと考えたのだ。小豆がゆではないけれど、とりあえずそれなりに何とか、いけるのではなかろうか。このように決まり事と妥協したのである。

腹もできたので『冒険』を開く。夕方に読了。思えば読了まで長くかかっているけれども、得たところもかなりあった。万事この調子で釣り合いをとってゆきたいものだ。読了後、何だか小腹が空いたので巻パンを喰う。かなりの量を喰ってしまい、後々夕方の際に困ることになった。釣り合いをとるのは実に難しい。しかしこの認識は後知恵であり、読了してよい心持ちになり、しかも巻パンをかなり喰った直後は無闇に勢いづいていた。そこでさっそくノルマにとりかかり、思ったより早く終わらせることができた。一息ついて、ふだんのように食事の支度をする。缶詰を暖め卵を落としたもの、乾パン、チィズ、果物を、それぞれ少量ずつ喰う。少量というのも、間食の巻パンがひびいて、ふだんのようには食えなかったためである。それでも胸が苦しく感ぜられたが、滋養がつくことを思えば我慢できる。こうブツブツと滋養滋養と言いながら、松田道雄の『自由を子供に』（岩波新書　一九七三年）を開いて読み出した。読了。やはり松田道雄はエラいオッサンだと感心する。とにかく読みやすい。読みやすいにもかかわらず、内容が卑俗にならないのだから、これはたいしたものなのである。何だか悔しくなってきたところで、本日はこれまで。

十六日　土曜

晴天。昼に起床。我ながら腹立たしいが、先ほど十枚近く書いた今日の分の覚書を消してしまった。さすがにくたびれている。怒りで手も震えている。自分は馬鹿だ。というわけで、本日はもうこれまでだ。

十七日　日曜

晴天。とんでもない時刻に起床。日曜ということもあるけれど、目覚めた時刻が時刻であるのに、どうでもいいやと考えてしまう。

昨日はいろいろあった。ついでに覚え書まで消してしまった。この機械で記録を消すのはなかなか難しいのだが、見事に消し去ることに成功してしまった。こういった成功は、さすがに面白くない。いろいろあって、しかも面白くない成功までしてしまったために、昨日は自分がイヤになっていた。そして今日、とんでもない時刻に目が覚めたのだから、ますます自分がイヤになる。もう勝手にしろとでもいった心持ちで、目が覚めたにもかかわらずコタツから出ることはない。

コタツから這い出したのは、金策のために外出する時間が迫ってきた頃である。とりあえず、乾パン、チィズ、果物を喰って腹を作り、てきとうに身支度をして表に出た。

夜も遅くなってから下宿に帰る。ピクルス、豆を喰う。喰うだけ喰って、ノルマは怠ける。腹はふくれたが、何をすることもなくボンヤリしておるうちに、いくつか電話があった。電話に応対しはするが、今一つ身が入らない。例を失してなければよいのだが、おそらくかなりマズい対応であったろう。

電話を切り、これでよいのかと考える。ブルジョアのお嬢さんみたように、感情に流され放題でよいのかと自問する。

よいわけがない。自分の感情を理由にして、他の人間に礼を失した対応をするなんど、意志をなくしたもののすることだ。自らを矯め直し、自ら決めた目的に近づこうとするものが意志である。この意志をなくした者は、オブロゥモフになるだけだ。寝床に横たわって、己れに都合のよいことばかりを望んでいるオブロゥモフとなるだけだ。オブロゥモフであることは、よいわけがないのである。よくないことは、イヤなものだろう。自分がイヤになった挙げ句に、さらにイヤなものになるならば、間抜けもいいところであるだろう。

これでは駄目なのだ。悪循環に泥んでしまい自らを尊重しない者は、他の人間までも尊重しなくなるだけだ。己れの意志をなくしてしまえば、他の人間の意志と共存しようと努める必要がなくなってしまう。なくなってしまえば、他の人間が何を望み、何をしているのかを考える必要もなくなってしまう。都合のいいように他の人間の振舞いを捉え、努めることなく望みをかなえようとする間抜けが、ここに出来上がる。こうした間抜けは、他の人間を己れの都合から評価し、都合のよい人間ばかりと付き合おうとし、最後的に誰も信ずることがなくなるだろう。何故なら、すべてにわたり都合のよい人間なんど、この世におらぬからである。だからこそ、意志を持たねばならぬ。意志と意志は、確実に衝突する。しかしこの衝突によってはじめて、相手の望みや振舞いを理解する糸口が生まれるのだ。そして相手を理解することで、相手を信ずる糸口が生まれるのだ。

自分は、よい社会を望んでいる。各人が意志を現実化しながら、相互に信じ合う社会を望んでいる。商品化された意志ばかりが現実化され、しかも競争原理を通してでしか意志を現実化できぬ現在の社会は、それ故否定する。だが、意志をなくして否定することも、よい社会に到ることもできはしない。かえって都合のいいようにのみ周りを捉えようとし、否定する代りに欲求不満を高めるばかりが関の山だ。夜郎自大もいいところとなってしまうばかりだ。こうした間抜け、自らに欲求不満を抱き、そして周囲にも欲求不満を抱く間抜けは、意志をなくした者だけである。自分は、よい社会を望んでいる。そこで意志をなくしてしまえば、夜郎自大の不平家とまったく変わりがないだろう。

現在の社会は、不平もまた商品としている。商品であるから、使用価値より交換価値が重視され、そこで交換しやすい不平が出回っている。分け前をもっとよこせと懐手をして叫ぶのだ。こうした社会において、意志なくして社会を批判することは剣呑である。社会を否定する代わりに、かえって批判対象である社会の維持に貢献するだけである。意志なくして社会を批判する者は、稼ぐために商品化された不平、夜郎自大の不平を唱えている者の一人とされてしまうだろう。そして競争原理によって、よりあざとい不平、懐手をして叫ぶ不平を唱えざるを得なくなるだろう。そうなってしまえば、不平を唱えることで意志を現実化する羽目になり、しかも批判の対象である現在の社会で、不平専門家になる確固とした役目まで得てしまうだろう。

ただ意志だけが現在の社会を否定するのだ。よりよい社会は、意志なしにして現実化されぬのだ。悪循環に泥み、文学青年みたように己れにウンザリすることにウットリしている間抜けであれば、不平専門家となる他ない。自分がイヤなら、イヤでないようと努めることだ。意志をなくしてしまうなら、不平専門家が待っているのだ。

とりあえず、こう考えた。考えた以上は何かしら努めたく思い、パトリック＝ブラントリンガァの『パンとサーカス　社会衰退としてのマス・カルチュア論』（小池和子訳　勁草書房一九八六年・原著一九八三年）を読む。よく調べてあるので役には立つ。もっとも、役には立つが、大して面白くはない。例えばフランクフルト学派第一世代についての下りは詰まらぬものだ。アドルノを筆頭とするフランクフルト学派の文化批評が如何にマス・カルチュアに否定的であったかを強調し、そこから彼らの不平家ぶりを照らし出そうとしている。この手の解釈は退屈だ。どうしたわけか第二世代にはほとんど触れず、第一世代が不平家だとばかり述べるブラントリンガァは、おそらく不平家に違いない。アドルノなりベンヤミンなりとキチンと対決せず、つまり否定をせずに、よくある批判を繰り返しているだけなのだ。合州国で通念となっている実証的批判を繰り返しているだけなのだ。その癖、フランクフルト学派についてマァティン＝ジェイに直接教えを受けたと誇らしげに書いているのだから、不平家としても失格である。とはいえ、実によく調べてあって、読み応えがあるのも確かである。半ばまで読み進んだところ、日の出を迎えることとなり、本を閉じる。ほんじつはこういったところだ。

ブラントリンガァ『パンとサーカス』

十八日　月曜

晴天。昼過ぎに起床。乾パン、チィズ、果物を喰う。怠けに怠けた昨日の振舞いを続けるわけにはいかないので、喰いながらブラントリンガァの『パンとサーカス』を開き、読み進める。

昨日まで取り組んでいたジェイムソンの『弁証法的批評の冒険』と比べて、何と読みやすいことか。サクサク読み進めることができて、何だか心地よい。

ブラントリンガァは、思想家たちのマス・カルチュアに対する態度を次々と祖述し、カテゴリに分けている。正の古典主義（ポジティブ＝クラシシズム）と負の古典主義（ネガティブ＝クラシシズム）という二つの基本的なカテゴリに分けることで、ブラントリンガァは諸思想の位置づけをおこない、その評価を下す。正の古典主義とは、文化の理念型として古典文化を扱い、それをもってマス・カルチュア批判をおこなう態度を指す。負の古典主義は、社会衰退の理念型としてデカダンス文化を扱い、それをもってマス・カルチュアとの類似性を語り、社会衰退を予測する態度を指す。こうして祖述され分類されたマス・カルチュア論の見取り図によって、読み手は諸思想の意味を（ブラントリンガァに与えられた形で）知ることができる。

例えば、ホセ＝オルテガ＝イ＝ガセットは負の古典主義の典型であるとブラントリンガァは考える。したがってオルテガは現代の高級文化と大衆文化の区別すら否定し、現代文化一般がデカダンス文化であるとして社会衰退を予測するというわけだ。また、アドルノとホルクハイマァは、その共著『啓蒙の弁証法』による限りでは、やはり負の古典主義に泥んでいるとブラントリンガァは考える。「フランクフルト研究所の思考法の基本パターンは、弁証法的思考が常にそうであるように、撞着語法的である」（二五五頁）から、進歩と文明は自らその反対に転ずるというわけだ。正の古典主義の典型としてはカミュがいる、とブラントリンガァは考える。ロォマ的なデカダンスは文化ではなく、真の文化はギリシャにあり、と見なしたカミュは、負の古典主義を乗り越えた形で正の古典主義を代表するわけだ。

こういったカテゴリ分けと祖述によって、諸思想が実に分かり易く説明されている。分かり易い説明をサクサク読んで、諸思想を次々汁のはたいそう心地よい。それに対して『冒険』は、知るというよりも分かろうとする姿勢をジェイムソンと共有しなければならず、そのためにエラく難解であった。思想を知るとはどういったことか分かろうとする姿勢は、先の心地よさをもたらすことがない。

ただし『冒険』の難解さは、別種の心地よさをもたらすものだ。その心地よさとは、歯ごたえのあるものを噛みしめる心地よさである。己れが何をしているのかハッキリ分かる振舞いは、心地よいものだ。難解なことばを通じて、ある観念に到ろうとする試みは、本を読むことの意味をハッキリと自覚せしめる。この自覚が心地よいのだ。

サクサク読んで、次々と知ってゆくことは、確かに心地よい。水素と酸素とが結合して水となることを知るのは、心地がよいものである。ただ、こうした心地よさは長続きしない。どうして水となるのか、どうして結合するのか、そもそも水素だの酸素だのいうものは一体何か、等などの疑問がそこで起こるからである。ジェイムソンの難解さは、これ等の疑問を考え、答えようと努めることから来る。

ある事柄について何かしら知ったと考えることは、ごくありふれたことだ。このありふれた振舞いを再考し、知っているはずの事柄が知らない他の事柄と結びついていると知るのも、ごくありふれたことだ。そこで、知らない他の事柄をも知ろうとするのだが、ありふれた対応である。知っている事柄の総和によって、知っていることの確実性を得ようというわけだ。だが、この対応は次の疑問を避けている。知っているはずの事柄が知らない他の事柄と結びついているならば、どうして知ったと考えることができたのか、という疑問がそれである。先の対応はこの疑問に答える代わりに、論点をすり替えてしまう。結びつきを知った時点で、知っているはずの事柄について知らない部分もあることが分かった、とすり替えてしまうのだ。こうしたすり替えは、知ったと判断した根拠を問う代わりに、知ったと判断したことを断罪するのみに終わる。つまりは、知ることを結果から考える態度が、すり替えであるのだ。知っている事柄の総和がより大であるという結果を求めることが、すり替えであるのだ。しかし結果から考える態度は、すり替えを永続させる。人間の知っている事柄は、極大から極微へと拡大し続ける。結果は常に暫定的であり、したがってすり替えと断罪はなくなることがない。だが、永続するすり替えは、今のところ誰も何も知っておらぬと表明することに他ならないだろう。常に結果から考えるために、今知っていることは知っていないこととなる。そして知っている事柄の総和によって、知っていることの確実性を得ようとするために、ある者が知っている事柄も、それだけでは知ったことにはならないこととなる。ひっきょうすり替えは、人間の無知を表明しているだけなのだ。すり替えは、汝の無知を知れというテェゼの卑俗化である。

ここで先の疑問がふたたび出てくるだろう。それは、何故に人間は知ろうとし、そして知ったと判断するのかという疑問である。汝の無知を知れ、それは結構だ。しかし無知であると知るためには、知っていると考える状態が前提されねばならない。この状態について知ろうとしなければ、無知であることを知ることも亦、無知に陥るだけである。何故に人間は知ろうとし、そして知ったと判断するのか知ろうとしなければ、無知を知ることとは一体何か知ることができないのだ。つまり、知ることへの疑問がなければ、知ること自体の意味を知ることができないのだ。

ジェイムソンに話を戻せば、ジェイムソンが問うているのは、こうした疑問である。ある思想家が考えたことについて、彼は問う。どうしてそう考えたのか、どうして考えようとしたのか、彼は問うているのである。『冒険』は、この問いとそれに答えようとするジェイムソンの試みが述べられている本である。そこで、『冒険』の読み手も亦、ジェイムソンがどうしてそう考えたのか、どうして答えようとしたのかを問わざるを得ない。ジェイムソンの試みに巻き込まれ、共に考えながら読み進んでゆかざるを得ない。そこで『冒険』は問いに対する問いとなり、難解この上ない本となる。だが、こうした難解さによって、本を読むとはどういうことか、本から何かを知るとはどういうことかについて自覚的になりながら、読み手は本を読むことができるのだ。本を読む意味について自覚的になりながら本を読む振舞いは、自分にとって心地よい。そしてこの心地よさは、たんに知るだけの心地よさとことなり、長続きする心地よさである。考えることを考える心地よさは、さらなる考えをもたらすものであるからだ。さらなる考えとは、知ることとは何かを知ろうとする試みである。

転じてブラントリンガァの本に目をやれば、祖述と分類は見事であるけれども、読み手に考えることを強いることがない。社会衰退についての諸思想が、どうしてそのような結論を持ったのか、どうして社会衰退を扱おうとしたのか、読み手に考えさせることがない。ブラントリンガァ自身が問うておらぬのだから、読み手が考えるはずもないのだ。ブラントリンガァは、社会衰退を扱ったと彼が判断した諸思想を祖述し、分類するだけである。それぞれの諸思想が持つ問題意識を問わず、対象として社会衰退を扱ったと判断して祖述される思想、分類される思想は個別性を失ってしまう。それ故、ブラントリンガァは見事に整理された形で論述を展開するけれども、個別性を失った諸思想を整理しているのだから見事なのは当たり前である。サクサク読めるのは心地よいが、いささか拍子抜けがする。いったいブラントリンガァが何を言いたいのか丸で分からないのだ。彼自身は、目論見についてこう言っている。

「神話（負の古典主義）を、そのありようのままにみる努力（この本の主な目的……このカッコ内のことばはブラントリンガァ）にくわえて、「大衆」の解放と「マス・カルチュア」の創造が、デカダンスというより進歩を意味するだろうともっともよく確信できる、政治的、文化的参加のしかたをめざして移行するための第二の努力も、また必要である。社会理論、文化理論の狙いはすべて、今現在から、現実であれ想像上のものであれ、私たちの文明の廃墟を、生きたコミュニティに変えるためであるべきである」（四六・四七頁）

正と負の古典主義という二元論をこえて、現在の「大衆文化」（おそらく文明のことだろう）を作り替えようとするならば、これまで二元論に陥ってきた歴史を把握する必要がブラントリンガァにはあったはずだ。というのも、現在が何故にこうなっているのかを知ろうとすることで、現在を作り替えるための対象化が可能となるからだ。つまり歴史的な把握によって、現在は対象としての現在となるのだ。しかし歴史的な把握は個別的な把握に他ならない。それ故、ブラントリンガァの目論見は、その論述とかけ離れたところに置き去りにされる。にもかかわらず、目論見のためにつくられたカテゴリで論述が為されているのだから、何が言いたいのかサッパリ分からない。

社会の変化は、問題意識による認識と行動の結びつきによってもたらされる。知ることは、知った対象を変えることでもあるのだ。例えば、火について何かを知ったと考えることは、直接間接に火を利用することに結びつく。火が明るさをもたらすと知った者は、それを照明として用いようとするだろう。しかし照明として火を利用することで、火について知っていることが変わってしまう。火はいつまでも明るくはなく、何かを与えないと暗くなり、火そのものもなくなってしまうことを知るだろう。そこで燃料と火の関係を知った者は、自然火としての火を人工的な火に変えることになるだろう。このように、知ることで変わってしまった対象をふたたび知ろうとする営みが問題意識であり、社会におけるこの問題意識の連鎖が、歴史である。したがって歴史的観点から見れば、社会衰退とは、問題意識の連鎖としての変化を捉えきれなかった認識の限界を意味するに過ぎない。

この認識の限界としての社会衰退論について、コリングウッドは、一二七年に発表した論文「歴史循環説」(『歴史哲学の本質と目的』収録)で、必要にして十分な説明を述べている。いささか長くなるが、その説明を引用しよう。

「暗黒時代なるものは存在しない。もっとも、それがどの時代も暗黒であるという意味か、あれこれの歴史家が嫌悪したり誤解したりする時代であるという意味なら、話は別である。それればかりか、右と同じ留保を付すなら、頽廃も存在しない。

歴史は諸行無常(tout lasse, tout passe, tout casse)である。あらゆるものが朽ち果てる。運動はすべて何ものかから離脱する運動であり、獲得したものの喪失であり、衰退であり死である。キリスト教の勃興とベリッキア（ロォマにある初期キリスト教の石盤に刻まれた彫像）のこの世ならぬ美は、異教とヘゲソの現世的な美の死である。また、十五世紀は弓術衰微の世紀、十六世紀は取捨本衰微の世紀、十七世紀は多声音楽膵尾の世紀、十八世紀は全体君主制衰微の世紀、十九世紀は帆船衰微の世紀である、と言って全く間違いない」（一七九頁）

「我々が相当良く知っている時代、すなわちその時代に活動した人々の問題や動機を評価できるほど我々が十分理解できた時代は、それぞれはっきりとした、わかりやすい、理屈に合った、したがって称賛すべき時代としてくっきりとその姿を現してくる。しかしそれぞれの時代は、暗黒の海に浮かぶ光の島のようなものである。その時代が未開状態から発生した原因や未開状態へ逆戻りした原因を問題にしても、我々には答えることができない。そのわけは、もしその問いに答えられるほどの充分な知識があれば、問うことを止めていただろうからである。

〈中略〉

循環史観（ブラントリンガァによれば「負の古典主義」）は、だから歴史認識を限定する機能を持つ。少しでも歴史の知識のある者なら、誰でも歴史が循環するものであることを認めるが、そのわけを知らない者たちは歴史が本当にそのように構築されているものと考える。こうした人々は、循環の正確な位置やリズムを確定する段階になると、まったく同意見の者は二人としていない。但し同時代の人たちの間には或る程度の一致が見出せる。それは、特定の世代の歴史認識が、したがってまたその世代の歴史認識不足が、相当程度まで共通の財産であるという事実にもとづいている。だから、一般的合意を信じることは容易であるし、見解の相違は、歴史が学問として前進すればどうでもよくなる。だがこうした信念はまったくの幻想である。我々がスモレットとビートトリ教授を比較したように（十八世紀にスモレットは新古典主義の建築様式を、二十世紀にビィトトリ教授はゴシック様式をそれぞれ絶賛した）、今度はさらに広範囲に及ぶ帰納法にもとづいて諸々の見解を比較すれば、遠いがとことんまで行き着くのがわかるであろう。だから、知識が一層前進しても食い違いは取り除かれることはなく、いつも新たな場面で再び登場し、各々の連続的循環系統の基盤となっている根本的評価を絶えず覆すものであることは、いまや相当確実なものとなっている。歴史を研究する者にとっては、誰にでも常に或る種の循環仮説が存在するに違いない。それは、どの人の影でも自分が見渡せる地表のどこかに落ちているのと同じである。しかし、当人が動く瞬間に当の影も動くように、循環史観も、個人や人類の歴史認識が全身するにつれて、ふたたび変化、解体、分解、改造を遂げることになるであろう」（一九一頁から一九三頁）

夕方になったので本を閉じ、ノルマにとりかかった。昨日は怠けてしまったため、反動で気合が入っていたらしく、比較的早くにこなし終える。一息つき、冷肉、ピクルス、黒パンを喰う。腹ができたので、ふたたび『パンとサーカス』を続きから読み出す。読了。通時的に扱うべき対象を共時的に扱ってしまった本である、という印象が強い。ともあれ、マス＝カルチュアが現在の合州国で問題となっていることは分かった。そこで、ハァバァド＝G＝ガットマンの『金ぴか時代のアメリカ』（大下尚一・野村達朗・長田豊臣・竹田有訳　平凡社一九八六年・原著一九七六年）を開き、読み出した。平凡社《社会史シリーズ》の一冊であるこの本は、合州国における労働者の文化史を扱っているらしい。正にマス＝カルチュア前史といったものを扱っているのだから、ここは一つ読んでやろうと手に取ることになったわけである。と言えば聞こえはいいのだが、平凡社《社会史シリーズ》はハズレがないことを経験で知っているから、楽しみを求めて読み出したというのが本当のところだろう。実際、しょっぱなから楽しい下りがあって、ニヤニヤしながら読み進める。その楽しい下りについて、ここで述べておきたくあったけれども、止めることにする。どうしたわけか機械の具合が悪く、騙し騙し鍵盤を打つことが難儀になってきたからだ。というわけで、本日はこれまで。

十九日　火曜

曇天、夜にはいり降雨。昼に起床。乾パン、チィズ、果物を喰う。喰いながらガットマンの『アメリカ』を開き、続きから読み出した。

ガットマンは合州国の色川大吉である。読みながら何故かこう思った。未だ半ばまでしか読んでおらぬので即断は禁物なのだが、どうしたわけか無闇に色川大吉を思い出してしまう。おそらくその理由は、色川氏とガットマンとに共通した歴史把握があるためだろう。色川氏は、歴史にアルタナティブを見いだすことで、結果の集積として「歴史」から歴史を解き放とうとする。自由民権運動の地下水脈として、色川氏は人民の意志に注目しようとするのだ。従来の「歴史」では、直輸入された自由政体を求める知識人と、薩長閥によって周辺に追いやられた不平士族とが、経済力を増した豪農層を基盤として起こした運動であると見なされてきた。しかし、色川氏は運動の担い手を実証的に検討し、それが平均的な農民であることを明らかにする。そして、平均的な農民がどのように自由民権運動を担っていったのかを、彼らの意識に注目することで理解しようと試みる。例えば、と色川氏は言う。例えば、秩父困民党のスロォガンには、この人民の意識が如何なるものかを如実に表している。「おそれながら天朝様に敵対するから加勢せよ」と困民党が叫ぶとき、そこでは封建的心理の遺制（「おそれながら」）が、蜂起の重大さと決意とを高めていることを知るのである、と色川氏は言うのだ。

こうした歴史的過程に注目することは、歴史を開かれたものとして把握しようと努めることだ。結果の集積として歴史を把握しようとするならば、結果と結果とのつながりは直線的となり、そこに決定論的要素が入ってくる。過程に注目することで色川氏は、歴史にアルタナティブを求め、決定論から離れようと努めているのだ。ガットマンも亦、過程に注目することで、歴史にアルタナティブを求め、決定論から離れようと努める。

「これまでのページで強調してきた見方が物語っているのは、アメリカの男女労働者の多様な集団の行動様式だけではない。それはまた、従来しばしば研究の対象とされてきたアメリカ社会のより大きないくつかの局面でさえも、一つの歴史的過程、すなわち長い期間をかけて多種多様な民族集団を「工業化」してきた過程によって、影響を受けてきたということをも示唆する。フェルナン＝ブローデルが指摘するように、「勝利をおさめた事件は複数の可能性の結果として生ずる」ものであり、「実際に実現した一つの可能性に対して、無数の他の可能性が消し去られてしまったのである」。通常このような「他の可能性」なるものは、「歴史家に対してほとんど痕跡を」残さない。「しかしそれらをも叙述する必要がある。なぜなら敗北した諸運動も、あらゆる時点において最終的な結果に影響を及ぼした要因なのだから」とブローデルは付け加えている。多様な前工業的な文化と、変化しつつますます官僚化する工業社会との間の接触および抗争も、社会全体に影響を及ぼしたのであり、その影響のあり方については今後の体系的な検討をまたねばならない」（『アメリカ』九一・九二頁）

色川氏とガットマンとが問題意識を共有していることは、右の引用から明らかだろう。もっとも、ガットマンは合州国の人間だから、ブロォデルがこう言ったなんどと書いてしまいはするけれども。しかしブロォデルはともかくとして、色川氏と同じくガットマンが歴史を開かれたものとして捉えようとしていることが分かる。こうした問題意識を持っているからこそ、歴史家という専門家でありながら、次のような専門家批判をガットマンはおこなうのである。

「新しい社会史の多くは健全にも、過去の労働者階級の経験の中で重要であるにもかかわらず非常に無視されてきた局面に検討を加えている。しかしながら、その中のかなり多くのものが、あまりにも狭い類別化にはしり、また極端なほど統計学的で、行動主義的である。そのような研究はたびたび、或る過程の正確さをもって、行動の規則性を叙述しはする。しかし説明はしていないのである。さらに、新しい社会史は非常に限定的な過度の専門化に陥っている。その危険性を実例を挙げて、簡単に明らかにしておこう。その例として、「無法状態をもたらした一八七五年のストライキに参加した、アイルランド生まれのカトリックで、マサチューセッツ州フォール・リバァーに住み、織物労働者で組合のオルグであった女性」を取りあげよう。当時の人はこのストライキを「長期休暇」と呼んでいた。新しい社会史の細分化傾向に従えば、この一人の人物は九つの相異なった小専門領域に切り分けられてしまうだろう。

一　この人物はフォール・リバァーへ移った……流動性の歴史。

二　この人物はアイルランド生まれであった……移民史。
三　この人物は女性であった……女性史。
四　この人物は既婚であった……家族史。
五　この人物はフォール・リバァーに住んでいた……都市史。
六　この人物は織物工場で働いていた……経営史。
七　この人物はカトリックであった……宗教史。
八　この人物は組合役員であった……労働史。
九　この人物は騒乱に桑合った……集団行動史。

もしニューイングランドの織物工場で働く彼女のような女性の数が十分にそろえば、さらに一〇番目の専門化された研究がなされるであろう。彼女たちの数が数えられ、さまざまな「変数」に従って組み合されて、表が作成されよう。彼女はその場合「数量的な」歴史に属する。このように専門化した研究から何か学ぶものはるではあろうが、そのような研究それ自体は、ふたたび意味の代わりに分類を代用し、人間の行動を理解する上で不可欠な全体性を欠落させているのである」（『アメリカ』一〇・一一頁）

専門家優位の社会を批判することを目論む自分が、歴史を批判の中心にして考えていたことは、どうやら間違えてはいないようである。歴史は専門化したとき、その死を迎えるのだ。しかし自分のことはともかく、この専門分化についてのガットマンの批判はすこぶる楽しいものだ。久々に大いに笑わせてもらった。

笑ったり、ヘンに確信を持ったりと忙しく『アメリカ』を読んでおるうちに、夕方となってしまった。夕方には所用があったので、やむなく本を閉じ、身支度をして表に出た。

さっさと所用を済ませて下宿へ帰る。さっそくノルマにとりかかり、一通りこなし終える。何となく湯に浸かってノンビリしたくなり、いつの間にか風呂屋へ向かっている自分に気付いた。どうにも誘惑に弱くてまいるが、サッパリしたからよしとしよう。ふたたび下宿へ帰り、茹で卵、ピクルス、干し葡萄入り巻パンを喰う。腹ができたので、『アメリカ』を開いて読み進める。そして例によってエラい時刻を迎えることとなった。というわけで、本日はこれまで。

二十日　水曜

天気分からず。終日横になる。どうにも具合が悪く立ち上がることすら困難だ。お陰で、ノルマや、その他やるべきことをすべて省略する。もっとも、これを書くことまで省略するわけにはゆかぬ。自分が具合を悪くするのは、たまたまである。そこで、具合が悪いからといって、何一つせずに横になっておるだけならば、常に困難な立場に立たされる羽目になったとき、どうするのか。こういった危機意識があるため、今現在これを書いているのだが、さすがにつらい。しかし、思えば先月も具合が悪くなっているではないか。そこで毎月、具合を悪くしたい者に、自分が秘訣を教えよう。

表から帰ってきたら、うがい、手洗いを欠かさぬことだ。

毎日、ビタミンを摂取することだ。もちろんミリグラムではない、グラムで摂取することだ。

適度の運動と冷水摩擦を欠かさぬことだ。冬だろうがなんだろうが、キチンとやることをおすすめする。

できるだけ定期的に食事を摂り、なるたけ野菜、果物を食べることだ。

近くで嚔や咳をする者がおったら、息を止めてその場を離れることだ。そもそも人混みが多いところへ出向かない方がいいだろう。

こうしたことを全て果たせば、自分のように毎月、具合を悪くすることができる。

さて、自分のどうしようもない身体はともかく、日付が変わった頃に立ち上がることができた。とりあえず乾パン、チィズ、果物を無理して喰う。明日、もとい今日は図書館へ向かわねばならぬのだ。栄養を摂り、安静にして、具合を元に戻さねばマズい。というわけで、本日はこれまで。

二十一日　木曜

晴天。夕方まで横になっていた。昨日と今日にかけて、実に長いこと横になっていたためだろう、夕方に立ち上がってみたが、それほどつらくはない。今日は是が非でも図書館に向かわねばならぬから、大いに助かる。借り出しておった本の返却期間は、今日をもってその最終日とするからだ。そこで、乾パン、チィズを喰い、身支度をして表に出る。

何だか図書館が遠く感ずる。ふだんなら、よい運動だとばかりに早足で歩くところも、まだ着かぬかまだ着かぬかとウンザリしながら歩いてゆくことになる。ノロノロと歩いておるうちに、ふと、これから公共施設に向かうことを考えた。

自分は、風邪を引いた者が公共施設に出入りすることを嫌う。風邪は接触感染で移るものである。それ故、風邪を引いておきながら公共施設に出入りすることは、他人に迷惑をかけにゆくようなものだ。自分が風邪を引くときは必ず、公共施設に出入りした後と相場は決まっている。ならば今現在、自分が公共施設に向かっていることは、よくないことではないのか、とそこで考えた。

さっさと引き返してコタツで横になってしまおうという欲望がわき起こる。よくないことをするぐらいであるなら、無理してまで決まりを守ることはないのである。実際、わずかばかり歩くだけでも難儀なのだから、コタツで横になっていた方が楽なのだ。引き返そうではないか。

こうした欲望を前に、ノロノロ歩きながら少し悩む。しかし、身体の不調は風に限ったわけではない。そして今回の不調は、循環器系の不調を引き起こしていないところを見ると、風邪の可能性が低いのだ。自分の身体は、風邪を引けば確実に循環器系統の不調を引き起こしてきた。今回だけ例外とは解せない。喉と胸の痛みがなく、鼻水が洪水のように溢れ返ることのない風邪なんど経験したこともない。おそらく今回の不調は、風邪ではない。何か他に原因があるだろう。

このように考えたため、仕方なく図書館へ向かってノロノロ歩き続ける。しかし、具合の悪いときには、その原因を考えることはしないものだ、と妙に感心する。今し方まで、自分の不調が何であるか考えもしなかったのだ。病人は退屈しない、とどこだかで読んだ覚えがある。確かに具合の悪いときには、目先の苦痛に耐えることで手一杯となり、あれこれ他のことを考える余裕はなくなるようだ。だが、風邪ではないのならこの不調の原因が何であるのか。いろいろ考えてみるけれども、妥当な原因がまったく思いつかない。ともあれ、具合は昨日よりよくなっているのだから、それでよしとしよう。要は直ればよいのである。下手に考え続けるとロクなことがない。かつて『家庭の医学』を読んでおって、婦人病以外の全ての病気に該当しているると確信した覚えのある自分としては、ロクなことがないのは明らかなのだ。

何とか図書館にたどり着き、返却を手早く済ませて帰路につく。ふだんならあれこれ書庫を覗いたり調べものをしたりするのだが、風邪の可能性も一応考えられるうえに、くたびれて調べものどころではなかったためである。

下宿に着くや、くずおれそうになった。どうにも、くたびれている。とはいえ、昨日と今日の大半を横になって過ごしているのだから、このまま何もしないでふたたび横になるのはマズい。人間口実さえあればいくらでも怠けるものだ。オブロゥモフだって、己れの怠惰に口実を設けていたではないか。そこで仕方なく最低限のノルマをこなし、冷肉、ピクルス、黒パンを喰う。黒パンは一斤喰う。食欲はまったくないが、喰うことまで怠けてしまえばブルジョアのお嬢さんもいいところなので、我慢して喰う。今日は食欲がないから云々は、恵まれていることを自覚せぬ間抜けな者の台詞である。

自分は時折、自分自身に腹を立てる。貧弱な筋力と、そのくたびれやすさに腹を立てる。できの悪い脳に腹を立てる。こうした自分と、その自分が置かれている立場に腹を立てる。そこで自分自身に対する怒りから、自暴自棄に陥ることが幾度あったか知れぬ。しかし、これ等はある意味で間抜けな怒りなのだ。

自分は五体満足である。自分はいわゆる先進資本主義国に生まれ、その国籍を持っている。

自分は中産階級出身であり、潤沢な教育費をかけてもらってきた。明らかに自分は、恵まれている。五体満足である確率、先進資本主義国に生まれる確率、中産階級に生まれる確率、考えてみればものすごい確率で現在の自分は成立している。その自分に腹を立てるのはよいのだが、こうした確立に恵まれなかった者のことを考えずに腹を立てるのは、夜郎自大もいいところだろう。もっとつらい者は、いくらでもおるのだ。そのことを考えれば、自分自身に腹を立てて自暴自棄に陥ることは間抜けである。しかも悪質な間抜けである。己れを否定しているようでいて、己れを作り出した恵まれた環境にあぐらをかいて怠けているだけだからだ。

己れを否定すること自体は悪くはない。いや悪くはないどころか、何かしら向上しようと努めるならば不可欠なものとしてあるだろう。だが、己れは常に己れを作り出した環境と密接に結びついている以上、己れを否定することは己れの周りを否定して向上しようと努めるのであるならば、今現在の己れの周りをも向上せしめればならぬ。しかし、己れは否定しておきながら、己れの周りを否定せずあぐらをかいておる限り、その否定は向上と結びつくことがない。何故ならば、己れだけの否定ほど易しいものはないからだ。とりわけて、恵まれた立場におればおるほど、己れだけの否定は易しいのである。そうして易きに流れ、努めることをしない者が、向上できるはずもない。しかし向上もせずに否定を続けることは難しい。そこで易きに流れる者は、己れの否定の反対物へと、つまり己れの周りを非難することへと、これまた安易に流されることであろう。そして周りの圧力によって、ふたたび己れの否定へと帰ってゆくことになるだろう。

否定のうちに肯定的なところを見つけだすよう努めなければ、二元論的な否定の無限反復に終わるだけである。ひっきょう否定は、否定することに努めない限り、真の否定、意味のある否定にはならないのだ。

こうしたことを考えたため、何となくフランクフルト学派について読みたくなった。そこで既にエラい時刻にもかかわらず、矢代梓の『啓蒙のイロニー』（未来社　一九九七年）を開き、読み始める。とんでもない時刻に読了。

矢代の『イロニー』は、ハァバァマスという議論好きのオッサンを使って、戦後西ドイツ思想史を語ろうとしたものであった。とにかくハァバァマスは議論好きで、思想史上重要と見なされる論争には大抵参加しているため、この目論見は比較的うまくいっている。比較的というのも、ハァバァマス自信の思想について詳細を述べることが目的ではないため、論争の焦点がおおまかにしか掴めぬからである。とはいえ、戦後西ドイツの思想が持つ、多様性と歴史的な連続性を知る上では、たいへん役に立つ本であった。ほんの後半部は、「ドイツ戦後思想クロニクル」と題されたエセィで、これもまた役に立つ。

ただ、役には立つけれども面白くない。なかんずく著者である矢代氏のとる立場が、まったく面白くない。面白くない理由は、矢代氏があぐらをかいているからだ。

「批判理論といえば、日本では一九六八年前後のマルクーゼ・ブーム現象と同一視され、叛乱の季節の終息とともに、なにやらカタがついてしまったような印象をもたれているが、それはまったくフランクフルト学派の批判理論に対する無理解から生ずる知的怠惰ともいえるだろう」（一八四頁）

「モデルネの問題が文学批評として考えられる以上、ボーラーが提起した「主観性」への追及は避けて通れない重大な問題である。こうしたアクチュアルな時代認識を念頭に置いた文学研究が重要視されないこの国では、ポスト・モダンの議論が思想の消費財としての機能しかもち合わせないのも当然のことかもしれない」（二一〇頁）

「戦後の写真のなかで、興味深い写真がある。ミュンヘンの工科大学で、ハイゼンベルクとユンガーとハイデガーが講演した時のスナップである。ハイゼンベルクが「技術時代の芸術」を講演し終わった直後の情景であろう。席へ戻る途中のハイゼンベルクがユンガーに話しかけている。そのユンガーの前列にはハイデガーが坐っている。この三人の取り合わせは、戦後の西ドイツではそれほど不自然なものではなかったかもしれない。しかし、非文化的にして怠惰なこの国の実情ではいまだに十分刺激的な画像である」（二一三・二一四頁）

向こうじゃあこうなのに、この国では云々と言った台詞は、怠け者のことばである。向こうを知っている者は少数である。まして、向こうの知的風土を知っている者は専門家以外にはほとんどおらぬ。そうした少数の一人であり専門家でもある者が、向こうに照らしてここいら辺の知的風土を批判することは、怠惰としか言いようがない。向こうについて知っている者が努めないで、どうして向こうと同じような知的風土にここいら辺がなるものか。努めておれば、向こうじゃこうなのに云々なんどとそう簡単には癒えないはずだ。簡単に言えるとしたら、己れと己れの周りを切り離し、周りを否定しているだけで事足れりとする怠け者だけである。

矢代氏は、表題を『啓蒙のイロニー』とした理由に、戦後民主主義に愛着を感じつつも、「啓蒙の暴力」を学んでしまった以上手放しに賛同できなくなった著者自身の立場を挙げている。実に怠け者である。戦後民主主義を、キチンと学んでおらぬではないか。竹内好の『指導者意識について』を読んでおれば、「イロニー」なんどと安易に語れるはずもない。橋川文三が、その日本浪漫派批判でおこなったイロニィへの考察を読んでおれば、安易に表題に使えるはずもない。ここいら辺の戦後民主主義は、ものすごい水準で思想が語られているのである。戦後民主主義は、その射程距離のうちに啓蒙の否定性をも捉えているのだ。

「戦後の社会科学は、戦時下の蓄積の全面的な開花から出発したといえるだろう。後に丸山真男が回顧しているごとく「第三の開国」という「知の再生」とでも形容できるような雰囲気が渦巻いていたのだった」（二一八頁）

このように著者自身もそれと認めておりながら、先の安易な帰朝者風の否定を語っているのだから、実に怠惰である。思想は解説するものではない。それを生きることなのだ。ということろで、本日はこれまで。

筒井清忠の『日本型「教養」の運命』

二十二日　金曜

晴天。とんでもない時刻に起床。いくら具合が悪いとは言え、三日目である。三日目にして、この起床時刻はいただけない。こうした危機意識から、目覚めてすぐと最低限のノルマにとりかかった。自分自身に言い訳をしているような感があったけれども、言い訳すらしなくなったらおしまいである。オブロゥモフですら、オリガに巧妙な言い訳をしているではないか。こう考えながら最低限のノルマを済ませ、食事の支度にかかる。乾パン、チィズ、果物を喰う。

そう言えば昨晩も亦、危機意識から無闇に速読をしてしまった。速読したからといって、学んだことにはならないだろう。かえって書き手と読み手との内的対話を妨げることにもなりかねぬ。もっとも昨晩読んだ『啓蒙のイロニー』は、速読しても構わない本ではあったが、だからといって速読してしまったことには変わりがない。書き手から学ぶ態度を失っていたことには変わりがない。そこで、今回は学べる本がよいだろう、と筒井清忠の『日本型「教養」の運命』（岩波書店　一九九五年）を開く。

やられた、と絶叫する羽目になった。専門家の資料操作能力と鋭い問題意識によって、自分が目論んでいた試みが先に為されていたのだ。頭を垂れて学ぶつもりであった本が、競争相手による本であったのだ。しかも相手は専門家である。自分が批判したく思っている社会の中軸を担っている者である。こうなってくると、さすがに叫ばざるを得なかった。批判対象が如何に手強いか、如何に自らを批判することで生き延びてゆくか、考えざるを得なかったのだ。

自分の目論見は、日本帝国末期に焦点を当てて、帝国と現在の社会との連続性および断絶を語ろうとするものだ。専門家優位の社会としての連続性が、帝国末期から現在にまで至っていると自分は捉えている。そこで、専門家優位の社会が確立する過程で、人民の権利主張が戦時下という名目でメリトクラシィに吸収されていく有り様を実証的に捉えることが課題となる。この課題を果たすことで、帝国末期は人民の権利主張が帝国憲法の域を超える時期に当たることを確証し、帝国の基盤としてあった密教＝顕教の二元論的天皇制が崩壊してゆく過程を示し得ると自分は考えている。そこで焦点は専門家としての科学者と憲法になるのだが、知識人論でも連続性発見が可能であることを筒井の論は示しているのだ。

「昭和一〇年代の戦争と軍国主義の時代は、旧制高校生文化においては教育主義の復権と完成の時代であった。

それは、政府・軍部と大衆とが軍国主義を媒介にして結合した時、それらに対する差異化の契機として求められ、その機能を果たしていたように思われる。

〈中略〉

ともあれ、すでにみたように敗戦によっても旧制高校生文化としての教養主義の傾向は変わらず、新制大学教養部と新制高校の学生・生徒間にマニュアル化された教養主義文化は継受され、昭和四〇年代に至るまで日本の青年学生文化の主潮流としてそれは機能し続けることになる。

戦時期に形成された文化が戦後民主主義の時代にも一貫して通用し続けたというのは奇妙な事態ではあるが、あまり指摘されることのない歴史社会学的真実なのである。

さらにいえば、戦時期に知識人崇拝の培養器としての教養主義文化が完成していたからこそ、知識人・大学教授によって領導された戦後の近代主義的文化もその展開が容易に可能となったといえるかもしれない」（七五・七六頁）

引用しているだけでも、やられた、と叫びたくなる。しかし、まだだ。まだやり返せる。自分の問題意識は、批判である。歴史社会学的真実を求めることではない。専門家の言辞に似ているからと言って、批判がその力を失うと限りはしないのだ。批判とは、現実を解き放つことに他ならない。現実のうちに、現実を変えるものを見いだすことに他ならない。専門家の求める現実と批判の語る現実とは、この現実を変える点で異なるのである。この批判をはじめに実践した人間と、古典派経済学者とを分けるものはここである。そして、この違いがあるからと言って、はじめに実践した者が古典派に学ぶことを止めはしなかった事実を想起せねばならぬ。

筒井の本から、このようなことを考えた。しかし、右の考えはすべて後知恵である。やられた、と絶叫した時点で自分は本を閉じ、どうしたわけか表に飛び出してしまう。

まだ本復したとは言えぬ体調ではあったが、しばらく散歩に indulge in する羽目になった。要するに、何もしておらぬ癖に悔しがることで、自らを疎外する羽目になったのだ。肯定的意味をもたらさない疎外を批判する者が、自らを疎外することほど間抜けなことはない。自分はあからさまに間抜けであった。

間抜けは体調も考えず散歩を続け、ようやく下宿に帰った頃には、くたびれてノルマをこなせる状態ではなかった。帰途に購入した菓子を囓りながら、間抜けらしくボンヤリして過ごしてしまう。間抜けは、身体によい食べ物を喰わぬくらい間抜けなのである。

だが間抜けに泥む振舞いは、間抜けだけでは済まされない。間抜けなことをしでかさなかった者はおらぬ。しかし、間抜けに泥んでしまうのは、オブロゥモフ以外にはおらぬのだ。間抜けなことを口実にして、これ幸いとノルマを怠けた振舞いは、間抜けの問題を越えている。自分の内なるオブロゥモフの問題だ。こうした危機意識が、日付の変わる辺りになって、ようやく湧いてくることになる。

危機意識を持った自分は、そこでオブロゥモフに至った今日の有り様を、考えてみようと試みた。試みの結果が、先の批判についての考えである。本日はこういったところだ。

二十三日　土曜

晴天。昼過ぎに起床。昨日に購入して喰い損ねた出来合いの野菜煮、果物を喰う。腹ができたので、おそるおそる『教養』を開いてみる。おそるおそるというのも、自分の目論見が専門家によって見事に論ぜられてはいやしないかと危惧しているからである。

こうした危惧のために、目で字を追ってゆく勇気がなかなか出てこない。そもそも『教養』は大した分量ではないから、普段の調子であれば半日で読むことが可能である。各章も比較的独立しており、言ってみれば小論の寄せ集めみたようなもので、読むだけであるならば実に楽な体裁である。しかし、この寄せ集めが剣呑なのだ。昨日に、やられた、と叫ばざるを得なかった論述とは、また違った切り口で自分の目論見を論ぜられたらどうしようかと危惧してしまうのだ。だが、専門家からその富を奪わない限り、専門家と対抗できるはずもない。そこで、なけなしの勇を揮って文字を追ってゆく。

「日本の学生マルクス主義の特徴として、はなはだ教養主義的傾向が強いということが指摘されうるであろう。それは、何よりも「西欧古典崇拝」の傾向が両者ともに強いという共通性に窺える。マルクス主義が、イギリスの古典経済学、ドイツの古典哲学、フランスの社会主義を総合したものだとして説かれる時、「西欧崇拝」の教養主義からマルクス主義への回帰の電流は極めてスムーズに流れやすいのである。

また、「古典崇拝的傾向」が日本のマルクス主義を極めて強い文献学的傾向へと導いたことも留意されるべきであろう。ここから日本マルクス主義の「訓詁学的傾向」が生じたと同時に、緻密なマルクス・エンゲルス学も生みだされたのであった。

このように教養主義とマルクス主義は対抗しつつも相補的な関係にあった。とくに、教養主義→マルクス主義という回路の存在は重要であった。すなわち高等教育のキャンパスから教養主義が後退していくとマルクス主義も後退していくという運命を両者はもっていたのである。

さらに比較社会学的に重要な論点がある。それは、教養主義が日本の学歴エリートに固有の身分文化に近いものとなりかけていた時点で、マルクス主義の強烈なインパクトが襲ってきたため、教養主義が学歴エリートの身分文化となることが阻止されたということである。マルクス主義の内容にあるナロードニキ主義的傾向によって、日本の学歴エリート文化は大衆との差異化を強化する方向に歯止めがかけられることになったわけである」（九八・九九頁）

何だかレイモン＝アロンみたような立論だ。もっとも、ロシアにおいてマルクス主義が力を持った理由の一半には、この知識人による「西洋崇拝」によるところもある。バクゥニンが翻訳を志したか否かにかかわりなく、帝政ロシアにおける『資本論』紹介は講壇を介していた。「人民の意志」党員ですら、この講壇による照会によって『資本論』を読んでいたことが、トロツキィのレニン伝にも明らかにされている。教養主義と解放の思想とは、世界史の向こう岸にいる者にとって、同じように見えることもあるのだ。

もちろん、「人民の意志」党から「黒い両分割派」が出てきたように、そして「黒い両分割派」が「労働解放団」となったように、教養主義と解放の思想は袂を分かつ。筒井はその事実をキチンと指摘し、袂の分かち方の特殊日本的な現われ（エリート文化と大衆文化との差異化を妨げたこと）を述べている。だが、教養主義そのものが必要とされなくなるとき、そこから袂を分かって出てくる解放の思想も見えづらくなることには変わりがない、という筒井の論述は、残念ながら鋭いものと言わざるを得ない。しかし、教養主義が必要とされなくなることは、どういったことか。いささか長くなるが、そのことについて筒井が述べているところを引こう。

「教養主義は人格主義でもあって、それは個人の人格を認めない古い不寛容な伝統的保守的文化に対しては革新的機能を果たす。他方それは学歴エリート文化となることによって、大衆に対しては差異化の機能をも果たす。教養主義はそういう二重性をもっているのである。明治・大正期の「古い日本社会」では、その人格主義的側面は伝統的要素に対して清新さをもっていたし、昭和の軍国主義時代にはそれは、軍国主義・全体主義的傾向に対する防波堤として旧制高校生達に強く求められた。そして昭和二〇、三〇年代の戦後民主主義の時代にも「封建遺制」に対抗する足がかりとして、それは学生文化の基礎となることができたのであった。しかし、「もはや戦後ではない」ということが多くの人に実感されるようになった高度成長期後の日本においては、この機能は後退していかざるをえない。現実に過疎化し、なくなっていく農村を前にしては、克服すべき「封建遺制」そのものがなくなっていくような印象を学生たちは受けるからである。

むしろなくなっていく「田舎（カントリー）の良さ」を探求する民俗学のような学問が、一部の都会の学生達には愛好されたりするような事態ともなるのである。

そうすると、教養主義のもっていた二つの機能のうち第二の機能、差異化の機能の方だけが残ってくることになる。差異化の機能というのは、教養主義の定義の裏返し「（高級な）文化を享受していない人間は人格が不完全である」ということから出てくる機能である。すなわち高級文化享受者が、その機会のない大衆に自らの優越的地位を表示する記号に教養主義がなりやすいということである。すでに述べたように、日本ではエリート文化の教養主義と大衆文化の修養主義とが明治末期に同じ「修養主義」という起源から出発したために、後年になっても両者の分離は十分なものではなかった。学歴エリート文化としての教養主義には、この事情からたえず脆弱さがつきまとっていたといってよい。しかし、そのことは、教養主義が差異化の機能を果たさなかったということではもちろんない。すでに見たように、それは「必読書目」によってマニュアル化されて完成した形にまでなってもいたのである。多くの高等教育就学者がこれを受容したのは、その差異化の機能ゆえでもあった。脆弱ゆえに、差異化の機能は重要であったともいえる。

それでは差異化はどのような時点で機能し、またどのような時点で機能しなくなるのか。この問題は次のように答えられるであろう。学歴エリートが学歴エリートであった時に、すなわち同年齢層の高等教育就学者が極めて限定された割合の中に留まっていた時に、それは機能し、高等教育就学者の割合が大幅に増加してくると、すなわち高等教育が大衆化してくると、機能しなくなるという構造的必然性があったということである」（一〇九・一一〇頁）

成程、筋が通っている。しかし何とスマァトな筋の通し方であることか。教養主義の持つ二つの社会的機能に注目し、その二つの機能のそれぞれが社会の変化で意味を失う時、教養主義の必要もなくなるというわけである。実にスマァトだ。挙げ句に、筒井は次のように言う。

「以上を要約しよう。昭和四〇年代後半に高度経済成長の結果が大学に急激に現れ、急増した大学生たちの間で教養主義文化が大きく後退し、エンタテイメント中心の大衆文化がそれにとって代わることになったのである」（一一三頁）

またしてもやりやがったと叫びたくなった。文化批評の社会的基盤を論ずることまで先を越されてしまった。しかし、お陰でベルの『資本主義の文化的矛盾』やブラントリンガァの『パンとサーカス』なんどの大衆文化論を批判する有効な方法論をいただいたことにはなる。専門家からその富を奪い、矛先を転じてやろう。やられた、やられたと言ってばかりでは仕方がないのだ。

とはいえ、さすがに悔しいものだから、所用の時刻が迫ってきたことを潮に、さっさと本を閉じてしまう。そこで、ゆっくり身支度して表に出た。

所用を済ませて下宿に帰ったのは、夜も大分ふけた頃になってのことである。とるもとりあえずノルマにとりかかり、一通りこなし終えると、既にエラい時刻となっていた。帰途に購入した出来合いの野菜煮、乾パン、チィズ、果物を喰って一息つけば、もう日付が変わりかけていた。腹も膨れたから続きでも読もうと『教養』を開いたが、時刻が時刻なので、しばらくも読まないうちに本を閉じることとなる。というわけで、本日はこれまで。

二十四日　日曜

雨天。とんでもない時刻に起床。もっとも目覚めた時刻のひどさは、今日が休日だということで言い訳ができる。言い訳ができないのは、とんでもない時刻に目が覚めた自分が、終日とんでもない生活を送ってしまったことだ。

今日はロクに努めることをしなかった。要するにノルマを怠けたのである。確かに今日はいろいろあった。あったけれども、これ幸いとばかりにノルマを怠けてしまうのは、今日起こったいろいろな出来事を正面からとらえておらぬ証拠である。口実にできるぐらいの出来事ならば、大したものではないだろう。大したものであるならば、口実にはならない代わりに、他のことを考える余地すら奪ってしまうだろう。つまり、いろいろあったことを口実にしてノルマを怠けてしまうのは、出来事とノルマとを共に軽んじていることに他ならぬ。そして、自分は今日のところ漠然と本を読んで過ごしただけである。何事にも重きを置かず、ただ受動的に一日を過ごしただけである。

ここしばらく、怠惰な日々を過ごしている。あれこれと理由をつけては怠惰に泥み、かと言ってそれを良しとしているわけでもない。怠惰を厭い、努めようとは欲してはいる。にもかかわらず怠け続け、意志を現実化しようとすることがない。こうした振舞いを為す者、自己批判をおこないながらも、怠惰に泥み続けるものをオブロゥモフ主義者と言うのである。

オブロゥモフ主義は卑劣である。己れは怠惰だと自己批判することで、前もって怠惰な振舞いの言い訳をしているからである。だって怠惰だと前に言っていたじゃないか、というわけだ。自己批判は、それが自らを矯め直す契機とならない限り、自己弁護にたやすく転化するのだ。

転化してしまった自己批判は、外見上は自己の否定でありながら、実質的に自己を甘やかしているだけである。自己を甘やかすなら甘やかすで、堂々とやればよかりそうなものだが、オブロゥモフ主義は迂遠な形で甘やかす。それは、オブロゥモフ主義者が現実を直視しないためである。オブロゥモフ主義者にとっての自己は、自己批判できる自己でなければならない。怠惰である自己を乗り越えようとする自己でなくてはならない。というのも、己れが怠惰である現実を直視したくないからである。直視すれば、怠惰を改めるか、怠惰に泥むかの決断を現実に下さねばならぬ。そこで怠惰を乗り越えようとする自己をこしらえることで、現実の己れから離れようとするのだ。あたかも現実に決断を下したかのように、自らを瞞着するのだ。

オブロゥモフ主義者は自らを瞞着する。現実には怠惰な己れがいるだけなのだが、あたかも怠惰を改めようと決断したかのように自らを瞞着する。そして、怠惰に泥むと決断したわけではないから、怠惰の責任を負わされてはたまらないというわけで、周りをも瞞着する。だが、瞞着はいつまでも続くものではない。現実に怠惰である以上、怠惰の責任を負わねばならぬ。怠惰の責任とは、誰の役にも立たない人間となることである。いてもいなくてもかまわない人間となることである。

ある者にとって、いてほしくない人間と見なされる人間の大抵は、他の者にとって、いてほしい人間であることが多い。憎まれるためには何事かを為さなければならない。そして何事かを為す者の大抵は、憎まれようとして為しているのではなく、好意を得ようとして為しているのである。為された何事かは、立場によって受け取られ方が異なってしまう。しかし、何事も為さない限り憎悪すらも得ることはできない。いてもいなくてもかまわない人間というのは、この好意や憎悪を得ることができない人間なのだ。他の人間とのつながりを断たれた人間なのだ。

ひっきょうオブロゥモフ主義は、人間をモノにする主義である。自分はモノになりたくはない。他の人間とのつながりを断たれたくはない。しかし、そこで自己批判をおこない、自らのオブロゥモフ主義を批判することで事足れりとするならば、オブロゥモフ主義から脱却はできないだろう。要は、自己批判を努めることに結びつけることだ。努めること、ただそれだけが人間を人間たらしめるのだ。

とりあえず、こう考えた。そして努めることの糸口にでも、と思い、このように書き付ける。

しかしオブロゥモフ批判はもういいだろう。先にも記したように、オブロゥモフ批判はそれ自体だけでは意味をなさないのだから。

そこで、目覚めた後に話を戻す。目覚めた直後、とんでもない時刻に起床したことを恥じて、いきなりノルマにとりかかった。結局、食事前に最低限の量をこなすことになり、これで妙に油断したのが、今日の怠惰の原因でもあったろう。最低限の量をこなして一息つき、乾パン、チィズを喰う。喰いながら『運命』を開き、続きから読む。夕方に読了。昨日までと異なり、今日読んだ残りは、それほど危機感をつのらせるものではなかった。専門家による専門家らしい仕事があっただけである。そこで何となくはぐらかされたような心持がして、前々からがっぷり四つに組んでやろうと考えていたクリストファァ＝ラッシュの『エリートの反逆』（森下伸也訳新曜社一九九七年・原著一九九五年）を開き、乾パン、チィズ、果物を喰いながら読む。

この本の表題は、オルテガの著名な書物『大衆の叛乱』へのアンチテェゼを目したものに他ならない。読み出したばかりであるが、実際にラッシュは人民を「大衆」たらしめている仕組みに注目し、オルテガが悪しきものと見なした「大衆」を作り出す仕組みそのものを悪しきものとして捉えようとする。ではその仕組みをラッシュはどういったものと考えているのか。それは、専門家支配の社会である。

あんまり驚いたので、ボンヤリしておるうちにエラい時刻となってしまった。そこで本日はこれまでとする。

クリストファ＝ラッシュの『エリートの反逆』

二十五日　月曜

雨天。ぎりぎりで昼過ぎに起床。もう少しで、とんでもない時刻となるところであったから、実に危うかった。昨日にいろいろ思うところがありながら、その翌日さっそく寝穢く過ごすのは間抜けとしか言いようがないだろう。間抜けは御免被りたいので、目覚めてすぐと時計を見、がばと起きあがることとなった。

起きあがってさっそく、少しばかりノルマをこなす。一気にノルマをこなすより、ノルマを分けてこなした方が都合がよいからである。一気にノルマをこなそうとすれば、かなりの量を前にせねばならぬ。そこで量を見て、ゲンナリしてしまうのは人情というものだろう。ゲンナリするのは精神衛生上よろしくないから、量を分けてこなす方が利口である。それに分けてしまえば、夕方あたりからいつもの怠け癖が出る前に、少しばかりは何事か果たせるというものだ。

ある程度ノルマを済ませて、食事の支度にかかる。缶詰各種、乾パン、チィズ、果物を喰う。喰いながら、ラッシュの『反逆』を開き、続きから読み出した。

ラッシュは『反逆』のなかで、専門家優位の社会を批判する。彼にして言わせれば、専門家優位の社会は民主主義ではないからである。専門家を作り出すメリトクラシィ、つまり機会の平等および能力による結果の差は、民主主義ではないからである。そこでラッシュは次のように述べることで、メリトクラシィの非民主主義的性格を批判する。

「歴史的に見ると、社会移動という概念がはじめて明確なかたちをとるようになったのは、一生その状況に縛られたままでいる賃金生活者という格下の階級が存在することをもはやひとが否定できなくなってから……言いかえれば無階級社会の可能性が完全に棄てさられてから……のことであった。上昇移動の「維持」によって平等主義的な諸目的が達せられるであろうという考えは、根本的な誤解をしめすものであった。移動率の高さは権力と特権が支配階級に集中する階層システムと相容れないものではけっしてない。実のところ、エリートの循環は、階層秩序という原理を強化し、エリートに新鮮な才能を供給し、彼らの出世を出自ではなく自分たちの能力の産物として正当化するものなのである」(『反逆』 九一頁)

ラッシュは、メリトクラシィが民主主義であると考えることを「根本的誤解」と見なしている。ラッシュにとってのメリトクラシィは、社会の階層を這い上がってゆける機会を与えるだけである。こうした機会そのものは、階層化された社会が前提になければありえず、結局は「指導者の選抜制度」（九〇頁）に過ぎない。これのどこが民主主義なのか、とラッシュは問うのである。そして、階層化された社会を否定する代わりに、より高い階層へ這い上がろうとする態度が何を生み出すだろうか、とラッシュは問うのである。

「社会的流動性の拡大はエリートの影響力を衰えさせるものではない。むしろそれは、影響力を決定するのは功績のみであるという幻想をささえることによって、エリートの影響を強化するのに貢献する。それは、エリートたちが無責任に権力を行使する可能性を高めるだけである。それはまさに、彼らが先輩たちへの、また自分たちが指導するのだと自称する共同体への義務をほとんど知らないでいるからである。かくして、感謝の念が欠けているという理由で、メリトクラシー型エリートには人々を指導していく重責をになう資格がないし、どのみち彼らの関心は、人々を指導してゆくことよりも、共有地から逃げ出すこと、……それこそまさにメリトクラシー的成功の定義である……にあるのだ」（五二頁）

素敵に冴えた論である。このように考えることで初めて、大衆文化と「高級」文化との区別がなくなった現在の社会について論ずることができるのだ。というのも、文化の担い手が己れの属する「共有地」から逃げ出そうとする者である限り、文化は輪郭を失うからである。

文化産業といったかたちで現れる大衆文化は、大衆がすべての共同体を失ってしまったために存続する。それに対し、「高級」文化は中産階級の歴史に由来するものであり、知識人集団の共同体的な規範ともなっていた。大衆文化と「高級」文化、この二つの文化の対比は、共同体を前提とするか否かの対比でもあるのだ。したがって、この二つの文化が区別できなくなるということは、「高級」文化が意味してきた共同体的規範の消失に他ならない。

現在の文化の権威的担い手は、その大抵がメリトクラシィ的成功者である。そのことは、権威と学歴とが同一視されている現在の風潮からも明らかだろう。メリトクラシィ的成功者である権威的担い手にとって親和性を持つ文化は、そこで大衆文化となる。確かに彼らも知識人ではあるが、その得た知識は這い上がるためのものであり、規範に従うためのものではない。共同体を失った大衆が享受する大衆文化こそ、階層を抜け出ようと欲した成功者にとって近しいものなのだ。

成功者にとって近しい現在の大衆文化は、良い悪いの判断基準がない。共同体を前提としない文化であるため、規範的な要素がなくなってしまったのだ。そこで判断基準のない大衆文化は、何を美しいとするか判然としない以上、権威によって価値を作りだそうとする。こうして文化の専門家がメリトクラシィ的成功者によって担われ、文化産業の管理エリトとして機能してゆくことになる。しかし、判断基準がないゆえに彼らが必要とされたのであるから、この文化の専門家が再生産されるためには、判断基準が常に存在しないことが要請される。そこで文化の専門家たちは、あれは悪くない、これは良くないと判断しながらも、常に己れの判断基準の恣意性を語り続けることになるだろう。そして判断基準の恣意性を語る正当性として、規範からの自由をも、ついでに語ることだろう。

ラッシュを読みながら、右のようなことをボンヤリと考えておるうちに所用で表に出なくてはならぬ時刻が迫ってきた。とりあえず本を閉じ、あたふたと身支度して表に出る。

夜もふけてから下宿に帰った。着いてさっそくノルマにとりかかり、一通りこなし終える。一息ついてから、出来合いの惣菜、巻パンを喰う。腹ができたので、ふたたび『反逆』を開いたのだが、今度は何も考えずにただボンヤリとしてしまう。くたびれていたためらしい。読書に身が入らないまま時刻は過ぎてゆき、いたずらにエラい時間を迎えてしまうこととなる。仕方なく本を閉じ、明日に期そうと考えた。本日はこういったところだ。

二十六日　火曜

晴天。昼前に起床。目覚めてさっそく、一日はじめのノルマにとりかかる。ノルマをこなしておるうちに、脳がハッキリしてゆくことが実感できる。なかなか悪くない心持ちだ。いい機嫌でノルマを済ませ、食事の支度をする。巻パン、チィズ、ビスケットを喰う。

今日は上天気のため暖かく、下宿には陽光が満ちている。少しばかりノルマをこなし、腹もふくれている。久々に昼前に目覚めたため、余裕をもって一日を送れそうでもある。そこで何やらウットリしながら、ラッシュの『反逆』を開き、所用の時刻が来るまで読み続けた。時刻ぎりぎりに本を閉じ、いそいで身支度をして表に出る。

表に出るまでは、自分でも悪くない生活であったと思う。しかし、その後は丸でいけない。ついこの間、自らの内に存在するオブロゥモフ主義を批判したばかりだというのに、ふたたび怠惰な生活を過ごすこととなったのだ。

所用を済ませて下宿に帰ったのは、夜も大分ふけてからのことだった。ノルマをこなす気力も時間もなかったことは確かである。だが、所用をもっと早く切り上げることだってできたのだ。しかし自分はそうしなかった。ゆきあたりばったりで行動し、合理的に意志を現実化することをしなかった。先にも言ったようにノルマを怠ける理由は、なくもない。正当化もできる。しかし、それでは駄目なのだ。

自分は今現在、ラッシュの著作を感心しながら読んでいる。その呼んでいる著作の中で次のようにかかれているというのに、自分の怠惰を正当化してしまうならば、何のために本を読んでいるのか分からなくなってしまうだろう。

「われわれはわれわれ自身が善なることについて、あまりに容易に、あまりに寛容になりすぎてしまった。共感的理解という名のもと、われわれは二流の職人仕事、二流の思考習慣、そして個人的行為に関する二流の基準を容認してしまっている」（『反逆』一二三頁）

ラッシュは民主主義の基を、各人相互の尊敬に求めている。そこでラッシュは、各人がよろしく努めるよう要請する。何故なら、各人相互の尊敬は、各人がそれぞれ良い人間になろうと努めることがなければ、あり得ないからである。

自己を高めようと努めることによって、結果と過程の違いを各人は認識する。努めることは自己の完成を目指すことであるが、完全な自己なんどないことを認識する。そして自己の完成へとたゆみなく努めることと、成功という結果を求めることの違いを認識する。つまり、尊敬は努める過程に対して払われるべきであり、結果としての成功に払われるべきではないと認識するのだ。

自らを高めようとする過程に敬意を払うことを覚えるならば、順境にいる成功者を成功者であるからといって尊敬することがなくなる。そこでの尊敬は、人間の意志への敬意となる。こうした敬意は、相手が順境にいようが逆境にいようが関係なく払われるのだ。成功しているからと言っても、努めておらねば尊敬に値しない。しかし逆境にいようとも「自分の苦しみをダシにして憐憫の情を受けることを拒否する人々には敬意の念をいだく」（一三〇頁）のである。

ラッシュにとっての民主主義は、各人が自己を高めようと努めることで、他者への敬意をも生み出す社会制度と言ってよいだろう。成り上がろうと努めることで、他人を見下すことのできる成功を手に入れるメリトクラシィ社会でも、確かに各人努めはする。しかし、このメリトクラシィ社会で努めることは、他人に競争で勝つことが目的である。一方ラッシュの言う民主主義社会で努めることは、易きに流される自己に勝つことが目的であるのだ。

自分は専門家優位の社会と対決したく思っている。それ故、ラッシュの言うところに感心する。だが、感心しておきながら努めることをせず、「自分が善なることについて、あまりに安易に、あまりに寛容になりすぎてしまった」のでは話にならぬ。これでは対決どころではなく、社会に包摂されるのがオチとなってしまう。成程、今日の怠惰には正当化できる余地はあった。しかし、そのように自分自身に寛容になり、努めることを怠るならば、自分自身に敬意を払えなくなるだろう。そうなってしまうと、ラッシュの言うように、他者の意志にも敬意を払えなくなるおそれがある。意志に敬意を払わない人間に残される判断基準は、今現在のところ貨幣しかない。つまり、自己を尊敬できない者は、商品化された人間となるしかないのだ。

現在の社会を批判したく思うのであるならば、己れの怠惰を甘やかすわけにはゆかぬ。こうしたことをラッシュは自分に示してくれた。ラッシュの考えは正しい。正しいものは、採用した方がよろしい。それ故、今日の怠惰の正当化はすまい。

だが、ここ数日のうち、如何に自分が弱い人間であるかよく分かった。歩けもしない癖に走ろうとして、すっころんでしまう人間であることがよく分かった。そこで寛容になるのはマズいが、いきなり走る代わりに歩く練習からはじめた方が利口であるだろう、と考える。量は少なくとも質の良いものをノルマに求めるべきであるだろう、と考える。弱い人間なりに努め続けるにはどうすればよいのか、いろいろ考える。

考えたけれども、残念ながら結論は出ておらぬしかし、とりあえず努める他ないことは分かっている。弱さに開き直ってしまうことが、ワナであることも分かっている。したがって結論はないが、ともかく努めよう、と締めくくることはできる。

さて、下宿に帰った頃に話を戻す。下宿に戻ると、扉に袋が掛かっていた。中を覗いてみて驚いた。菓子類がたくさん詰まっているではないか。小躍りしながら下宿に入る。さっそく菓子類を齧り、ついでに冷肉、ピクルス、黒パンを喰う。あれこれ齧り、いろいろ喰って、情けないことに実によい心持ちとなってしまう。袋を掛けた者が誰なのか疑問に思いだしたのは、あらかた喰い散らかしてからのことであった。心当たりのある人間は限られているから、とりあえずその一人に電話をしてみたところ推測は見事に当たり、電話の相手が袋を掛けていった人間であった。何でも、訪れたところ留守であったから、土産に持参した菓子類をおいて帰ったとの由である。来意を先に伝えなかったことが悪いのだから礼を言うには及ばない、と相手は言ってくれる。しかし、ハイそうですかと答える馬鹿もいないから、とりあえず礼を言い、しばらく話す。電話を切って残りの菓子類を囓り、ふたたび『反逆』を読んでおるうちに、例によってエラい時刻となってしまった。というわけで、本日はこれまで。

二十七日　水曜

曇天。ときおり雲のあいだより陽光が覗く。昼に起床。目覚めてさっそく、一日はじめのノルマをこなす。一通り済ませてから、乾パン、チィズを喰う。顎を動かしながら、ボンヤリと今日一日の予定を考える。

今日は所用がないので、ノンキに過ごしてゆけそうだ。しかも、珍しく昼に目が覚めたから、余裕をもってノンキに過ごせるはずである。自分は忙しいことを嫌う。そこでノンキにやってゆこうと心掛けてはいるのだが、しばしば勤勉にノンキな振舞いをしてしまう。あれこれとやりたいことがある場合、時間制限つきでノンキな振舞いをしなくてはならぬからである。制限付きでノンキに振舞うことは難しい。ノンキに過ごすにも余裕がいるのだ。その余裕が今日はあるのだから、思いっきりノンキに振舞ってやろう。こうしたことを考えておるうちに、昨日の事態を思い出す。

昨日も亦、比較的早くに起きることができた。そこで、余裕をもって一日を過ごしてやろうと目論むことは目論んだ。しかし結局、余裕をもってノンキに過ごすかわりに、昨日は怠惰に泥んだだけで終わってしまった。どうやらノンキな振舞いは、目的意識を明確にしない限り剣呑であるようだ。昨日に自分が陥った怠惰は、その剣呑さの証拠であろう。昨日の怠惰は、忙しさ故の怠惰であるからだ。あれこれやっておるうちに、本当にやるべきことを果たす時間がなくなってしまったのだ。

自分は忙しさ故の怠惰を危惧し、無為の怠惰を憎んでいる。そこでノンキにやってゆこうと心掛けてはいるのだけれど、これがなかなか難しい。何となくノンキに振舞うのではなく、ある振舞いをノンキに為そうと自覚的に行動することは難しい。時間があるから何となくノンキにふるまってみることは、先にも述べたように剣呑である。人間やりたいことは沢山あるものだ。そこで、ノンキに何をするのかを決断しなければ、沢山あるやりたいことに押し流されてしまうだろう。あれこれ手を着けてしまうことで、忙しさ故の怠惰に泥んでしまうだろう。

呑気にこれこれの振舞いを為そうと決断することではじめて、忙しさという怠惰でも無為という怠惰でもない振舞いをおこなうことができる。だが、この決断が難しいのだ。というのも、質より量の方が分かり易いからである。沢山あるやりたいことから一つだけ選んでノンキにやってゆくよりもしゃかりきになっていくつかのやりたいことを果たした方が、ひと仕事したという感覚を得やすいのだ。質の向上は、難しい上に時間がかかる。時間がかかる振舞いは、何となく無為と変わりないような感覚を得てしまう。そこで、ノンキに一つのことをやってゆくより、しゃかりきにいくつかの振舞いを為し遂げたく思ってしまうのだ。

「何を為すべきか」考えることは、目的を確立することである。目的が確立されれば、その目的の現実化を試みることが可能となり、また現実化されたものと目的との差を認識することも可能になる。現実化されたものと目的との差の認識は、現実化への試みの質を認識することに他ならない。目的意識は、質の意識をも伴うのだ。しかし、しゃかりきにやりたいことの幾つかをはたして事足れりとする態度は、「何を為すべきか」を明確に考えないことになる。何故なら質を問うことなく、現実化したかのような感覚ばかりを求めているだけであるからだ。

しゃかりきにやりたいことの幾つかを果たして事足れりとする態度は、目的を現実化する感覚だけを得ようとする態度である。つまりは、結果ばかりを求める態度に他ならない。したがってこの態度は、やりたいこととできることとの区別を避ける。区別がなければ、できることを果たしたに過ぎなくとも、やりたいことを現実化したかのような感覚を得ることが可能となるからである。それ故、「何を為すべきか」考えることが避けられるのだ。「何を為すべきか」考えてしまえば、「量は少なくとも質の良いものを」求めざるを得ない。だが、量より質をもっぱらとする振舞いは、先にも述べたように、困難であり時間がかかる。そこで、しゃかりきに忙しく振舞って事足れりとする態度とは、怠惰に他ならぬことが明らかとなるだろう。易きに流されるから、結果ばかりを求めるのだ。易きに流されるから、質を問うかわりに量を求めるのだ。

繰り返しになるけれども、ノンキにやってゆこうと決断するのは難しい。しかし、この困難を避けてしまえば、怠惰に泥むことになる。忙しさ故の怠惰か無為の怠惰か、いずれか一方の怠惰に泥むことになる。怠惰を厭い、努めたく思うのであるならば、ノンキに「何を為すべきか」考え、ノンキに「量は少なくとも質の良いものを」求めることが肝要なのだ。

大分長くなったが、顎を動かしながらこうしたことを考えておるうちに、ふと、近頃掃除をしておらぬことに気が付いた。そこでノンキに掃除でもしてやろうと目論むことになる。食事の後、さっそく掃除にとりかかった。ノンキにやるつもりであるから、隅々まで丁寧にホコリを拭い、掃除機をかける。どエラく時間がかかったが、かなり下宿はキレイになった。キレイになったところで、ラッシュの『反逆』を開き、続きから読み出した。

ラッシュの鋭い社会批判に感心しておるうちに、いつの間にやら日が落ちてしまった。ノルマの時間がやってきたというわけだ。そこで仕方なく本を閉じ、ノルマにとりかかる。ノルマをこなし終えて一息ついてから、風呂屋へ向かう。昼間の掃除でホコリまみれになったからである。

風呂屋からサッパリして下宿に帰れば、日付が変わろうとしている時分となっていた。とりあえず乾肉、出来合いの野菜煮、漬け物、巻パンを喰う。腹を作ってふたたび『反逆』を開いたのだが、しばらくも読まないうちに閉じざるを得なかった。とにかくモウとんでもない時刻となっていたからである。昼夜逆転の悪化が失敗だ。というわけで、本日はこれまで。

二十八日　木曜

晴天。昼に起床。目覚めてさっそく、一日はじめのノルマを済ます。一息ついて、乾パン、チィズ、果物を喰う。喰いながら、『反逆』を開き、続きから読み出したのだが、たいして読まないうちに所用の時刻が迫ってきた。仕方なく本を閉じ、あわただしく身支度をして表に出る。あれこれ所用を済ませ、下宿に帰った頃には既に日が落ちていた。ノルマの時刻である。そこで、ノルマにとりかかることとなったのだけれども、直ぐに中止せざるを得なくなる。ノルマの一部である体操をこなしておるうちに、扉を叩く音が聞こえたのだ。

扉を開けると、友人が立っておった。何でも近くを通りがかったついでに、チョイと寄ってみたとの由である。来意を告げずに突然寄ったのだから、都合が悪ければ退散する、と友人は言う。自分は、突然の来訪を愉快に思うことはない。しかし突然とはいえ、こうも礼儀正しい振舞いを見せる友人を追い返す者はどうかしている。そこで、折角来たのだから、というわけで中に入ってもらう。

結局、友人が帰途についたのは早朝のことである。何だかんだと自分が喋り散らしてしまったために、席を立つ機会がなかなか掴めなかったためだろう。こうして自分は、自分自身と友人の時間を、まったくの無為と変わらないものに置き換えた。

自分はもう、いい歳である。友人も亦、同様である。こうした者が話し合う機会を持ち得た場合には、何よりも先ず議論をこそ、求めなくてはならぬのだ。何故なら議論によってはじめて、問題意識の客観化が成し遂げられるからである。いい歳をした者同士せっかく会った機会には、是非とも議論に持ち込んで互いの意識を伝えあわねばならぬのだ。

議論のこうした性質を自分は知っていたはずである。少なくとも、ラッシュの述べる議論の意義を、自分は読んでいたはずである。ラッシュは、議論が如何に民主主義に取って不可欠であるかを説いていたのだ。

「自分の好みや目論見を討論というテストにかけることによってのみ、われわれははじめて、自分が何を知っており、さらにまだ何を学ぶ必要があるのかを理解するにいたるのだ。人前で自分の意見を擁護しなければならなくなるまで、その意見はリップマンが軽蔑的にいうところの意見……ランダムな印象と吟味されない仮定にもとづく中途半端な確信……たるにとどまる。それをそのようなカテゴリーとしての「意見」から上向させ、それにはっきりとした形と定義をあたえ、他者がそれを自分自身の経験の描写としても認知することができるようにするのは、自分の見解を明確に整理し、擁護するという行為を通じてである。簡単に言えば、われわれは自分自身を他者に説明することによって、はじめて自分の心を知るにいたるのである。

　他者を自分の見方にしたがうよう説得する努力には、もちろん逆に、ひょっとすると彼らの意見を受け容れなければならなくなるかもしれないというリスクがともなう。たとえ相手に反論するためという目的にせよ、われわれは頭のなかで相手の議論にはいりこまなければならないわけだから、説得しようとしている相手に最後は説得されてしまったなどということが起こりうるわけだ。議論はリスクがあって見通しがきかず、だからこそ教育的である。われわれはたいてい議論を（リップマンがそう考えたように）競合しあう教養の衝突であり、どちらがわも何の根拠ももたない大声合戦と考えがちである。だが大声で相手を黙らせたところで、議論に勝てるわけではない。議論に勝つとは、相手の心を変化させることだ……そしてそれは、対立する主張に敬意をもって耳を傾け、さらにはそれを主張する者に、その議論には誤ったところがあることを説得するときのみ生じる。こうした活動の過程で、自分の議論に誤ったところがあるという判断を下すことも、当然ありうるわけである。

議論こそ教育の本質であるという主張をするとなれば、われわれは民主主義を最も効率のよい政治形態としてではなく、最も教育的価値の高い政治形態として擁護することになるだろう。それゆえにすべての姿勢がみずからの見解を明確にのべ、自分の見解をリスクにさらし、雄弁の徳、思想と表現の明晰さ、しっかりとした判断を鍛えなければならない政治形態である」（『反逆』二二一・二二二頁）

ラッシュの言うところは正しい。正しいばかりか、民主主義の擁護という点で、素晴らしく良い意見でもある。だが、自分は、己れの見解をリスクにさらすことをせず、ただひたすらに喋り続けた。そして友人の人の良さにつけ込んで、友人が自己の見解を語る機会を奪い、詰まらぬ事共をもったいぶって喋り、あたかも専門家のように、断言と判断停止を繰り返した。いったい自分は何をしておったのか。これでは自分が批判したく思っておる社会を、再生産しているようなものではないか。これでは自らの手で、出口なし社会の壁を厚く塗りたくるようなものではないか。

現在の社会は、出口のない社会である。こうした社会と対決し、出口を切り開く方法は、「しっかりとした判断を鍛え」て得られるものなのだ。議論をおこなうことではじめて、有効に社会が批判できるのだ。しかし、自分は喋り続けただけである。出口なし社会を再生産しただけである。これでは駄目だ。喋るのではなく語ること、断言ではなく問いかけること、これ等を念頭において自分は口を開かねばならぬ。

自分は実に間抜けであったけれども、済んでしまったことは仕方がない。だが、そこから教訓を汲み取ることを怠るならば、間抜けでは済まなくなるだろう。自分の間抜けぶりに耐えてくれた友人にも礼を失することだろう。それ故、教訓としてはこうである。何よりも先ずポレミックになることだ。

さて、友人が帰った後に話を戻す。半日喋り散らしたためか、そのことを恥じたためか定かではないけれども、たいへんくたびれてしまった。『反逆』を開いて読み進めようとするのだが、目は文字を追いこそすれ、意味が頭に入ってこない。栄養の問題か、と考えて巻パン、チィズを喰ってはみたのだが、状況が改善されることはない。そうした状況のまま、開いた本を前にしてボンヤリしておるうちに、刻々と次巻は過ぎ去ってゆく。気が付いたら、もう無茶苦茶な時刻である。そこで、これを書くこともなく床に就いてしまった。

二十九日　金曜

曇天。人間として恥ずかしい時刻に起床。目覚めてすぐと時刻を見、猛烈に恥ずかしくなる。ここにその時刻を記すことなんど絶対にできぬ時刻であった。ふたたびコタツにもぐり込み、現実から逃げ出すくらい恥ずかしい時刻であったのだ。

今日の自分は、オブロゥモフの完璧な再現に成功してしまった。コタツにもぐって頭を抱え、終日ボンヤリしてしまった。とにかく恥ずかしかったのだ。昨日の振舞いも、今日の起床時刻も、そしてそれ等を恥じてコタツで頭を抱えていることも、すべてが恥ずかしく思えてならなかったのだ。ノルマはどうしたかと言う声が頭に響くが、これまた恥ずかしくて、コタツから出る気になれない。こうなってしまえば、完璧にオブロゥモフである。

日付が変わる頃合いに、ようやくコタツがイヤになった。オブロゥモフであることがイヤになった。恥じることを恥じて、現実から目を背けることがイヤになったのだ。

恥は確かに苦しいものだ。そこで恥ずべき振舞いを為してしまった人間が、なるたけそれを忘れたく思ったとしても無理はない。しかし恥を忘れてしまえば、向上しよと努める機会が失われることになる。しかし、向上しようと努めなければ、ふたたび恥ずべき振舞いをおこなうことが避けられぬ。恥は確かに苦しいものだ。それ故、恥から逃げたく思うのが人情ではあるけれども、逃げても逃げ切れるものではないのである。そこで、イヤなことから逃げるのではなく、イヤなことがふたたび起きぬよう努めた方が利口であろう。恥から目を背けるのではなく、恥を注視することで、恥と対決できるのだ。

このように恥と対決することで、何をもっと恥とするかを考えることもできるのだ。詰まらぬことをおおげさにとらえ、真に恥ずべき振舞いを看過してしまう間抜けから、脱却することができるのだ。

たしかジョン＝オォブリィの『名士列伝』に、詰まらぬ恥をおおげさに捉えてしまった間抜けが出ていた。その間抜けとは、オックスフォオド伯エドワァド＝ビアァのことである。

エリザベス一世のもとに伺候した際、伯爵は深々とおじぎをし、はずみで一つとりはずす羽目になった。じぶんのしたことに気付いた伯は、その場を急いで立ち去ってしまう。あんまり恥ずかしいので逃げ出したわけである。逃げてゆく行先は港であり、そのまま伯は舟に乗ってイタリアくんだりまで逃げに逃げ続ける。何でもそのまま七年もイタリアで生活し、ほとぼりが冷めるのを待ったらしい。

実に間抜けな男である。詰まらぬことで無闇に恥じ入る態度によって、かえって恥ずかしい注目を集めてしまっただけなのだ。それが証拠に、もういいだろうと帰国した伯爵がふたたび王座に伺候した時、エリザベス一世は開口一番こう言っているのだ。「伯爵、あなたがとりはずしたことは、もう忘れました」と。

こうした間抜けになりたくなければ、恥から逃げ出さないことだ。自らの恥と対決し、それを客観視することだ。そうしてはじめて、真に恥ずべき振舞いを避けることができるだろう。

たいていの恥は、詰まらぬことを自尊心が取り上げることで発生する。こうした恥を大事にとって無闇に気に病む振舞いは、詰まらぬことと己れとを結びつけてしまうのだ。これは真に恥ずべきことである。人間が人間であるのは、他のものへと結びつくからに他ならぬ。他のものと結びつくかわりに、詰まらぬことに結びつく間抜けは、人間として真に恥ずべき者なのだ。例えば、日々のパンすら事欠く者が多数を占める社会において、昨夜の舞踏会での振舞いばかりを気に病む間抜けは、真に恥ずべき人間なのだ。例えば、済むところなく寒さに凍えている者がこの世にいると知りながら、靴下をはき違えたくらいで気に病んでいる間抜けは、真に恥ずべき人間なのだ。

右のように考えて、もそもそコタツから這い出ることとなった。這い出したが、さてどうしようと少し悩む。腹は減ってはいないけれども食事の支度をするべきか、と詰まらぬ事を考えあぐねる。詰まらぬ事は詰まらぬ事であるから考えても意味はない、としばらくたって気が付いた。いろいろあったから食欲がない、なんどという態度はブルジョアのお嬢さんに任せておこう。そこで缶詰を暖め卵を落としたもの、乾パン、チィズ、果物を喰う。喰いながら『反逆』を開き、続きから読み出した。だが、どうにもボンヤリして読書に身が入らない。昨夜、もとい今朝もそうであったから、同じ事を繰り返すのも馬鹿馬鹿しい。そこで思い切りよく本を閉じ、昨夜来怠けていたこれを書き出すことと相成った。というわけで、本日はこれということもしておらぬ。明日に期そう。

三十日　土曜

晴天。昼に起床。目覚めてすぐと、一日はじめのノルマをこなす。さっさと済ませて、乾パン、巻パン、チィズを喰う。喰いながら『反逆』を開き、続きから読み出した。昨日とは異なり読書に身が入る。内容を追いかけることに夢中になっておるうちに、気が付いたら読了していた。

さて、『反逆』は実によい本であった。その専門家社会批判の切れ味といい、その民主主義用語の態度といい素敵に役立つ。役に立つというのも、ラッシュの専門家社会批判、そして民主主義用語が、歴史に基づいているからである。歴史に基づくことにより現在の価値観を批判できるということを、ラッシュは読み手に示してくれたのだ。

読み手とラッシュは、共に現在にいる。過去はただ、現在のなかで痕跡として残っているばかりである。もっとも、痕跡をそれと認め得るということは、現在と過去とが異なることを意味している。現在と異なるものとして過去が存していなければ、痕跡は現在のうちに取りこまれ、痕跡をそれと認めることができないからである。ラッシュはこの痕跡を見出すことで、現在の社会を批判する。見出した痕跡と対照させることにより、現在の社会の価値観が絶対ではないと示すのだ。例えば、民主主義についてラッシュは痕跡を見つけだす。民主主義とは機会の均等のことである、とする現在の価値観とは異なった痕跡を見つけだす。こうした痕跡によって、現在の民主主義を肯定する者が実際はメリトクラシィを肯定しているに過ぎないことを、ラッシュは読み手に示すのだ。

こうしたラッシュの批判の方法は、よろしく学ぶべきである。自明と思われている価値観に含まれている痕跡を見出すことができるのならば、その価値観そのものの意味を問うことができるからである。現在の価値観が持つ意味は、過去のそれと比較されねば捉えることができないのだ。

意味は比較によって成立する。現在の価値観をよしとするか否か、恣意的に語ることはたやすいけれども、恣意的なため説得力に欠けてしまう。しかし、ラッシュの方法を用いることで、現在の価値観批判に説得力を与えることができるのだ。現在の価値観を過去のそれと比較する方法は、恣意性を離れる方法である。まして、現在のうちに痕跡としてある過去は現在の一部である以上、現在は現在だけで成り立っているわけではないことを知らしめるのに、ラッシュの方法は素敵に役立つだろう。少なくとも自分にとっては役に立つ。批判とは歴史に基づくものだ、という以前からの考えを明確にしてくれただけでも、既に役に立っているのだ。そうした意味で、ラッシュの『反逆』は、実によい本であった。

こうボンヤリとラッシュに感謝しておるうちに、所用の時刻が迫ってきた。とるもとりあえず身支度し、急いで表に飛び出すことになる。

所用を済ませ下宿に帰る頃には、日はとっくに暮れていた。ノルマの時刻である。そこで、着いて早々ノルマを始めようとしたところ、廊下を大人数がどやどやと通ってゆくのを耳にする。大人数はそのまま隣室に入り、何やら楽しげにヤイヤイやっておる。若人が集い、楽しげにやっておるのは嫌いではない。嫌いではないが、隣室でやられるのは嫌いである。呵々大笑と高歌放吟の下で、集中力を維持できる者もそうはおるまい。固より集中力に欠けた自分は、隣室でヤイヤイやられると集中力が吹き飛んでしまい、ついでに自分もどこか静かなところへ吹き飛んでしまいたくなる。とはいえ自分自身も吹き飛んでしまえば、剣呑な事態に陥ることは明らかだ。どこへ吹き飛んでもたいてい金がかかってしまう世の中だから剣呑なのだ。そこで利己主義としか言いようがないけれども、隣室でヤイヤイやられることが、自分は嫌いである。

しかし嫌いであろうがなかろうが、実際隣室でヤイヤイやっているのである。土曜の夜に若人が楽しくやっていることを、止めさせる馬鹿もそうおるまい。夜中ならばともかく未だ宵の口であるから、こちらが我慢するしかない。そこでノルマは止めることにする。集中できずにイライラしても、得るところはないためである。こうして結果的にノルマを怠けたことになったが、自覚的に決断したことであるから気に病んでも仕方がないと考えた。そこでノンビリと歴史でも学んでやろうと、石田雄の『日本の社会科学』（東京大学出版会　一九八四年）を開いて読み出すこととなる。

石田のこの本は、日本における社会諸科学の総合的通史を試みたものであるらしい。社会諸科学の専門分化の度合いや、それによる論文生産量の向上を考えてみれば、ものすごい目論見である。それだけでも、いったいどう論述しているのか興味が湧くが、この本を手に取った理由はそれだけではない。現在の社会において重要な役割を持つ専門家の歴史を知ることで、現在の専門家と異なる痕跡を見出せ得ないものか、と考えたことが主な理由である。要するに、さっそくラッシュの真似事をはじめたわけである。

しかし呵々大笑と高歌放吟の下では、なかなかノンビリと読み進めることができない。自分の弱さにだんだん腹が立ってきた。だが、腹を立てても意味がないから、食事の支度に立ち上がる。フォスタァが『ロンゲスト＝ジャアニィ』のなかで述べていることを思い出したのだ。フォスタァが言うにはこうである。腹を立てている者は、その大抵は腹が減っているか寝不足かのどちらかだ、と。まぁ確かに大抵は、そうしたものであるだろう。そこで、巻パン、チィズ、ビスケットを喰う。これで冷静になればよいのだが、と思いながら顎を動かしておるうちに、急に隣室が静かになる。どうしたわけだと耳をそばだてれば、退出のあいさつが聞こえてきた。チラと時刻を見れば、ちょうど日付が変わる頃である。隣室に集った若人たちは、けじめというものを知っているらしい。どやどやと帰ってゆく足音を聞きながら、何だか無闇に感心してしまった。こちらも負けてはいられぬと『社会科学』に飛びついて、それなりに読み進める。こうして変な対抗意識を燃やして読み進めておるうちにエラい時刻に至ったため、やむなく本を閉じることとなった。ほんじつはこういったところだ。

石田雄『日本の社会科学』

三十一日　日曜

晴天。昼に起床。例によって、目覚めてすぐと一日はじめのノルマにかかる。一通り済ませてから、乾パン、チィズ、果物を喰う。喰いながら石田の『社会科学』を開き、続きから読み出した。

『社会科学』は、なかなか面白い。昨夜以来、この石田の本を読んでおるわけだけれども、さっそく幾らか引っかかるところがあった。引っかかるだけで、まとまった考えにはいならないのだが、目論んでいる自分の批判に有益な糸口となるように思えてならぬ。

例えば、日本のメリトクラシィについて考える際、帝国の学歴社会と学問の独立が同時期に成立していることが、『社会科学』から分かるのだ。天野郁夫の『学歴の社会史』によれば、帝国の学歴社会が成立したのは、およそ明治三十年代であるらしい。この明治三十年代に、社会科学は専門的な学として定着したと石田は述べているのである。

「元来、国法学、国家学が明治政府によってとり入れられたときは、高度に実用性の観点からなされたものであった。

〈中略〉

同じ国家学の系譜をひくものの中から独立した社会諸科学が文化していく知識社会学的条件として、学問の政治・行政からの分離をあげることができる。まだ一八八七年（明治二〇年）の段階では、卒業式の演説の中で渡辺洪基総長が「内閣総理大臣秘書官金子堅太郎氏ニ日本行政法ノ講義ヲ嘱シ」と述べている状態であった。

ところが世紀の変わり目ごろから変化が現れる。吉野作造は、彼が大学にいた一九〇一、二年（明治三四、五年）頃の東大を回顧して次のように述べている。「それ以前に在ては政府でも条約改正だ法典の編纂だ幣制の改革だと新規の仕事に忙殺され、従て学者の力を藉る必要も繁かったので、帝大の教授は陰に陽に大抵それぞれ政府の仕事を兼ねさせられて居たものらしい。今日は閣議がありますからとて講義半途に迎の腕車に風を切って飛んで行く先生の後姿を羨ましげに眺めたことも屢々ある。所が明治三十四五年の頃になると、政府に於けるそれ等の用事も一ト通りは片付いたばかりでなく、少壮役人の中に段々学才に富む人物が輩出して、為に大学の教授の助力をかる必要がなくなって来た……斯う云ふわけで帝大の教授と政府の腐れ縁は漸を以て薄らいで来るのであるが、茲処から私は自ら二つの結果が生まれて来たと考へる。一つは……初めて教師と学生との間の親密の連鎖を生じたことで……二は教授の境遇を独立にし意識的にも無意識的にも何等の拘束を感ずることなく自由に研究し公表するを得しめたことである」と。このようにして、ようやく官学アカデミズムの自立性の条件が具わりはじめたといえよう」(『社会科学』四〇から四二頁)

確か一八八六年の帝国大学令に、帝国大学は国家に必要な人物を輩出することを目的とし、そのためにも学の蘊奥を極めなくてはならない、とあったように記憶している。このような帝国大学令の意図にそって、帝国大学を頂点とする学歴ヒエラルキィが成立したのは明治三十年代であったらしい。明治人のエトスであった「立身出世」が、その頃になって水路づけられ、ある意味で限定されてしまったわけだ。この時期に社会科学の自立が始まったということは、専門家のヒエラルキィ上優位の定着が始まったことをも意味しはいないだろうか。つまり、「帝大の教授と政府の腐れ縁」がなくなった事態は、立身出世の目標として大臣と並び称される地位に博士が立ったことを意味しはしないだろうか。

政治と独立した形で、学問を職業とする専門家の成立を、明治人のエトス抜きに考えるわけにはゆくまい。もちろん、この成立は吉野作造が述べたように、国家に必要な人物が帝大から次々と送り出されたことに理由の一半があるだろう。しかし、専門家が社会のヒエラルキィのなかで優位に立つためには、吉野の説明以外の要素がいる。何故なら、役人生産装置としての帝大であるならば、帝大はあくまで腰掛けに過ぎず、そこの従業員が大臣と並び称されることはないからだ。

直輸入の学問によって近代国家としての体裁を整える時代から、日本帝国が近代国家そのものとして機能を始めた時代に移り変わる頃、学問の機能も近代国家に固有のものに変化する。社会の計画化・合理化を追求する専門家集団として機能することになるのだ。計画化・合理化にとって必要な知識は、専門分化された学によって、言いかえれば先んじて計画化・合理化された学によって為される。そうした類の従事者は、明治初年代のような政治家と区別のつかぬ人間ではない。ある意味で、産業社会の聖職者というべき者となるのである。

そういった専門家の地位が日本帝国で明確になってゆく過程を、石田の論述から読みとることができるのではないか。例えば、大正デモクラシィ期における知識人集団の発生について石田の述べる下りは、この過程を意味しはしないだろうか。

吉野作造を中心として一九一八年に結成された黎明会は、「大正デモクラットたちのデモクラシー擁護のための自発的啓蒙団体として発足し、講演により、またその内容を出版することを通じて大きな影響力を持った」(八七頁)団体である。その黎明会は、当時の著名な知識人を「大綱三則」といういゆるい原則の下に集めているが、その「大綱三則」は次のようなものであった。

一、日本の国本を学理的に闡明し、世界人文の発達に於ける日本の使命を発揮すること。

二、世界の大勢に逆行する危険なる頑迷思想を撲滅すること。

三、戦後世界の新趨勢に順応して、国民生活の安固充実を促進すること。

こうした「大綱三則」の下に集う知識人集団、黎明会について石田の論述するところから、産業社会の聖職者集団が形成されてゆく過程を見出すことができないだろうか。

「創立後数ヶ月の間に会員数は四三名に達したが、入会を認めるかどうかは会員全体の投票によって決定するという厳格な手続きをとり、むしろ「少数の堅実なる会員」を維持することにつとめた。すなわち『黎明会講演集』第一輯の「雑記」において「黎明会の組織が一たび新聞紙によりて報ぜられて以来反響極めて著しく、全国各地方より或は支部の設置を希望し、或は会員となって運動に加盟せんことを申し込んで来た熱心な人々の数が少なくなかった」しかし「会としては当分現在の如き、少数の併し堅実なる会員組織を維持するに止め、会員一人一人が運動員として活動することに議を決して居る」と述べている。しかも「黎明会課員は各自口に筆に与へられた限りの力を揮ひ、『思想は思想を以てのみ戦ひ、言論は言論を以てのみ戦ふべし』といふ信条に立脚し、一に言論を以て終始する愛国的プロパガンダを続行して、国家を危うくする惧れある凡ゆる危険なる頑迷思想に対つて挑戦し、之に打ち勝たずんば止まざらんことを期するものである」とその決意を表明している。少数精鋭主義のこの組織は、結局一九二〇年（大正九年）の解散時に会員四二名であった。なお長谷川如是閑を入会させようという提案が、新聞記者であって学究生活をしていないという理由で認められなかったという事例もあるほどの厳選主義をとっており、如是閑はそれゆえ黎明会を「教授デモクラシー」と皮肉ったという」（八四・八五頁）

自分には、右の石田の論述が、専門家が産業社会における自らの立場を自覚してゆく過程にしか見えない。そして、筒井清忠氏の言う「日本型『教養』」が、この大正デモクラシィ期に形成されたことを考え合わせて、メリトクラシィによる専門家支配の嚆矢が始まってゆく過程として捉えざるを得ない。

もちろん大正デモクラシィは、日本マルクス主義にとってかわられ、「教養」も亦、旧支配層や大衆との差別化を図るものとしてではなく、階級分化との結びつきを問われることになる。専門家社会は、あたかもそこで双葉のうちに摘み取られてしまったかのように見える。しかし、その日本マルクス主義を担った人々が、総動員体制化で果たした専門家としての役割を考えると、摘み取られたとはとても言えない。昭和研究会の意味を考えてみれば、そのことは明らかだろう。だが、それでは日本マルクス主義とは何だったのかという問いは残ったままである。

そこで、丸山真男の言う知識人共同体と、専門家集団との区別を考える必要が出てくるのではないか、と自分は判断する。判断するけれども、現在の自分の知識では、明確な判断を下すことなんどとてもできぬ。だいいち、この石田の『社会科学』すら半ばまでしか読んではいないのだ。それ故、判断する糸口として思いついたことを、右のような走り書き的殴り書きにしておくことにする。

石田の『社会科学』を読みながら、こうしたことをボンヤリ考えておるうちに、いつの間にやら日が暮れてしまった。ノルマの時間である。そこで本を閉じ、ノルマをこなすことにした。一通りこなし終えてから、缶詰を暖め卵を落としたもの、黒パン、チィズを喰う。腹ができたので、ふたたび『社会科学」を開いて続きから読み出し、いつものようにエラい時刻を迎えてしまった。

今月はこういったところだ。

むつきに記す（一九九九年一月）

あとがき

佐藤君の居た空間――「鉢の木会」録

野尻英一（大阪大学人間科学研究科・准教授）

前書『闘う読書日記』に寄せた文章で、かつて佐藤祐介君とともに開催していた「鉢の木会」に触れた。鉢の木会は、とてもユニークで濃厚な交わりをもった集まりだった。開催時期は本書日記に記録された時期とも重なり、その様子の一端は、本書で藤田伸一も紹介している。佐藤君を交えた鉢の木会が最後に開催されてから、二十年ほどが経つ。その間に私は、おそらくは多くの鮮明な記憶を失っているのだろう。ところが主観的には、まったくそういう心持ちがしない。今でも、鉢の木会で佐藤君と語らっていた光景をありありと思い出すことができる。モーリス・アルヴァックスという学者が『集合的記憶』という著名な書物で述べたように、私たちの記憶は、その場に居た人との関係性という触媒によって凝固し、私たちの精神に根を下ろす。佐藤君は、鉢の木会では比較的物静かに振る舞ったが、その独特の知的な雰囲気で、場に強い触媒作用をもたらす人だった。佐藤君の居た空間は、鮮明な記憶空間となって残存している。鉢の木会の資料は私の手元に残っている。私の役割として、可能な限りのかたちでここに記録しておきたい。

一九九四年に佐藤君との出会いがあった後、大学院に進学した私は、みずからの研究の方向性を見定めるための指針を求めて、佐藤君のアパート居室を訪ねては話し込むことがしばしばあった。社会人となった藤田を入れて飲みに繰り出すこともあり、そのうち数ヶ月に一回程度の頻度で、三人で飲むことが定着したと記憶する。そこに高淳一という私の学部時代の射撃部での同輩も加わることもあり、その他の人物を呼ぶこともあった。佐藤君は広大無辺な《教養》を有する人であり、話題は映画、文学、演劇から哲学、歴史、政治、宗教まで縦横無尽に展開し、文字通り話は尽きなかった。やがて佐藤、藤田、野尻の三人を核とする集まりを「鉢の木会」と呼ぶことを佐藤君が提唱し、名が定まった。昭和の文化人を気取る青二才たちの飲み会である。とにかく楽しく、知的興奮に溢れる飲み会だった。とはいえ、やはり飲んで気ままに話すだけでは、だんだん泥んできて、知的バトルの趣きも、ただの気のおけない仲間同士の飲み会になっていく。私は、佐藤君との対話は、たんなる四方山話に終わらせるには惜しいと考えるようになった。哲学の大学院生は、本当にいくら時間があっても足りない。学ばなければならないことが、ほとんど無限にあるからだ。そうした混乱と焦燥に満ちた院生生活のさ中にあって、いやそれだからこそ、佐藤君との話を何らかの「かたち」でオーガナイズし、彼という壮大なライブラリーから、私たちのために、あるいはひょっとしたら「世界」のために、何かしらのプロダクトを生成しなくてはならない、そうした使命感のようなものがそこにはあったようだ。修士課程を終え、博士課程に進学して一年ほどが経った一九九九年、鉢の木会を「学習会篇」として再始動することを、私は提案した。空から「恐怖の大王」が降ってくるノストラダムスの大予言をまだ日本国民が信じていた頃であり、本書日記に続く時期である。記録によれば「鉢の木会・学習会篇」は、二〇〇五年までの六年間に、計十四回行われた。たいがい土日のいずれかに行われている。加えて番外学習会が二回、散策篇（鎌倉旅行）が一回、行われている。もちろんほかに回数に数えられていない飲み会もあり、野尻特製のカレーを食べる会なども催されている。学習会は、基本的に佐藤、野尻、藤田の三人が順番に主発表を担当した。野尻は主に研究構想や論文、佐藤と藤田はエッセイ風の考察や小説を発表した。番外篇は、野尻の論文作成の都合に合わせて批評してもらう機会として、標準の発表順序を違えて実施したものである。

以下は、その簡単な記録である。鉢の木会関連で手元に残っている文書をもとにした記録を電子メールとも照合して、再現した。

一九九七年　月日不明

佐藤によるイデアリスムス（観念論）について論じたB5・二〇頁ほどの文書が残っている。おそらく鉢の木会の際に野尻へ手渡されたもの。プラトン、ライヘンバッハ、モノー、バタフィールド、カッシーラー、村上陽一郎、下村寅太郎などを引用しながら、哲学と自然科学の関係について論じている。野尻との科学論の議論に応答したものと思われる。

一九九八年六月十二日

藤田伸一「若者の話」という原稿用紙十四枚の小説が残る。鉢の木会で配布されたもの。

一九九八年六月十五日

佐藤『認識と倫理』についての覚え書き的殴り書き」、藤田「野尻英一修士論文『認識と倫理』についてのレジュメ」が残る。野尻修士論文についての論評を鉢の木会で交換したもの。佐藤から厳しい批評があった。

一九九八年一〇月十九日

佐藤無題の文書（B5版・十三頁）が残る。内容は日本におけるベルクソン受容について、九鬼周造、西田幾多郎、大杉栄、竹内好などが引かれて論じられたもの。この頃、野尻が生命論の哲学について佐藤と議論を重ねていたことに応答し、郵送されたものと思われる。

一九九九年三月二十三日

この日の野尻から藤田へのメールで「かねてからの提案」にのっとって、次回から鉢の木会を、勉強会を兼ねる会とすることを確認している。二ヶ月に一度のペースで毎回発表者を決めて、午後に喫茶店で勉強会を行い、その後飲み会とする計画を立てた。

一九九九年五月二十三日

「鉢の木会・学習会篇第一回」を開催。午後二時、高田馬場BIGBOX前に集合。場所は喫茶店ルノアール。発表者は野尻、主題は「倫理学が可能となる根拠について——あるいは社会科学基礎論としての倫理学構想」(B5版・九頁)。デューイの有機体論の哲学とヘーゲルの精神現象学の生命論を接続し、倫理の根拠を「時間の幅」理論によって確立できるとした。佐藤から全体に厳しい批評がある一方で、「時間の幅」の話は面白いとの評価があり、以後の学習会でくり返し取り上げられるテーマとなる。

一九九九年八月七日

「鉢の木会・学習会篇第二回」。BIGBOX前集合、ルノアー

一九九九年十二月四日

二〇〇〇年四月二日

ル。発表者は佐藤。佐藤文書「いささか無茶な即興演奏」（B5版・三十八頁）が残る。ブロッホ『ユートピアの精神』の引用から始まり、現代社会の忙しさ、働くこと、予定表（未来）と蒐集（過去）、写真帳、出口なし、時間の幅、変化、意味、想像、歴史、痕跡、応答について語られる。文書は事前に送付されており、八月五日の野尻から藤田へのメールで佐藤の文書について「すごく面白かった」との感想が残る。五月に展開された野尻「時間の幅」理論への応答となっている。

「鉢の木会・学習会篇第三回」。BIGBOX前集合、ルノアールは以後定番となる。野尻「『精神現象学』における「有機的なもの」について」（大学紀要に投稿した原稿・A4版・十八頁）を議論。佐藤による批評文「第三回学習会に寄せて」（B5版・一二頁）が残る。マヤコフスキー、シニャフスキーが引かれ、フレドリック・ジェイムソンの具体的全体の弁証法が論じられる。

「鉢の木会・番外学習会」。もともとは佐藤が紹介したマイケル・ホルクウィスト『ダイアローグの思想』をもとに、佐藤・野尻の二人だけで、バフチンのポリフォニー論と野尻「時間の幅としての私」論について検討する番外篇として三月頃に予定していた。この年の一月から四月の時期、野尻と佐藤は電話でしきりに議論をしており、佐藤との対話メモや各種草稿が多く残る(クリアファイル一冊分の資料をこの時期だけ特別に分けて保存したものが野尻の手元に残っている)。四月二日の会は、野尻の初めての大学紀要論文が出版されたこととあわせ、当時「商品劇場」を主宰していた大岡淳を招いての特別篇として開催された。テーマは「空白としての主体について—バフチンのテキストを手がかりとして—」、「幅を切る私の幅を切るものは何か」。議論は非常な盛り上がりを見せ、「これまでの鉢の木会で最高の充実度だった」という野尻の感想メールがある。後日、それぞれの原稿とあとがきをあわせて小冊子を作成することを野尻が提案。鉢の木会私家版出版の第一弾(Pagemakerファイル、判型頁数不明)として整えられた。当日提出された資料は、野尻『精神現象学』における「有機的なもの」について」(A4版・二〇頁)、野尻「ダイアローグと有機体」（A４版・九頁）、野尻「商品という他者の言葉——日本SF試論予告編」（A４版・三頁）、佐藤「モノローグ並列」（B５版・十六頁）、佐藤「勤め人社会とその敵」（B５版・十三頁）、佐藤「「番外」学習会によせて」（B５版・三頁）、藤田「許されるならば一〇年後に思い出すこともあるだろう」（A４版・一頁）、大岡「私の仕事について」（A４版・三頁）。佐藤の文章は「勤め人社会とその敵」が主であり、「わたし」のやりたいことをやりたいというありふれた「わたし」を〈いま・ここ〉から救い出し、別の〈いま・ここ〉に存在する「わたし」を作り上げようとする想像力について論じる。「モノローグ並列」はおそらく直前に書かれた副文書で、当日まさに鉢の木会に臨もうとする「演劇屋」、「勤め人」、「専門家」、「執筆狂」の四人の様子が可笑しく描かれる、いわばメタ鉢の木会フィクション。順に大岡、藤田、野尻、佐藤自身を指している。「「番外」学習会によせて」は、当日の議論の進め方について、シクロフスキーとバフチンを引用して提案している。

二〇〇〇年八月十二日

「鉢の木会・学習会篇第四回」。平戸潤也「「震災後」にみる「原」社会の模索」（A4版・四頁）、藤田小説草稿（無題・A4版・十七頁）、佐藤「第四回学習会によせて」（B5版・六頁）。佐藤の文章は、藤田小説とゲスト平戸の研究発表について、シクロフスキー、トルストイを引きながらの論評。

二〇〇〇年十二月一〇日

「鉢の木会・学習会篇第五回」。藤田小説（無題、A4版・六頁）、野尻論文草稿「ヘーゲルの「歴史」について」（A4版・六頁）、佐藤「第五回学習会によせて」（B5版・十二頁）。佐藤の文章は、藤田小説の論評とともに小説論を展開。ジェイムソン、シクロフスキー、トマシェフスキーの理論が引かれ、志賀、乱歩、芥川、鴎外、独歩の創作を事例とし、宮沢賢治、中野重治、高村光太郎とともにラカンが援用され、小説のプロットと論理構造について論じている。

二〇〇一年五月十三日

「鉢の木会・学習会篇第六回」。この頃から学習会篇は半年に一回ほどのペースが定着している模様。野尻論文草稿「有機体、言語、歴史」（版型・頁数不詳）を主題とした学習会。ヘーゲルとラカンの理論を接合しようとしている。藤田「人文系の論文とは一体何なのか?」(A4版・二頁)、佐藤「第六回学習会によせて」(A4版・一〇頁)。いずれも野尻への厳しい批判。佐藤の文章は、専門分化した社会においては一般に、変わり身の速さと声のでかさが「頭の良さ」となってしまう危険があることを論じる。一面性と特殊性をもった語りを自覚的に行うことが、歴史という全体への弁証法的な接続をもたらすことを西郷信綱の和歌論を事例に述べる。

二〇〇一年九月一六日

「鉢の木会・第二回番外学習会」。野尻が大学紀要への投稿原稿「ヘーゲルの歴史について」を提出、これをもとに議論が行われた。佐藤「第二回番外学習会によせて」(B5版・七頁)。佐藤の文章は無題の短編小説となっている。内容は言い訳ばかりの人生を送る人物の一日を描写したもの。なぜこの小説が野尻の論文に対して提出されたのかは不詳。この頃、佐藤は小説家として世に出ることを宣言していた。

二〇〇一年十二月三〇日

「鉢の木会・学習会篇第七回」。佐藤による初の本格的な小説作品

「草食性」が提出される（B5版・九十八頁・遅延謝罪文付き）。藤田「学習会用短編「草食性」講評」（A4版・一頁）、野尻「ものを作ることについて・佐藤氏の小説「草食性」に寄せて」（A4版・十二頁）。佐藤「草食性」は、消極的で大人しい性格の中村君が高校で誘われて入った科学部ロケット班で青春をすごす物語。本編では高校卒業までが描かれる。「この世には、美しい人々がいて、そして頭のよい人々や意志の強い人々がいて、彼らが笑ったり悩んだりするたびに、まわりの者もそれに合わせて顔つきを変える。」という一文で始まる。このフレーズは作中、区切りで繰り返される。

二〇〇二年四月二十一日

「鉢の木会・学習会篇第八回」。佐藤「草食性」の続編（B5版・九十二頁・遅延詫び状付き）を主題とした学習会。野尻「佐藤氏「草食性」読後論」（A4版・四頁）、藤田無題レジュメ（A4版・一頁）。続編の存在については十二月にすでに言及があり、三月十三日に郵送されてきている。大人しい中村君の大学生時代、社会人時代が描かれる。純文学でもなく、エンターテインメントでもない、独特の作風。切なく、出口のない雰囲気に満ちたラスト。作品に添えられた詫び状も短い作品になっている（B5版・三頁）。当日の野尻のノートには、創作の意図について佐藤の発言が残る。「草食性」の人間は、社会が悪いのではなく、自分が悪いのだと思ってしまう、そして追い詰められてしまう、そうした人たちに無言の「発信」を受信したと言いたかった、との主旨。「草食性」は野尻が正・続編を合わせて編集し、縦書きの冊子体に簡易製本、配布した。私家版だがA5版・四四三頁の読み応えのある「本」である。佐藤は自分の小説が書籍らしい体裁となったことを喜んでいた。表紙にはシートン動物誌から佐藤が選んだウサギの手書きイラストが掲載されている（本記事に再録した二点）。奥付に五月一日初版第一刷発行、鉢の木会出版局と洒落ている。鉢の木会私家版出版第二弾にあたる。

二〇〇二年四月一二日、十月二一日、十一月一四日など。これらの日付に野尻と佐藤が電話で対話をした記録が残る。メモとともにメモを後から清書した書類も多く残り、この時期の議論が重要とみなされていたことがわかる。ラカンやバフチンが主題で、私、自我、時間の構造などについての話が多い。

二〇〇二年八月六日

この日の消印で佐藤より短編小説「旅行（センチメートルで）」が送られてきている。「第九回学習会用、付録短編」とされている。B5版・六七頁。「ご使用前のお願い」と題されたA4版・三頁のエッセイ風手紙が付く。小説の主人公雅彦は九年間大学院で研究に打ち込み博士号を取ったが、大学に職を得られず、予備校講師をしている。妹ゆかりとの関係が描かれる。

二〇〇二年九月二十二日

「鉢の木会・学習会篇第九回」。藤田「サラリーマン論」（A4版・五頁）を主題とした学習会。サラリーマンは何をしているのか、を玄田有史『仕事のなかの曖昧な不安』などを素材に論じている。野尻「鉢の木会に寄せて」（A4・三頁）、佐藤「第九回学習会によせて」（B5版・一〇頁）。佐藤の文章は、現代における「顔」の氾濫から始め、啓蒙書が持つべき「勇気」について述べ、玄田有史の本を鋭く批判する。この回あたりから佐藤もメールを使い始め、資料ファイルのやり取りもメールに移行している。

二〇〇三年二月二十二日

「鉢の木会・学習会篇第十回」。野尻「システムへの挑戦」(Pagemaker ファイル、判型頁数不明)。ヘーゲル『精神現象学』精神章以降をシステム論として読むというアイデアについて論じている。佐藤からも相当量の資料が提出されているはずだが、残っていない。野尻により「鉢の木会・討論記録」(A4版・七頁)が残されている。システム論、主体の自由の問題についての議論がなされている。

二〇〇三年十月五日

「鉢の木会(佐藤君の小説執筆を励ます会篇)」が開催されている。翌高田馬場で Kokoro、コットンクラブなどの店に行っている。翌月に鎌倉旅行をする計画となっており、それまでに佐藤が小説を完成させる予定だった。野尻が当日の会話の様子を「鉢の木会語録」にまとめ、翌日メールで送付、それへの返信として佐藤から長いメールがある。鎌倉旅行案に対して、ディズニーランド案、クラブ案、東京タワー案などを、モーパッサンやヴェルレーヌを引用しながら提案している。

二〇〇三年十一月二三日〜二四日

「鉢の木会・晩秋の鎌倉散策篇」。この年の六月二八日のメールで高淳一から秋の鎌倉散策および精進料理屋「鉢の木」への訪問が提案されている。十一月に実現することとなり、それまでに佐藤が小説を完成させる予定とされていた。十一月一四日のメールで小説第一部（二〇〇枚）が完成し、メンバーに送付するとの報。一六日には野尻が電話で佐藤に感想を伝えている。一七日に佐藤より鉢の木会メンバーに「謝罪」メールがあり、致命的な欠陥が見つかったため小説は後ほど書き直す、送ったものは読まずに廃棄してほしいとの要望。鎌倉では代わりに、齋藤孝『「できる人」はどこがちがうのか』（ちくま新書、二〇〇一年）について議論することを佐藤は提案している。二三日、二四日（日・月）に高を含めた四人で鎌倉旅行を実施。この頃、高は賛助会員として、研究発表はしないが、鉢の木会・勉強会篇には継続的に参加していた。この旅行については写真、動画、四人の詠んだ俳句などが残されている。鶴岡八幡宮、東慶寺、銭洗弁天などを散策。鶴岡八幡宮は十一月二一日に新装された本殿が参詣再開されたばかりだった。佐藤は実朝の討たれた石段で嘆息する。東慶寺では西田幾多郎、和辻哲郎らの墓所を参る。夜、宿泊した旅館ではUNOをプレイしながら、齋藤孝を切り口に、身体論について論じている。翌朝、四人で海を見る。昼、「鉢の木」で食事。四人とも本格的な精進料理は初めてだっただが、予想外の美味しさに驚き、舌鼓を打つ。最後に出たほうじ茶のお茶漬けに一番早く箸をつけた佐藤がその香ばしさに「まいったな」と感嘆の声を上げたのを野尻はよく覚えている。このときの佐藤の小説は残されていない。野尻も佐藤の指示を守り、廃棄したためである。翌二〇〇四年六月頃のメールでこの小説は題名「トロちゃんの恋」として言及されている。最終的にこの小説は完成されなかった。

二〇〇三年十二月二八日

鉢の木会・忘年会が高田馬場で行われており、このときに野尻から鎌倉旅行の際の写真や紀行文を収めたCD‐ROM、藤田が作成した旅行映像DVDが配布されている。

二〇〇四年四月三日

「鉢の木会・第十一回学習会篇」。上記忘年会で野尻が鈴木光司の小説『リング』が恐かったと発言したところ、十二月三一日のメールで佐藤から『リング』について厳しい批評がメールで送られてくる。以降、一月から三月にかけて、文学の芸術性やエンターテインメントとは何かについての激しい論争がメールで繰り広げられる。佐藤の長文メールが多数残されている。この間のメール論争と学習会レジュメをまとめた資料「「リング」論争」PDFが残されている（A4版・九九頁）。当日の資料は、佐藤「現代日本における「文学」の機能についてー」、「現代日本における「文学」の機能についてII」（あわせてA4版・一八頁）、野尻「野尻レジュメ」（A4版・一三頁）。佐藤の文章では、ボルツ、屋名池誠、田中康夫、サリンジャー、ドストエフスキー、伊藤整、村上春樹、鈴木光司、『あしたのジョー』が引用され、システムに取り込まれた疎外論小説（日本の文学に多い）ではなく、システムに取り込まれず、システムと対峙する現実的な小説が必要であることが述べられている。おそらくこの頃、鉢の木会のwebサイトを作り、各々作品を発表していく構想について話が始まっている。のちに佐藤がサイト構成案を担当することになる。

二〇〇四年九月十二日

「鉢の木会・第十二回学習会篇」。この回は、鎌倉に移住した藤田宅で行われることも検討されたが最終的には高田馬場で行われた。野尻の論考「竹田青嗣ヘーゲル解釈の問題とは?」(A4版・七頁)、佐藤の短編小説「サープラス」(A4版・一六頁)を主題とした学習会。佐藤の小説は、子供の頃マンガ家になるのが夢だった三一歳の真由美が同棲する哲夫にビンテージのフライトジャケットを買ってプレゼントする情景が描かれる。野尻による記録「鉢の木会ノート」(A4版・十一頁)が残る。

二〇〇四年十二月二十六日

「鉢の木会・第十三回学習会篇」。藤田「起業計画・Nomad Academyビジネスプラン」(パワーポイント・二十四枚)、佐藤「鉢の木会サイト・プラン」(未提出)、野尻「ロバートとマルキシーの日本論」(A4版・五頁)、野尻「二〇〇五年度「倫理学II」講義計画について」。この回は、鉢の木会正会員の藤田、佐藤、野尻、賛助会員の高、ゲストとしてロバート・ダックワース(Robert Duckworth、東京藝術大学大学院博士課程・フィニックス英語

二〇〇五年五月五日

学院講師（当時））、ロバート、藤田、野尻の友人である女性三名が参加している。昼はルノアールで学習会、夜は野尻宅で忘年会とした。ただし佐藤は、風邪による高熱のため当日は欠席した。

「鉢の木会・第十四回学習会篇」。野尻「博士論文構想・有機体の形態変化（メタモルフォーゼ）〜カントとヘーゲルにおける有機体論の差異」（A４版・十三頁）、佐藤「鉢の木会サイトについて」。この頃、野尻がようやく博士論文の構成に着手、その検討を行った。佐藤からは鉢の木会サイトの具体的な構成案が出されている。この回は、藤田が風邪のため欠席した。昼の学習会は野尻と佐藤のみで行い、夜の飲み会からロバートと高が参加している。米国、日本の文化や社会について様々な議論が行われ、非常に楽しく有意義だったとの野尻の感想メールが残っている。この会が佐藤の出席した最後の鉢の木会となった。

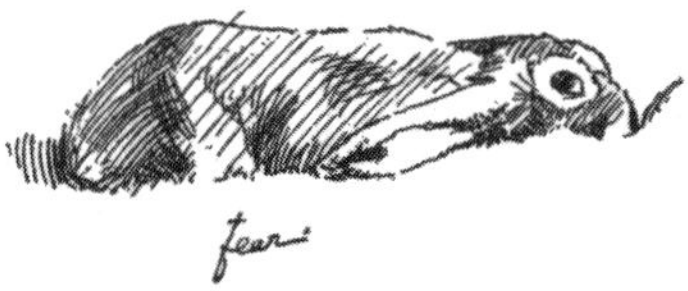

五月五日の鉢の木会の後、佐藤君からのメール連絡が途絶えるようになった。その頃、佐藤君は仕事を始めていたので、その影響だろうと思い、初めは気にかけなかったが、そのまま音信不通となった。前書まえがきでも述べたが、その理由は一切わからない。仲違いや喧嘩があったわけではない。色々と推測はあるが、ここで述べることができるほど確定的なものはない。鉢の木会サイトを作り、いよいよ活動をインターネット上の形態に移そうと盛り上がっていたところだった。一方でメンバーの人生や鉢の木会そのものにも、いろいろな意味で、どこか転機が訪れている雰囲気はあったかもしれない。私は五月五日に、結婚することになった旨を佐藤君に報告したはずであり、直後の五月十七日のメールでは鉢の木会メンバー全員にその旨を伝えている。七月三十日には、あらためて鉢の木会をｗｅｂ上での活動を軸に再スタートしたいことを私から全員に伝えるメールを出している。このメールで私は、鉢の木会「学習会篇」開始時の意図を振り返り、「佐藤君との共同研究、コラボレーション、共著、共訳など」の企画が頭にあったことを述べている。その秋学期からは、私は非常勤講師として大学で初めて講義を行うこととなった。十月七日には高の名古屋転勤を祝う歓送会の連絡をしている。これらのメール連絡に佐藤君から返信は来ず、電話でも連絡は取れなかった。二年後の二〇〇七年三月二四日、ようやく完成した私の博士論文を主題とした鉢の木会を高、藤田との三人で開催している。この時も、返事が来ることを期待して、佐藤君に案内のメールを送っている。返信はなかった。

鉢の木会・学習会篇は、私が大学院生となって初めて企画した勉強会だった。大学院生が勉強会を催すことは今も昔も当たり前の光景である。しかし大学の外の世界に属する佐藤君という《教養人》と勉強会を行うことを決意した私の選択は、今思うと、とても特殊なことだった。特に今日の大学院生たちの多くはアカデミック・ポストへの最短ルートを計算し、評価される実績を効率よく積み重ねる道を辿ることを余儀なくされる。私が行ったことは、そうした道から大きく外れる、危険な振る舞いだった。それは学問の世界における先行研究や既存の問題意識に依拠することなく、世界に立ち向かう「角度」や「視点」のようなものを自分たちで確立する闘いに手を染めることを意味していた。無謀な闘いである。主要メンバーのうち、佐藤君は自由な教養人であり、私は哲学を研究する大学院生であり、藤田と高は会社員だった。問題関心が異なり、足場が異なり、仕事の流儀が異なる。私は学術論文の草稿を発表し、藤田は小説を発表し、佐藤君は歴史を見つめる知識人として評論や小説を書く。高は会社員の立場から、コメントをする。知的な異種格闘技戦バトルロイヤルである。同世代とはいえ社会の中で異なった立ち位置にある者たちが、世界や社会や思想や文学についての論をすり合わせようとするのだから、幅広い知識や水準を抜いた理論や強靭な討論力や、それはもうありとあらゆる知的能力が高度に備わっていなければ、そもそも話し合いが成り立たない。そうした難しさを乗り越え、その場を成り立たせていたのは、佐藤君の存在にほかならない。お互いに立場が異なるのだから問題意識が異なっても不思議はないとあきらめ、意見をどこまでも突き合わせることを、ふつう人は断念する。もの別れに終わる。ある側面から言えば、そうしたもの別れに慣れるということが、社会人（＝大人）となることの定義でもあるだろう。そうした断念によるもの別れは、日本社会で、世界中で、この瞬間にも無数に起こっていることだろう。だが、佐藤君はそのような断念は乗り越えられなければならないという明確な思想を強く持っていた。学問の世界と市井の世界とをつなぐ対話は、続けられなければならない。彼の思想と飛び抜けた教養があったからこそ、バトルロイヤル鉢の木会は存続し得た。

学習会篇の特に初期の頃、私は時間、自我、有機体、歴史など大きな概念的テーマの研究に没頭し、大学院生としてはまったくアンバランスな状態だった。書くものは大きな構想ばかりだった。佐藤君は私の夢想的な学問構想を、ありとあらゆる理論と事例を用いて、具体的かつ徹底的に批判した。今読み返しても、容赦のない手厳しい批判である。はっきり言って、コテンパンである。私が未熟だったのだから仕方がない。今の私だって当時の私を目の前にすれば、コテンパンに批判せざるを得ない。しかし佐藤君の徹底してコテンパンな批判は、不思議なほど、人を落ち込ませない批判だった。理由は簡単で、佐藤君のなす批判は、すべて具体的な根拠や事例を引いての批判だったからだ。私は批判を受け止め、ただちに新たな勉強に向かうことができた。

佐藤君がその頃に高く評価していたフレドリック・ジェイムソン、ミハイル・バフチン、竹内好などの思想の意義を私が本当に理解し、自分の理論に組み込むことができたのは、それから十五年も二〇年も経ってからのことだ。今年私は、ラカン、アルチュセール、バフチン、竹内好、そしてジェイムソンらの理論を統合した論文を上梓する機会を得た（註）。右にあげた思想家たちは、私が佐藤君と議論していた頃に熱心に読み込んでいたものだが、やがて博士論文をまとめ、就職を得なければならないリミットが来て、それらの研究はいったん封印された。ようやく最近になって、あの頃、佐藤君と熱心に議論していた問題を、自分の論文に組み込むことができるようなったのだ。これほど嬉しいことはない。あの頃の長く苦しい時間は、報われた。この地点にまで到達することを可能にしてくれたのは、佐藤君である。今こそ、佐藤君と存分に議論がしたい。歩みの遅い私は、二〇年研究を続け、ようやく彼に追いついた。そういう思いのあった近年の私は、佐藤君と再会し、共著で本を出すことができたらとぼんやり夢想していた。そうした期待があったためだろう、佐藤祐介という方の関係で連絡が来ていると大学の事務から告げられた時、私は、佐藤君が二〇年ぶりに連絡をくれたにちがいない、もしかしたら私と本を書こうという提案かもしれない、などと舞い上がったものだ。しかし私が受け取ったのは、お父上からの訃報だった。これほど悲しいことはなかったのである。

（註）野尻英一「記憶の器としての〈私〉、歴史の器としての〈国家〉を超えて――和解学のための詩学とマイクロポリティクスへ」『アポリアとしての和解と正義――歴史・理論・構想（和解学叢書2＝思想・理論）』梅森直之編、明石書店、二〇二三年

佐藤祐介（さとう　ゆうすけ）

1970年8月24日　釧路で生まれる
1985年　明星高校入学
1989年　早稲田大学第一文学部哲学科入学
1993年　同大学中退
2010年　肺癌 見つかる
2011年　鹿児島オンコロジーセンターの治療で
　　　　肺癌ならびに副腎癌寛解
2016年　沖縄に転地療養
2019年12月７日　死去

闘う読書日記 PartⅡ

二〇二三年十二月二十五日　初版第一刷発行

著者　佐藤祐介
装丁　川邉雄・藤田伸一
発行者　宮島正洋
発行所　株式会社アートデイズ
〒160-0007 東京都新宿区荒木町13―5
四谷テアールビル２F
電話（〇三）三三五三―二二九八
ＦＡＸ（〇三）三三五三―五八八七
http://www.artdays.co.jp
印刷所　中央精版印刷株式会社